秘书工作
案例与分析
（第二版）

Case Study of Secretarial Work

杨锋　主编

暨南大学出版社
JINAN UNIVERSITY PRESS

中国·广州

图书在版编目(CIP)数据

秘书工作案例与分析/杨锋主编. —2 版 . —广州：暨南大学出版社，2016.6
(2020.9 重印)
ISBN 978 - 7 - 5668 - 1805 - 8

Ⅰ.①秘…　　Ⅱ.①杨…　　Ⅲ.①秘书学　　Ⅳ.①C931.46

中国版本图书馆 CIP 数据核字(2016)第 088682 号

秘书工作案例与分析 （第二版）
MISHU GONGZUO ANLI YU FENXI（DIERBAN）
主　编：杨　锋

- -

出 版 人：张晋升
责任编辑：潘雅琴
责任校对：周海燕
责任印制：汤慧君　周一丹

出版发行：暨南大学出版社 （510630）
电　　话：总编室 （8620）85221601
　　　　　营销部 （8620）85225284　85228291　85228292　85226712
传　　真：（8620）85221583 （办公室）　85223774 （营销部）
网　　址：http：//www.jnupress.com
排　　版：广州市天河星辰文化发展部照排中心
印　　刷：广东广州日报传媒股份有限公司印务分公司
开　　本：787mm×960mm　1/16
印　　张：13.75
字　　数：260 千
版　　次：2010 年 8 月第 1 版　2016 年 6 月第 2 版
印　　次：2020 年 9 月第 6 次
印　　数：12001—13500 册
定　　价：35.00 元

（暨大版图书如有印装质量问题，请与出版社总编室联系调换）

再版前言

本书自 2010 年出版以来，在社会上产生了积极影响，得到秘书学专业同行的充分肯定，受到广大师生和社会读者的一致好评。该书被许多专业院校指定为研究生报考必读书籍、专业教学必选教材。2012 年 9 月，教育部印发的《普通高等学校本科专业目录》，正式将"秘书学"专业纳入其中，使这一专业的归属门类和授予学位得到规范，也对秘书学专业教材的更新和完善提出了规范化要求。为适应秘书学专业发展需要，满足广大师生和社会读者对秘书学专业及其技能的学习需求，我们对本书作了修订。

此次修订主要做了以下工作：

一是增加了新内容。文书与档案工作是秘书工作中的重要内容，此次修订增加了该内容，具体为第八章"文档工作"。

二是调整了部分章节顺序。将原书中的第二章"秘书素养"调整为第十一章。

三是删去了个别过时的案例。

四是对个别的语言表述进行了更加细致的斟酌和审读，在案例事件表述的直观性和生动性方面也做了适当修饰。

总之，希望通过本次修订，进一步提升教材的内容质量，为秘书学专业教材建设尽绵薄之力。

杨锋

2016 年 3 月于白云山麓

内容提要

    本书是以近年来秘书工作实战案例为主体内容的案例与分析教材。具体涉及日常办公事务与管理、沟通与协调、信息与调查研究、参谋职能、保密工作、会务工作、文档工作、信访工作、秘书礼仪、秘书综合素养等秘书工作领域。教材以学科的系统性和全面性构筑框架，精选国内政府机关、大型企事业单位秘书工作案例102个。除第一章外，其他章均设有基本知识与基本原理、案例、问题思考、案例分析及参考要点等。问题思考具有启发性，案例分析及参考要点深入浅出，多层面、宽角度，对提升读者的学习能力、理论水平和实战能力都有指导意义。

    本书共十二章，理论与实践密切联系，通俗易懂，操作性强，易于教师教学和学习者自学。适合各层次秘书学专业人员使用，也可作为指导职业秘书、行政助理提升职业素养和职业能力的助学读物。

目　录

第一章 秘书工作案例与案例教学

第一节 秘书工作案例

一、秘书与秘书职业

"秘书"一词在我国由来已久，但不同历史时期"秘书"概念的内涵有所不同。

我国最早出现"秘书"一词是在东汉时期，其含义与字义相关，指皇宫中秘密收藏的图书典籍。后来，"秘书"的含义发生了改变，由原来指物演变为指人。东汉后期，"秘书"一词曾用来指称朝廷中掌管图书秘籍的一类官职。

自古从事秘书工作的职位并不用"秘书"称谓，历朝历代称谓各不相同，如左史、右史、尚书、中书、侍中、仆射、中书舍人、翰林学士、记室令史、掌书记、判官、书佐、幕僚、师爷等。直到晚清才出现与秘书称谓和实际职业名副其实的机构。

对秘书概念的认识有很多，《现代汉语词典》（修订本）认为，秘书是"掌管文书并协助机关或部门负责人处理日常工作的人员"。《辞海》认为，秘书是"职务名称之一。协助领导综合情况，研究政策，密切各方面工作的联系，办理文书、档案、人民来信以及其他日常行政事务和交办事项"。王千弓认为，秘书是一种职务名称，其职责是协助领导综合情况，研究政策，密切各方面工作的联系，办理文书档案、人民来信来访、会务工作及其他日常行政事务和领导交办事项。因而，在党政机关、企事业单位从事这一类工作的人员，统称为秘书。张家仪认为，秘书是身处领导机构，撰制、掌管文书，辅助决策，并处理日常事务的服务人员。秘书所从事的服务性工作就是秘书职业，因而秘书不是一种职务，而是一种职业。常崇宜先生综合上述观点，认为秘书既是一种职务名称，也是一种社会职业，是领导机关首领或特定领导者个人的助手。各种秘书的具体作用虽不同，但都是通过辅助领导、直接为领导服务去体现为社会服务价值的。

综合上述观点，根据世界范围秘书工作的发展状况，并结合我国秘书工作的实际，我们认为：秘书是指从事办公室程序性工作、协助上司处理政务及日常事务并为决策及实施提供参谋辅助以及服务的人员。

　　文员是秘书职业的初级阶段。文员主要指在办公室某个程序上从事单项事务性工作的秘书人员，如负责整理办公室、制作打印文稿、收发信件、接待来访及出差报销等工作。他们属于比较单纯的技术性、事务性操作人员。

　　秘书是秘书职业的中级阶段。除文书处理和事务工作以外，秘书还担负着辅助领导实施管理的任务，如组织会议、调查研究、辅助决策等。

　　行政助理是秘书职业的高级阶段。一般是指社会组织专门为某个工作内容繁复、责任重大的高层领导配备，协助领导处理各种政务和事务的综合型高级秘书人员。

二、秘书职业

　　从字面看，"职"是指执掌之事；"业"是古代记事的方法，把要做的事在木棒上刻成锯齿，有多少事就刻多少齿，做完一件削去一齿，谓之"修业"，"业"即指"事"。"职业"即应做之事。在我国古代，"职业"一词还有所指："职"通常是指官事；"业"是指士、农、工、商所从事的工作。

　　在西方，"职业（vocation）"一词由拉丁语演变而来，起初具有宗教色彩，意指"神召、天职"，有受到神的昭示而适于从事某种工作的使命感。因此，西方人历来对"职业"怀有敬意。

　　秘书职业是指秘书能够稳定从事并赖以生活的工作，即专业的、非业余性的工作。

　　秘书职业具有以下特点：

　　（一）服务的直接性

　　秘书服务的直接性主要体现在：一是秘书工作的内容与领导工作的内容是一致的；二是秘书的工作几乎都是领导亲自指派、直接安排的，秘书直接向领导请示、汇报；三是秘书的工作直接对领导负责，其结果、成败与领导直接相关。

　　（二）社会化、行业化

　　秘书是当今世界最普遍的社会职业之一，拥有数量庞大、分布广泛且相对稳定的从业人群。它不仅具有一般社会行业的基本特征，而且有自己的行业规范，它的具体工作内容和工作方法都有明确而细致的规定。秘书职业普遍化和社会化的特点，使秘书职业成为一种新的社会行业。

　　（三）专业化、知识化

　　秘书作为一种普遍存在的社会职业，其专业化程度越来越明显，专业化水平也越来越高。这种专业化具体表现为秘书工作分工越来越细，技术要求也越来越高。从文化程度来看，秘书是一支知识化的专业队伍。

（四）自动化、高科技化

随着科技的进步，秘书工作的自动化程度越来越高，许多事务性工作由传统的手工操作转为计算机处理。通信事业的迅猛发展，计算机网络的出现，使通信的方式及手段更加多样化，大大增加了秘书职业现代化的科技含量，也提高了秘书工作的效率。

（五）制度化、科学化

秘书职业化和社会化的特点，使秘书管理成为必然。各级各类秘书组织都针对秘书及秘书工作制定了严格的管理制度，如行业准入方面普遍采取资格认证制度，从组织上、制度上及用人机制上使这一专业的、非业余性的工作形成分级分类的管理体系，明确职责范围、有完善的专业教育和培训制度、有规范的考核评定标准和有效的选拔用人机制等。职业化的发展趋势促使秘书职业科学地发展。

（六）年轻化、女性化

从年龄结构来看，世界各国的秘书从业者主要是年轻人，大多数秘书人员年龄为 20～30 岁。从性别比例来看，秘书队伍中女性秘书要远远多于男性秘书。

三、秘书工作案例

案例，英文是"case"，意为个案、实例和事例、例子等。医学上常称为"病例"，法学上称作"判例"，军事上称作"战例"，管理学称为"案例"。目前，"案例"一词已经被广泛认同，普遍用于管理学科的各个领域。

案例具有三个基本要素：

一是以事实为依据。案例编写与小说创作不同，除案例中涉及特定名称和保密数据等不便公开的信息可以掩饰、删除或合并外，其他信息一般不得篡改或夸大。

二是要有问题意识。每一案例必须涉及一个或多个问题。如本书第六章案例一"漠视法规终酿恶果"涉及秘书应如何提高保密意识，防止泄密的问题；第十章案例二"迟来的尊敬"涉及秘书的综合素养、礼貌礼仪等问题。

三是具有明确的教学目的。秘书工作案例是反映秘书工作实践中人、事、组织等问题的案例。

在秘书工作领域，案例是对秘书工作中一个或几个问题的描述，具有公务性、广泛性、丰富性和角度多元性的特点。

四、秘书工作案例的分类

（一）根据学习功能划分

（1）描述（评审）型：通常介绍某一秘书工作事件的全过程，有现成的方案或计划，要求案例使用者对之进行评审，指出其长处或不足。

（2）分析（问题）型：通常在情况描述中隐含一定的问题，要求学生把问题发掘出来，分清主次，探究原因，拟定对策，最后作出判断。

（二）根据篇幅划分

秘书工作案例根据篇幅可以划分为：微型案例（500 ~ 1 000 字）；小型案例（1 000 ~ 3 000 字）；中型案例（3 000 ~ 10 000 字）；大型案例（10 000 字以上）。

（三）根据教学与学习方式划分

秘书工作案例根据教学与学习方式可以划分为：讲解型案例、讨论型案例、亲验型案例（根据真实情景，编写出让学生扮演某一角色的案例）。

（四）根据表现形式划分

秘书工作案例根据表现形式可以划分为：文字案例和多媒体情景案例。

第二节　案例教学

一、案例教学

案例教学是围绕一定的教学目的，把从实际工作中收集到的真实事例加以典型化处理，形成供受训者思考、分析、判断的案例，通过自我研究和相互讨论的方式，使他们运用理论解决问题，提高工作能力，或通过分析解决实际问题，提高理论水平的教与学过程。"一个好的案例是一个把部分真实生活引入课堂，从而使教师和全班学生对之进行分析和学习的工具。一个好的案例可使课堂讨论一直围绕着只有真实生活中才存在的棘手问题来进行。它是学术思绪驰骋的依据。"

案例教学最早应用于法学和医学，20 世纪 20 年代后开始应用于工商管理及其他管理学领域。在中国，案例教学始于改革开放之后，随着管理学科在我国高等教育中日臻成熟，案例教学逐渐普及。

秘书学专业案例教学始于 20 世纪 80 年代初，一批早期开办秘书学专业的学校率先尝试。近三十年来，随着秘书学理论体系的进一步完善和学科建设的长足发展，秘书学专业案例教学逐渐深入。其突出表现在以下三个方面：

一是案例教学进一步普及，特别是进入 21 世纪，随着秘书学专业学科建设、课程体系建立等问题被正式提出，案例教学的重要意义被重新认识，普通高等院校、成人教育及高职高专类院校都把案例教学作为秘书学专业教学的首选。

二是经过三十多年的教学实践，总结出了一套适应秘书学专业案例教学的方法，如反向思维法、问题法、对比法等。

三是随着案例教学的成熟，教学活动对案例的现实性、典型性和分析的针对性、理论性要求明显提高。

二、案例教学的特征

案例教学是一种将理论知识转化为发展智能的有效教学方法，概括起来有以下三个特点：

（一）鲜明的目的性和针对性

秘书工作内容的多元化，使秘书工作案例所涉及的内容也呈现出多元局面。基于此，秘书工作案例教学首先要有明确的目的性，案例针对什么问题、需要解决什么问题应当非常明确。案例选材要针对教学目标，教学目标总体来说是要提高学生分析问题和解决问题的能力，使学生可以在复杂的案例分析中，通过不断思考、归纳、领悟，形成一套独特的适合自己的思维方式。因此，案例教学不是单纯寻找正确答案的教学活动，而是重视得出结论的思考过程，这个思考过程正是实现教学目标的重要手段。从这个意义上说，有针对性的案例教学可以提高学生分析问题、解决问题的能力。

（二）高度的拟真性

案例是根据实际的调查活动编写出来的，具有一定的典型性和代表性。案例教学将这些高度拟真的情景展现在学生面前，要求学生认清秘书工作中的问题，并努力思考解决问题的方法。它使学生看透案例中零乱、虚实的状况，在纷至沓来和错综复杂的实际问题的处理中，学会观察、思考、分析、整理、加工、比较、推理、判断，增长才干，升华理性认识，提高自身独立解决问题的能力。

（三）主体转换，师生互动

在传统教学中，教师是主体，而在案例教学中，学生是主体。学生是主体并不意味着教师可有可无，教师在整个案例教学中始终起着"导演"的作用，既要选择好的"剧本"（案例），创造参与环境，又要在课堂讨论中审时度势，因势利导，让每一个学生的能力得到充分发挥，获得最大收获。在案例教学中，教师不是咨询师，不需要告诉学生怎么做，而是要训练学生分析问题的本领和解决问题的能力。案例教学对教师的知识结构、教学能力、工作态度及工作责任心都有较高的要求。教师既要有渊博的知识，又要有丰富的教学与实践经验。

在案例教学中，学生由被动接受知识变为接受知识与主动探索并举。案例分析需要运用多门知识，学生不仅要有广博的知识，还应对知识的广度和深度进行新的开拓，运用所学知识对案例进行理论联系实际的思考、分析和研究。这有利于激发学生的学习兴趣，增强学生学习的自觉性，提高学生分析问题和解决问题的能力。案例教学是一种培养开放型现代化人才的好方法。

三、案例教学的意义

运用案例这种教学方法的意义有以下四点：

第一，案例教学有利于学生形成科学的思维方式。案例教学通过对一个个具体案例的思考，启发学生的思路，提高解决问题的能力。从阅读、分析、研讨案例，到提出解决问题的方案，学生得到了系统的思维训练，掌握了分析问题和思考问题的方法及解决问题的技巧。

第二，案例教学有利于培养学生学习的主动性、创造性和参与性。在案例教学中，教师从讲台走到了学生身后，学生由被动转为主动。情景模拟、研究讨论、教学互动，既调动了学生的积极性，又为学生提供了自我展示的机会。学生提早获得职场体验，同时也缩短了教学情景与秘书职场生活情景的实际差距，为学生进入社会奠定了知识基础与心理基础。

第三，案例教学有利于促进理论—实践—理论的良性教学模式的形成。案例教学实际上是"演练"与"实操"，通过案例教学使学生产生对秘书工作的敏感性，从案例中获取直接经验与间接经验，将从案例中得来的内化知识与实践中的多元相关知识加以整合，促使学生很好地掌握理论，发挥理论对实践的指导作用。

第四，案例教学有助于培养学生的职业能力。秘书工作案例是对某一秘书工作情景的客观描述或介绍，涉及秘书工作的各个方面。每一个情景包含一个或多个问题，蕴含着经验、教训、启迪、警示和睿智，以及解决问题的方法和技巧等。案例教学中对职场的多方位、多角度体验，使学生的职业能力得到充分锻炼和提高。

四、案例教学的基本形式与基本步骤

（一）案例教学的基本形式

案例教学形式灵活多样，情景案例教学和案例讲解教学、案例讨论教学是案例教学的三种基本形式。

1. 情景案例教学

情景案例教学的方法是借助音像等现代化手段，以图文并茂、形象直观、引人入胜为特点的教学形式。教师在教学中选择有代表性的案例，让学生通过现代数字化教学手段观看并进行分析和讨论。多媒体教学变抽象为具体，变静态为动态，化无形为有形，给学生的感官带来多方面的刺激，从而大大增强学生的学习兴趣，促进他们对案例内容的理解和记忆。同时，情景案例教学有助于增加课堂信息量，丰富教学内容。

2. 案例讲解教学

案例讲解教学的方法是教师有目的地选择案例，提前告知学生，学生带着问题在课堂上听教师讲解案例，随时提问。

3. 案例讨论教学

案例讨论教学的方法是把每次教学时间分成前后两个部分，前半部分教师讲解基本概念与基本知识，后半部分进行案例分析和讨论。应当注意的问题有：第一，教师应在课前将案例告知学生，以便学生有所准备；第二，讨论前，教师应介绍案例背景，确定讨论题目；第三，教师应组织好讨论过程，多少人一组、如何分组、讨论步骤、讨论结果的发布形式、是否设置角色演示、讨论结束后的总结等，教师都要精心考虑，认真部署。

（二）案例教学的基本步骤

根据案例教学的特点，总结我国秘书教育教学经验，我们认为，案例教学应当与秘书学的基本原理和内容相联系，这样有利于理论联系实际，加深对理论的理解。教学可以按照以下步骤进行：

1. 案例准备

无论是案例独立教学还是案例与概论结合教学，教师都必须要求学生课前做好准备。其准备内容包括：

第一，有针对性地选择案例。教师要指导学生有针对性地选择案例，选择最为典型、能联系实际解决真正困扰秘书人员的疑难问题。

第二，认真阅读案例。了解案例中的人、事、背景、问题起因与结果等。除对案例内容认真研读外，还要了解与案例相关的事件、政策、法律等。教师布置任务时要有明确的目的，以便学生围绕教学目的准备案例。

第三，对案例思考题进行思考，并回答问题：一是有哪些可选择的方案，倾向于哪种，为什么；二是怎样实施，具体计划是什么等。

2. 案例分析

学生应在认真阅读案例的基础上，找问题，找原因，找对策，找出路，进行理性的思考与判断。案例分析可从以下角度进行：一是案例背景分析；二是案例详情分析；三是问题症结分析。根据实际需要，案例分析可以写成书面分析文章，也可以写成书面发言提纲，还可以只打腹稿。

3. 分析交流

分析交流主要是就案例的分析及解决问题的方案发表各自的看法。交流的过程是互相学习、相互启发的过程，教师要善于发现好的分析意见和独特新颖的见解，并及时予以肯定；也要善于发现分歧意见，创造相互争论的氛围，促进问题讨论的深化。交流的形式可以是小组讨论、课堂发言、情景表演与评述等。交流中，教师既是组织者，又是参与者，教师要扮演好每个角色，把握好讨论主题，适时进行引导，对案例分析进行评价。

4. 教师总结

在课堂讨论之后，教师要针对讨论情况作出评价和总结，特别是对讨论涉及的理论问题要联系实际作出分析和讲解。教师总结时应当考虑到秘书工作和秘书工作案例的特点，尽量不作关于解决案例问题的结论性意见。

5. 撰写报告

通过分析交流与教师总结，学生对案例提出的问题有了更为深入的认识，对涉及的理论问题也有了进一步理解，在此基础上，教师应要求学生撰写案例学习报告。这是案例学习中的最后一个环节，是从感性认识上升到理性认识的过程，务必加以重视。撰写案例分析报告的要求：一是报告的格式要符合规范；二是提出的问题要有针对性；三是解决问题要有步骤、有措施。

五、案例教学应注意的问题

案例教学法是秘书学专业教学中适应性较强的教学方法，教学时应当注意以下四个问题：

（一）有计划地开展案例教学

案例教学是一个系统工程，有非常明确的目的性，因此，教师应事前制订教学计划，明确教学目的和步骤，明确每一阶段的任务，以便学生根据计划提前准备背景材料。

（二）分组讨论时小组人数安排应适当

分组讨论时小组人数一般控制在每组 5～10 人。人数太多，可能会有学生没有发言机会，从而使教学效果受到影响；人数太少，相互的激励与启发性可能降低。因此，合理安排小组人数，是保障讨论效果的重要条件。

（三）合理安排案例教学各个环节

案例教学视教学内容与案例情况划分为若干环节，如准备阶段、讨论阶段等，每个环节、每个过程均因内容、形式、任务的不同而需不同的时间。教师在教学安排时，应认真测算各环节所需的时间，妥善安排进度，以保证整体任务的完成。

（四）案例教学法与其他教学方法有机结合

案例教学法固然有很多优势，但也存在系统性不强、学生感性认知不够等局限，因此，案例教学不能替代系统的理论学习。必须将案例教学法与其他教学方法，如课堂讲授、参观见习等结合起来，发挥各自的长处，全方位、多角度地施教。要使案例教学充分发挥作用，不仅要求教学案例本身的质量要高，还要求教师具备相关知识、经验和必要技能，在教学中兼顾理论讲授与案例教学，最大限度地使案例教学达到应有的教学效果。

第二章　日常办公事务与管理

第一节　基本知识与基本原理

一、秘书日常事务

秘书日常事务是指包括办公用品管理与环境管理、接待工作、值班工作、通信工作、印章管理等多方面的秘书常务工作。秘书日常事务较为琐碎、繁杂，人们常说"秘书工作无小事"，在秘书日常工作中要认真掌握各项工作的注意事项及处理问题的方式、方法。

二、办公用品管理与环境管理

办公用品是指在办公室工作中日常使用和消耗的物品。对办公用品的管理是秘书部门的事务性职责之一。做好办公用品的管理工作，将为工作的完成和提高办公效率，提供必要的物质保障，对合理调配和使用办公经费等有着十分重要的意义。办公用品的管理主要有三个环节：办公用品的采购、办公用品的保管和办公用品的发放。秘书人员应当根据所在单位的工作需要，结合办公经费的具体情况，有计划、有步骤地改善办公条件，厉行节约，加强管理。

办公环境包括人文环境和自然环境。人文环境与社会大环境、组织内部的职能环境有着密切联系，秘书人员只有不断积累经验、提升地位，才能在某种程度上对组织机构产生影响。秘书能够直接影响并在工作中加以选择、优化的，主要是自然环境，包括办公室所在地建筑设计、室内布局、环境布置、室内空气、采光、通风等。

优化办公环境应做到舒适、和谐、实用、安全。

三、接待工作

接待工作是秘书部门日常事务工作。在市场经济快速发展的今天，各社会组织之间的联系日趋紧密，各部门之间的相互依赖性更强，日常的迎来送往日益频繁，接待事务愈加繁重。接待工作的质量直接关系到组织的声誉和领导的形象，也直接关系到工作效率。因此，必须加强对接待工作的规范化管理，切实做好接待服务工作。

接待工作的具体内容包括：领导检查工作、调查研究；集体视察；兄弟单位参观学习、参观游览；领导需出席的仪式活动；宴请活动；纪念活动；慰问活动；节庆活动；庆功祝捷活动；悼念活动等。

接待工作的原则：安排领导公务活动，要适当分担，各就其宜；需要为准，尽量压缩；社会活动，宜多安排年长及德高望重者；业务活动，宜多安排第一线领导；自愿为主，商谈为辅；原则性与灵活性相结合。

接待工作须注意的事项：一要制订详细的接待计划；二要做好必要的物质和资料等方面的准备；三要在有关部门间搞好协调；四要在需要时查看现场，逐项落实，做到万无一失；五要随从秘书随时做好相关记录，以便事后分析和研究；六要在活动结束后协助领导做好总结工作；七要在整个随从工作中时刻注意维护领导的形象和威信。

四、值班工作

各级各类社会组织，为了能在下班时间或节假日休息时间有人处理临时发生的紧急事宜，做好本单位的安全保卫工作，一般都会安排人员值班，施行轮流值班制度。值班工作是秘书部门的常务工作。

值班形式一般有三种：一是总值班室，也称特设值班室，是由在较高层次的领导机关和某些专业部门设立专职人员组成的常设值班室；二是一般值班室，由秘书部门统一管理，节假日秘书人员和其他工作人员（领导）轮流在规定时间值班。三是联合值班室，遇有重大活动、紧急情况或特殊需要临时组成的值班室。

值班的职责：主要处理在正常上班时间之外发生的紧急事宜和做好本单位的安全保卫工作。具体职责是：接收处理上报、下发的文稿和信函；承办领导或管理部门交办的紧急事项；处理本单位的电话事务；接待来访人员；处理急文急电；处理突发事件和应对紧急情况；做好本单位的防盗、保密工作；填写"值班日志"等。

值班工作要求：熟悉业务，掌握基本情况，发挥信息枢纽作用；要有高度责任感和警惕性；做好值班记录，严格履行交接班手续；做好值班室的保密工作和值班期间的安全保卫工作。

五、通信工作

通信是秘书工作中非常普遍而重要的工作手段之一。秘书的通信工作，包含秘书通信活动的组织、管理和实施。随着电信技术、网络技术的迅猛发展，秘书通信工作日益智能化和高效化。

通信工作的范畴主要包括：建立健全通信工作制度；通信设备的计划与采购；通信设备的应用，诸如了解电话、电报、传真、邮件的特点并能够正确地操作和使用，熟悉国内函件、邮政快件、特快专递、电子信函的区别，掌握邮件发送和接收的程序、要求；通信设备的日常维护等。

通信工作的要求：一是要及时迅速，提高通信工作的效率；二是要准确无误，提高通信工作质量；三是要安全保密，确保通信工作的可靠；四是要经济适用，提高通信工作的效益；五是要较好地运用沟通方式与沟通技巧，态度和蔼谦逊。

六、印章管理

管理印章，是秘书的重要职责之一。

秘书管理的印章，主要有两种：一是社会组织的公章，它是本组织职权的象征，是本组织行使权力的重要工具，也是本组织职能作用在法律上的标志。二是领导因工作需要使用的个人名章，属公务专用，代表单位领导以及法人的身份，它与单位公章一样具有处理公务的职能。

印章管理要制度化、规范化。秘书必须建立用印登记簿，登记内容包括用印时间、用印单位及经手人姓名、盖印份数、批准人、经办人等，以备查考。

加盖单位印章，原则上是哪一级的印章须经相应的那一级负责人批准。重大事项，多使用本组织公章；某方面的业务活动，多使用部门印章。一般而言，能使用部门印章的，就不要使用本组织公章。

盖印是使文件、材料生效的标志，所以印章要保持清洁，字迹清楚，印油均匀，使之清晰醒目。印章加盖要端正，不要倾斜，更不能颠倒。

第二节　案例与分析

【案例一】

用心的秘书

秘书小刘到大华公司任职一周了，她每天早早来到办公室，认真工作，并且细心观察，发现办公室存在不少问题。例如，一些重要的或者需要保密的文件存放在一台公共电脑里；秘书王刚报销的现金随手放在抽屉里；办公室无人时也经常不锁门；办公室电脑的电源插线板放在地上；电线及电话线在办公桌之间拉来拉去，不小心就会绊倒人；门口饮水机旁边也有一个电源插线板；公用书架上的书放得乱七八糟，而且堆得很高，想要找到自己想看的书有时需要搬开几十本书；电脑、打印机上积了很多灰尘，打印纸随便放在一旁，有一些已经被抽出来，有的与桌上的一些材料混在了一起；一张没人坐的转椅上堆满了书籍、报纸，以及公用的字典和信息资料等。

面对这样的情况，小刘应该怎么办？

【问题思考】

1. 有人说，办公室的环境是大家的，办公设备的摆放、照明设施的安装等问题都不是秘书能够决定的，对于如何优化办公室环境这一问题，秘书难以有所作为，所以秘书根本不用去管办公室的环境，你怎么认为？

2. 作为秘书人员，你是否会关注办公室的绿化？

【案例分析及参考要点】

优化办公环境，关注办公室的安全，是秘书日常工作的一个重要方面。对于秘书人员来说，日常工作中的重要一项是保持办公环境安全、整洁、舒适、实用。好的办公环境，能使办公人员主动、积极、愉快地工作，有利于塑造组织的外部形象，也有利于提高员工的工作效率。而办公环境安全与否，更是关系重大。在以上案例中，秘书小刘通过自己的细心观察发现办公室的一些问题，是尽职尽责的表现。小刘发现办公室在整洁与安全方面均存在一些问题，要解决这些问题，应该做到：

（1）办公设备如电脑、打印机等，应及时清洁、维护，否则会对设备造成一定损害。

（2）打印纸应放在一个固定而又稍隐蔽的地方，放在桌面上容易与其他材料弄混，而且容易沾上灰尘，影响使用。

（3）过期的文件、资料应及时进行清理存放，不要随手把报纸、书籍、文件堆放在桌子上，而应根据其内容和重要程度分别放置，这样既节省了空间，也便于日后快速查阅。

（4）应有强烈的保密意识，应注意办公文件的保管。重要文件不应存放于公用电脑中。使用完公用电脑之后，应及时将重要文件删除或设置密码保存。

（5）注意办公设备及操作中的隐患。如电线磨损裸露要及时更换，电源线与电话线不要随处铺设，尤其在人行过道及人员经常活动的地方。如要铺设，应采取可靠的安全防护措施。电源插线板应放在较隐蔽的位置或者固定在一个安全的位置，不能随地乱放。饮水机旁放置电源插线板也存在安全隐患，稍不留意可能会将水倒入插线板插孔，引起短路，应将电源插线板放置在离水源较远的位置。

（6）要注意办公室的财物安全，做到人离即锁门，防患于未然。现金应由专人负责保管，存放现金的抽屉应随时上锁。

除了以上这些方面，办公环境的优化还有许多方面需要注意，如：

（1）积极维护办公室工作环境。秘书要养成好习惯，经常打扫卫生、及时清理桌面等，每天下班前应检查电脑里的文件是否保存好、电源是否关闭，并将用过的资料收拾、整理好。

（2）树立安全意识，识别办公室安全隐患。定期检查办公场所及办公设备的安全，尤其对水、电使用中的不安全做法，应及时予以纠正。

总之，秘书应养成良好的工作习惯，努力为大家创造一个安全、舒适的工作环境。

【案例二】

接电话并不简单

小刘大学毕业后找到一份不错的工作，在跨国企业华强公司任秘书。办公室李主任安排小刘第一个月的主要任务是接电话。小刘心里暗想，让我一个堂堂大学毕业生做这么简单的事情，太小看我了吧！然而，让小刘没想到的是，第一天上午就出了问题。

这不，电话铃响了，小刘赶紧抓起电话："喂，你找谁？"没想到对方一听就挂断了电话。小刘吐了吐舌头说："神经病啊！"正巧李主任经过，问小刘说谁神经病。小刘只好把刚才的经过说了一遍，李主任批评小刘接电话时没礼貌，小刘连忙点头称是。

电话又响了，小刘不慌不忙地拿起电话，声音甜甜地说："你好，华强公司，请讲。"

"你们王总在吗？我有急事找他。"电话里传来对方焦急的声音。

小刘一看，王总正在办公室里看文件，立即说："王总在，你稍等。"

小刘立刻将电话转接给王总："王总，您的电话。"

"谁打的电话？"王总问。

"不知道，说是有急事找您。"小刘答道。

只见王总皱了皱眉，拿起了话筒。不一会儿，小刘就听到王总在电话里和对方吵了起来。王总挂了电话后，生气地对小刘说："以后有找我的电话先问清楚，别把拉保险之类的电话也给接进来。"小刘脸红了，心想，原来接电话并非那么简单，下回一定要问清楚。

　　这时，电话铃又响了。小刘拿起电话，打起精神说："你好，华强公司，请讲。""请问张助理在吗？"对方轻声地问道。

　　小刘刚刚看到张助理出去洽谈业务了，下午才会回来，于是说："张助理出去了，你有什么事情吗？等张助理回来，我转告他。"

　　"哦，是这样，我昨天跟他约好的，有重要的事情一定要直接跟他讲。麻烦你告诉我他的手机号码。"小刘就找出张助理的手机号码告诉了对方。

　　这时桌上的两部电话同时响了起来，小刘赶紧抓起其中一部，说："华强公司，你哪位？""我是你们公司的老客户，找王总有要事。"

　　"王总这会儿正在开会，你晚一些再打来吧！我这会儿还有别的事情！"小刘快速说了一连串的话，然后啪的一声挂断了电话。

　　另一部电话仍然在响。小刘拿起电话："你好，找谁？"

　　"华兴公司吗？我找秦小姐。"

　　"什么秦小姐？"

　　"你们是生产沐浴液的华兴化工公司吗？我找公关部秦小姐。"

　　"打错了！"说完小刘把电话重重地一挂，长长地舒了一口气。

　　"没想到，接电话这么烦！"小刘心想。刚想喘一口气，这时张助理回来了，他生气地问："小刘，是你把我的手机号码告诉那个广告商的吗？我跟客户谈业务时他一直不停地打我的电话，吵死了。你知不知道不可以随便把手机号码告诉别人？"

　　王总开完会回来了，小刘汇报刚才有个客户打电话找他的事，王总说："肯定是那个很重要的东北客户，他们好像还需要再订购一批产品，前几天一直没联系上，你有没有问他是怎么回事？"

　　"这个，我忘了问了。"小刘红着脸低下了头……

【问题思考】

　　1. 秘书工作相当琐碎，就接听电话一事，每天都忙于应付，在这样的情形下，该如何保持清醒的头脑和热忱的工作态度？

　　2. 秘书接听电话有哪些规范，应该注意哪些问题？

【案例分析及参考要点】

　　接听电话是秘书日常工作中最为常见的内容之一。电话是联系外界的最主要方式之一，接听电话对于秘书人员来说，关系到组织意图能否准确传达出去，外界信息能否如实接收回来，也关系到组织的形象，对能否顺利开展工作有着很大影响。认真对待这种看起来并不起眼的事情，认真琢磨其中的窍门，对于秘书人员来说至关重要。

　　该案例中，秘书小刘刚参加工作，对于接听电话这一工作没有足够重视，加之缺乏工作技巧，不仅使自己手忙脚乱，而且工作完成情况也难以让领导满意。

案例中小刘共接听了五通电话，下面分别进行分析：

接第一通电话时，小刘不应听到电话铃响就匆忙拿起话筒，应等电话铃响两三声之后再拿话筒，要给自己留下少许做准备的时间。第一句话就应说出本单位的名称。而小刘的一句"喂，你找谁"表现得非常不礼貌，所以令对方生气地挂断了电话。

接第二通电话中，小刘应问清楚对方是什么人，找王总有什么事情，不能立刻就把电话转给王总。案例中小刘未经询问就将电话转给王总，既造成了尴尬的情形，又浪费了上司的时间，令上司十分不愉快。如果打来电话的人与企业不相关，秘书应为领导"挡驾"。

接第三通电话中，小刘未征得本人同意，就将张助理的手机号码告诉对方，遭到张助理的埋怨。手机号码是个人信息的一部分，应该受到隐私权的保护。如果对方真的有特别紧急的事情，可以请他留下电话，等与张助理联系之后，再给对方回复。

接第四通电话中，对方自称是公司的老客户，小刘应该问清楚他有什么事情，而不能因王总不在就简单地挂断电话，这样可能会耽误重要的事情。此外，在电话中说"我这会儿还有别的事情"，会让对方感觉自己被怠慢，十分不礼貌。

接听的第五通电话是一个打错的电话。对待这样的电话，不应该以简单的一句"打错了"了事，这样做既显得自己没涵养，对企业的形象也不利。接到打错的电话，应该礼貌对待，并且告诉对方本企业的全名，甚至可以捎带介绍一下本企业，为企业赢得潜在的客户。

对于秘书来说，在日常的接听与拨打电话的过程中，不仅要有礼貌，耐心地搞清楚对方的意图，还要养成记录电话内容的好习惯。要记录来电时间、来电人、来电内容、是否需要回复及处理意见等，这样便于秘书合理安排时间，不遗漏任何问题，并及时安排处理，同时也有助于日后查阅。总之，小小电话学问多，千万别以为接听电话是简单的小事。

【案例三】

为领导"挡驾"

爱华公司的刘秘书正在埋头起草一份文件，这时电话铃响了。拿起电话，刘秘书听着对方的声音，猜测可能又是那位推销员王先生打来的电话，一问确实就是他。原来这个王先生已经打过好几次电话了，看来挺有耐心的，非要跟经理通上话。上周他第一次打电话来时，刘秘书听着王某的自我介绍，判断出这电话不是高经理正在等的电话，也没有什么重要的事情，就对他说："很抱歉，高经理不在。我会将此事转达给高经理，请您留下姓名和联系方式。"事后刘秘书向高经理作了汇报，高经理说曾在一次交易会上见过此人，对他印象不佳，不想跟他有生意上的往来。因此后来的两次来电刘秘书都以高经理出差或其他原因给推掉了。

今天他又打来电话，称有重要事情，非要找到高经理不可。此刻，刘秘书应该怎么办？

【问题思考】

1. 在实际工作中，有哪些为领导电话"挡驾"的好办法？

2. 在为领导"挡驾"时，秘书常常要说一些诸如"领导开会去了"等可能并不真实的话，你认为这是否有违秘书的职业道德？

【案例分析及参考要点】

由于某些原因，有时会有一些领导不愿接听或不便接听的电话，面对这样的情况，秘书应机智灵活，随机应变，为领导"挡驾"。首先，秘书应有为领导服务的意识。对于来电应有准确的判断力，即使领导在办公室，也不能马上将找领导的电话转接过去，要问清楚对方的基本情况，了解对方的来电意图，判断是否是领导愿意接听的电话；如果不能立刻作出明确的判断，应先征求领导的意见。如可以先跟对方说："您稍等一下，高经理今天要去开会，我去看看他还在不在办公室"，给自己留下与领导联系的时间，问明领导意图，再决定是否为领导"挡驾"。

本案例中，秘书作出了正确判断。领导"不想跟他有生意上的往来"，所以不愿接听此人的电话。在这种情况下，首先秘书应礼貌接待，耐心倾听，然后婉转地告诉他：经理不在。如果对方一再打电话来坚持要见经理，可以这样告诉他："对不起，您的事情我已经请示过高经理了，高经理说目前本公司暂时不需要这方面的业务，以后如果有需要，我们一定会先跟您联系。"

【分析对比】

为领导"挡驾"是秘书经常会遇到的情况，适当的时候也可以采取分流的办法，如案例中王先生一再称有事情要跟经理谈，刘秘书可以请他大致介绍一下情况，如果与本公司的业务有关，可以将电话转到具体的业务部门，告诉他高经理此时无法接听电话，跟职能部门的领导谈也是一样的。如果对方的电话令人不堪其扰，不希望他再打电话来，可以这样说："对不起，您所提供的业务我们公司确实不需要，请不要再浪费您自己的时间了。"

【案例四】

繁杂事务要理出重点

华美公司有一个重要会议，时间是下午两点，地点在公司的小会议室。公司参加会议的人员有王总经理、销售部方经理和总经理秘书小刘。

秘书小刘一早就来到办公室，打算为下午的会议做准备。

不巧的是，上午临时又有了新的安排，小刘要去总公司取一份重要文件。等她办完这件事回到办公室已是十点多钟。没等她在办公室坐稳，就看见两个陌生人径直往总经理办公室走去。小刘连忙拦住二人，问他们有什么事。二人不耐烦地说："我们是王总的朋友，今天都等了一早上了，必须马上见到你们王总。"小刘说："对不起，你们稍等一会儿，我跟王总联系一下。"王总在电话里告诉小刘："我不认识他们，你'挡挡驾'吧！"小刘跟这两人周旋了好一阵子，总算把两个人给送走了。这时，电话又接连响起来，小刘急忙一一接听……

整个上午小刘忙得焦头烂额，竟忘了安排下午会议的准备工作，直到吃午饭的时候她才想起来。请问：

（1）小刘应如何补救准备工作的疏忽？

（2）在接待对方人员时，小刘应注意哪些礼仪？作为秘书，小刘应如何作引见介绍？

（3）小刘应如何为领导"挡驾"？

【问题思考】

有人说，凡是无约人员都应该一概拒之门外，你认为这样做对吗？为什么？

【案例分析及参考要点】

作为秘书日常工作之一的一般性接待，可以分为有约接待与无约接待。在有约接待中，秘书应事先做好相关的准备工作。首先，应做好环境与物质方面的准备，会客室要清洁、明亮、整齐，会客室应准备好桌椅、茶水等，最好摆放适宜的植物，令来访者感受到舒适而友好的环境氛围。如果是洽谈业务，秘书还要为上司准备好相关资料。其次，要做好充分的心理准备，迎来送往都要举止得体，彬彬有礼。在约见之前如果没有做好相应的物质与心理准备，客人来了之后秘书会手忙脚乱，自顾不暇，难以从容地做好接待工作。

本案例中首先涉及有约接待。下午两点钟有客人要来，秘书小刘应提前为约见做好相关的准备工作，以保证约见按计划顺利进行。但是因为临时安排的工作、处理一个无约接待及日常事务而花费了较多的时间，险些耽误了下午的约见准备。秘书工作琐碎而繁杂，常有意想不到的事情发生，这是秘书经常要面对的情况。秘书应分清工作的轻重缓急，合理安排时间，把既重要又紧急的事情优先完成。本案例中，小刘没有安排好自己的工作顺序以致险些耽误了重要工作，作为秘书人员要避免这样的现象发生。小刘可以尝试这样做：第一，另派人去取文件；第二，对于突然闯入的两个无约人员，先行阻拦，然后转交其他秘书去处理，自己立刻去准备下午的约见。

针对案例中提出的问题回答如下：

（1）到了中午小刘才想起尚未为下午的约见做准备，她应该立刻去会议室查看环境卫生与桌椅、茶水等，适当做好环境布置，人手不够时，应立刻请同事协助，此外，要根据下午的约见主题，决定是否需要准备相应的文字资料或电脑等用具。小刘还应在约见时间前十至十五分钟提醒王总及方经理到场，并做好迎接客人到来的准备。

（2）本案例中，小刘可以在办公室等待客人到来，或者到公司大堂去迎接客人，见到客人后应礼貌地起身相迎，并热情地向客人问好；一般情况下，客方的秘书会先作自我介绍，然后按职位的高低依次为刘秘书介绍其他客人。刘秘书应礼貌地称呼对方的每一个人，并妥善地引导客人前往会议室，与等待在会议室的己方人员见面。秘书在引导客人时，自己应走在客人的左前方，相隔一步到一步半距离为佳，体现以右为尊、为上的原则。秘书小刘引导客人来到会议室，应为宾主双方进行介绍。一般情况下，介绍人与被介绍人都应站起来，介绍时要注意先后顺序，一般先为客人介绍主人，在介绍己方人员或客方人员时都遵循地位由高到低的原则。在整个接待过程中，小刘应做到亲切迎客、热情待客、礼貌送客，每一个环节都应有礼有节，令客人感到亲切友善，宾至如归。

（3）针对两个无约人员，秘书小刘既不能有求必应，又不能无礼怠慢。秘书必须学会有效地甄别、过滤不速之客。本案例中的两人自称王总的朋友，小刘并没有马上相信，而是通过与王总联系弄清真相。了解了真实情况和领导的意图后，小刘可以告知对方此时王总无法接待，问清客人的来由，如果需要，可以把他们介绍到相关的部门去，或者留下联系方式，告诉他们会请示王总之后再跟他们联系。总之，要灵活处理，既不要让客人感到尴尬，又要避免浪费过多时间。

不论是有约接待还是无约接待，秘书都应保持适度的礼貌与热情，既要能友好诚恳地接待上司愿意见到的来宾，又要有礼有节地为上司"挡驾"，婉拒上司不愿见到的不速之客。

【案例五】

值班工作的主要任务

星期天，华宇公司的秘书小刘一早就来到办公室，这天她值班。她打开值班日志，看了看昨天晚上秘书小李的值班记录，发现还有两件工作今天要跟踪：公司的大客户新丰公司购买的大型生产设备出现了问题，约好了今天由两名技术人员上门维修，已电话通知了技术部的小张与小成；公司王总经理乘坐今天下午四点的飞机前往北京，因为临近春节，机票较紧张，今天上午机票才会送到公司，拿到机票后要通知司机小何来公司拿机票并送王总去机场。看完值班日志，小刘正准备打几个电话落实上述事宜，突然公司保安打来电话，说有一个自称是总经理亲戚的人非要进来见王总经理，说王总没有来公司他也不相信，问小刘怎么处理。

【问题思考】

1. 在值班时，如果生产部门突然出现生产事故，作为值班秘书的你，应当如何处理？

2. 对于不听劝阻强行闯入公司的陌生人，应当怎样劝说，并妥善处理这一事件？

【案例分析及参考要点】

值班，一般是指一个组织由相关人员在休息期间留守岗位，以维持组织的正常运转，处理紧急事务。值班时需要填写值班记录，即值班表或值班日志。一份完整的值班表通常包含以下内容：值班日期、时间、地点、人员、值班工作及注意事项等。值班人员应认真填写值班记录，以保证值班工作的连续性，确保值班工作的顺利进行。秘书小刘到岗后按程序办事，先查看值班记录，了解自己值班期间需要做的工作，是个好习惯。

如果我是秘书小刘，我会根据值班记录，掌握先前的情况，做到心中有数。对来访者，先告知来访者不能接待，如果属于工作关系，可以与相关部门联系解决。如果确属重要事情或能够证实其亲戚的身份，需要王总出面，也要先与王总联系，征求王总的意见再作决定。处理好这件事情后，迅速跟踪值班记录中的两件工作。

值班是一项综合性的工作，主要任务包括：

（1）及时传递信息。这是值班工作的主要任务之一。及时处理来文、来电或来函，能直接处理的就及时妥善处理，没有把握的不要随便许诺；重要或紧急的函件要立即呈报有关领导或转告有关部门。

（2）做好接待工作。值班通常是在非正常上班时间，来访者一般先由值班人员接待。值班人员应根据来访者的意图，作出合理的安排和答复。对于直接找上司解决问题的来访者，应视情况加以甄别和过滤，或安排约见，或耐心解释，或婉言谢绝，不能来者不拒，有求必应。

（3）承办临时事项。值班人员有时还需要承办上司交代或其他部门委托的临时事项，如购买物品、迎送客人、传话、找人等，有较强的随机性，虽很琐碎，但也应认真对待。

（4）处理突发事件。值班人员有时会遇到一些突发的紧急情况，如生产事故、交通事故、失火、失窃等。值班人员应沉着冷静地处理，或及时向上司汇报、请示，或尽快向有关部门求援等。

（5）注意组织的安全工作。特别是对于那些无保安、无岗哨的单位，值班人员对于外来者应严加审核，履行有关手续。

（6）填写值班日志。每天值班工作结束之前，应做好值班工作记录，填写值班日志，以保证整个值班工作的连续性。

【分析对比】

案例中，自称是王总亲戚的人来找王总，并表示一定要见王总，秘书小刘应首先作出判断，从来人的言谈举止中判断对方所言是否属实，如果难以作出准确判断，可以打电话向王总求证。即使证实了是王总的亲戚，找王总有事，也必须征得王总的同意方可将王总的联系方式告知对方。工作中时常会遇到自称某领导亲戚的人求见，遇到这样的情况一定要慎重对待，谨防上当。

【案例六】

擅离岗位险酿事故

某星期日下午三点多，东方公司秘书小文正在值班，接到好朋友小美打来的电话，小美说斯奇服装公司的服装正在打折，今天是最后一天，约小文一起去看看。小文说她正值班，要到五点才下班。这可怎么办？小美说："值班一般都没什么事儿，大周末的谁会有什么事呀？你悄悄出来吧，反正只有一个多小时就可以交班了。"

小文想了想，也是，今天值了快一天的班，也就接了几个电话，无非是些咨询业务的，有的还是推销保险的，都是些无关紧要的事情，都不值得往值班记录本上写，出去一会应该没事。于是小文就锁上办公室的门出去了。没想到正当小文与小美兴致勃勃地在商店试衣服时，办公室黄主任打来电话，问小文在哪儿，怎么没有去值班？小文一看，都快五点了，怎么这会儿倒有事了？

原来就在半小时前，公司的客户新强公司给黄主任打电话，说他们购买的东方公司的财务软件刚才出现了严重问题，导致他们公司的财务系统瘫痪，要求立刻前去处理，否则延误了时间会造成重大损失。该公司负责人打值班电话一直没人接，才将电话直接打给了黄主任。黄主任立刻把情况转达给客服部相关人员，现在客服部人员已赶到新强公司。黄主任很生气，批评小文擅离职守，严重违反了值班工作制度，"要不是我手机开着，这会儿还不定出了什么事"。小文受到了严厉的批评，为此事还被扣去了当月的奖金。

小文大呼冤枉，说她只不过早走了一个多小时，怎么偏偏就出事了呢？

　　你认为小文真的冤枉吗？

　　值班工作制度包括哪些方面？小文违反了值班工作制度中的什么要求？

【问题思考】

1. 有人说，值班也就是接接电话而已，没什么重要的事，你认为是这样吗？

2. 秘书值班工作的内容包括哪些？其中最重要的工作是什么？

3. 秘书值班工作制度包括哪些内容？

【案例分析及参考要点】

　　小文挨批评甚至被扣奖金，并不冤枉，因为她的确违反了值班工作制度。值班工作是办公室不可缺少的一项经常性工作，也是秘书的工作内容之一。要保证值班工作顺利进行，值班工作就应做到规范化、制度化。值班人员应将值班工作制度作为自己必须遵守的工作准则。

　　值班工作制度主要包括以下几方面内容：

　　（1）岗位工作制度。其目的是明确规定值班工作的职责范围及工作纪律，对值班人员的上岗时间、交接班时间及请假办法等，都应作出明确的规定。值班人员应坚守岗位、尽职尽责地完成值班工作。

　　（2）领导干部值班制度。这是一些机关单位实行的值班制度，要求每天或每周除一般的值班人员之外，还应有一名中层以上干部负责整个值班工作，以便紧急处理当班期间发生的重大事件。

　　（3）请示报告制度。值班人员如果遇到重大问题或无把握处理好的问题，不能擅作主张。对重要、紧急的事件应及时报告，不得拖延或知情不报。对于一些特殊的紧急事件，可边处理边报告，切不可办而不报。

　　（4）交接班制度。为了保证值班工作的连续性，要求值班人员把值班工作情况，特别是待办的事项和重要情况向下一班的值班人员交代清楚，并在规定的时间内做好交接班工作。

　　（5）保密制度。在值班工作中，若接到需要保密的来电来函，要严格按照相关规定办理，不得泄露组织秘密。

　　（6）安全防范制度。值班人员应有明确的安全防范意识，要注意防火、防盗、防诈骗等，此外，还要定时进行巡视检查，对于陌生的来访者，既要热情接待，又要提高警惕，以免上当受骗。

　　从以上值班工作制度的主要内容可以看到，案例中秘书小文违反了岗位工作制度，在值班时擅离岗位，险些造成严重后果，理应受到处罚。

【案例七】

管印章的刘秘书

快到下班时间了，大华公司的刘秘书正收拾自己的桌面准备离开，公司综合部职员王平来找他："刘秘书，我这儿有份紧急会议通知要赶快发出去，你赶快帮我盖一下章。"

"什么紧急通知？怎么这么晚才来盖章？有领导签名吗？"

"黄主任有事先走了，还没来得及签名，这事又不能等到明天。你就给盖一下吧！明天早上一上班我就得把通知发出去。"

刘秘书接过通知一看，是一份明天上午的会议通知，这事情确实很紧急。正当他打算盖章时，电话响了，是刘秘书的女朋友小玲打来的，小玲约刘秘书半小时后在电影院门口见面。刘秘书一看时间紧急，就指着一个未上锁的抽屉对王平说："公章就在那儿，你自己盖吧。我先走了。你盖好了还给我放在这个抽屉里，千万给我放好！"

第二天，刘秘书才知道这份会议通知出了问题，未经领导批示不说，通知的内容也有错误，可是王平一早就把通知发出去了。

【问题思考】

1. 印章使用不当，可能导致严重的后果，甚至可能会出现利用印章管理的漏洞做出违法犯罪的事，对此你有何认识？

2. 秘书管理的印章主要有哪两种？

3. 印章管理为什么要制度化、规范化？

【案例分析及参考要点】

从某种意义上说，印章是权力的象征和职能的标志。印章具有权威作用、凭证作用与标志作用，对于印章的刻制、颁发、启用以及保管、使用，国家机关或企业都有相应的管理制度，任何组织及个人都应该按照相关的规定来开展工作。案例中刘秘书作为印章管理人员，对于印章的重要性与权威性没有足够的认识，在印章的保管与使用中过于随便，尤其对未办理完整审批手续的文件，并未审查内容，这也是造成通知内容错误的原因之一。

一般而言，印章大都交由秘书或秘书部门保管，管理要求是：第一，专人负责。印章是组织的代表性标志，因此组织对保管者应严格审查，选择政治可靠、工作负责、坚持原则的人员来管理印章。第二，妥善保管。管理印章的人不得委托他人代取代用印章，印章应存放在安全可靠的地方，最好是放在保险柜里，并且要养成随用随开锁、用完即上锁的好习惯。案例中刘秘书将印章放在不上锁的地方，让他人代为盖印，实属不当。

印章的使用一般要注意以下几方面：

（1）严格履行用印批准制度。常规用印，印章管理者可以在职责范围内盖章。非常规用印，需经主管领导或办公室主任批准后方可盖章。若发现不符合用章原则和手续不齐全的情况，管理者或报请主管领导批准，或暂缓用印，甚至可以拒绝盖章。

（2）严格监督用印。印章管理者对印章的使用有监督权。用印前，管理者应对用印内容进行审查，如发现问题，应在纠正后或报请有关领导同意后再盖章。一般情况下，除非有机关领导特别批准，印章管理者不宜在空白凭证上盖章。

（3）严格执行用印登记制度。为了备查和更有效地发挥对用印的监督作用，应建立健全用印登记制度。一般而言，用印应该进行登记，登记的主要内容包括用印时间、用印部门、用印内容、批准人、经办人签名等项。

（4）认真盖好印章。盖印要讲究质量，要盖得端正、清晰，盖印时用力均匀，印泥颜色要浓淡适宜，并盖在规定的位置。

（5）在办公室用印。一般情况下，印章不得带出机关或单位，不得在办公室以外的地方用印。

根据以上印章管理与使用的相关规定，案例中刘秘书以下的做法均属不当：

（1）印章的保管过于随便。刘秘书将印章放在没有上锁的办公桌抽屉中，极易被盗用。

（2）印章的使用不当。印章管理者在用印前应审查有无领导审批，经过领导批准方可用印。案例中王平拿来的会议通知未经领导审批，也没有领导电话通知，不能盖印。

（3）刘秘书把印交给王平就走了，没有履行管理者的监督职责，是极不负责的做法。

（4）案例中刘秘书让王平用印，没有进行登记，属于不当。

该案例反映出一些单位的印章管理者漠视印章的权威性，对印章的管理过于简单而随便，缺乏原则性和责任心。

【分析对比】

会议通知来得太晚，刘秘书又要办私事，印章的使用就完全不讲原则了。对于刘秘书而言，印章这样重要的凭证由他保管与使用，可见组织对他的信任，他应该时时刻刻牢记印章管理的相关规定，任何时候都要讲究原则，才不至于犯错误。

【案例八】

空白介绍信

新地公司销售部小王下班前匆匆赶到办公室找秘书小李。小王手里拿着一个信封。他从信封里取出两张空白的公用信笺，说明天要出差去北京，跟几家公司洽谈合作事宜，这两张信笺是准备开介绍信用的。因为有几家单位的合作内容还不确定，所以请秘书小李先在空白信笺上盖章，以使用时填写。小王还向秘书小李保证两张介绍信绝不做他用，请秘书小李务必盖章。

面对这种情况，秘书小李应该怎样处理？

【问题思考】

1. 小王要求开具空白介绍信，这样做合适吗？为什么？

2. 秘书印信工作的具体要求是什么？

3. 现实工作中这种情况会经常发生，怎样处理才能既不失原则又给工作带来便利？

【案例分析及参考要点】

介绍信是员工外出联系工作、了解情况、洽谈业务、参加各种社会活动使用的证明其身份的一种书面凭证。介绍信通常有便函式与固定式两种。便函式介绍信使用带有单位名称的信笺，固定式介绍信通常由正本与存根两部分组成。案例中小王要用的是便函式介绍信，他拿空白介绍信让小李盖章是不符合规定的，小李不能为小王在空白信笺上盖章。

介绍信通常由秘书人员保管并开出，介绍信的使用要注意以下几个方面：凡领用介绍信须经主管领导批准，其他人不得随意开具介绍信；开具介绍信时应由秘书填写领用人的姓名、身份、去往何单位、联系何业务、领用日期、有效时间等内容，固定式介绍信的正本与存根内容必须一致；要履行登记手续，使用固定式介绍信时领用者应在存根上签字，使用便函式介绍信时领用人应在专用登记本上签字；介绍信须加盖公章方能生效。固定式介绍信应在落款处和骑缝处分别加盖公章，秘书不得委托他人或让领用人自己填写内容和盖章，尤其不能将空白介绍信或单位信笺加盖公章后交给领用人使用。

案例中小王的请求是不合乎规定的，因此小李应该要求小王将有关事宜向领导汇报并经领导审批，经过领导批准后方可为小王开具介绍信。开具介绍信时应由小李按照要求为小王填写好介绍信，然后加盖公章，并要求小王在专用的介绍信登记本上登记签字。

【分析对比】

通常介绍信与印章同时由秘书部门或某一秘书人员保管使用，案例中小李如果不坚持原则，开出空白介绍信并盖章，可能导致严重的后果。如果出现这样的情况，小李要为此承担相应的责任。

【案例九】

巧辞不速之客

胡秘书正在办公室忙着，突然进来了一位西装革履的男士，自称是与李总经理约好的。胡秘书一查经理的日程安排，并没有发现有约会。但既然说与李总经理有约，也可能是经理亲自约定的，胡秘书接过名片一看，是某家杂志社广告业务部的钱经理。凭直觉胡秘书觉得对方是名推销员，但仍然很热情地请坐、端茶，然后问道："您是否和李总约在上午见面？"

对方回答："如果方便，我希望尽快见到李总。"

胡秘书明白了，肯定没有约会。即使是李总亲自约定的，也会有具体准确的约会时间。"您看，很不凑巧，今天上午李总刚好有个临时会谈。我马上设法和他取得联系，告诉他您在这等候，或者另约时间，可以吗？"

钱经理马上表示同意。胡秘书接着说："您看我怎么向李总汇报您的情况？"

经交谈，胡秘书很快清楚了，来访者是为杂志社编辑本市最新工商名录做广告、拉客户的。这类事不是第一次遇到，胡秘书知道接待不可草率生硬，来访者中不乏"无冕之王"，还须"恭敬送神"。

经与李总联系，从他那里得到的答复是"不见"，胡秘书当然不能"直言相告"。

"钱先生，真对不起，李总正在与一家重要客户谈判，我不方便进去打断。您看已近中午，怕要耽误您太多的时间了。您看是否这样，我公司虽在本市，但大多数的业务是与外省市和外商发生的，全国工商名录上，我公司已在册，登录本市工商名录当然对本公司也有益，具体事项，我一定请示李总，并尽快与您电话联系。您看，我可以打名片上您的联络电话吧？"

"好，好。"嘴上虽然这么说，但钱先生已显不悦。

"另外，刚才看您送来的资料，我想起我的同行马小姐曾和我谈起过她供职的公司正要做公共关系形象广告和业务宣传，您看我是否可以介绍他们公司与您合作……她的联系电话是6755×××，这是马小姐的名片，您可以直接与她联系。"

"好，好！"钱先生的口气变得和缓了。

"钱先生，这资料您是否可以多留几份给我？尽管我公司的业务范围决定我公司不太适合与您合作，但周末的同行联谊会上，我可以帮您向其他公司宣传，您看是否可以？"

钱先生告辞时的微笑是真诚的谢意，因为他受到的热情接待弥补了没有完成任务的缺憾。胡秘书热情地送他到电梯口。

（本案例选自湖州职业技术学院精品课程网，http：//jpkc.hzvtc.net/ms/wen3_ show.asp？id＝59）

【问题思考】

1. 胡秘书回到办公室的第一件事应该做什么？

2. 胡秘书的做法是否正确，有没有不当之处？你遇到这样的情况会怎样处理？

【案例分析及参考要点】

该案例是一个典型的无约接待。秘书在日常工作中时常会遇到这样的情况，有些人自称是上司的朋友或是与上司有约而要求见面，针对这样的情况，秘书应及时、有效地作出判断，并根据情况为上司"挡驾"。

（1）胡秘书回到办公室的第一件事应该是给马小姐打电话，告诉她自己将她的联系电话给了钱先生，让马小姐有思想准备。

（2）该案例中，胡秘书礼貌而热情，能言善辩，较好地与钱先生进行周旋，使客人满意而归，胡秘书确实比较善于为领导"挡驾"。但胡秘书的做法也有欠妥之处，即未经马小姐同意，擅自将马小姐的联系电话告诉了钱先生，等于将自己上司不愿意见的客人分流给了马小姐。如果马小姐确实非常需要钱先生的业务，这样的做法尚不至于令马小姐不高兴；或者马小姐与胡秘书是很好的朋友，这样的处理也并无太大的问题。但无论怎样，胡秘书在将马小姐的电话告诉钱先生之前，应先征求马小姐的意见。

【分析对比】

俗话说"来的都是客"，都应以礼相待。胡秘书可以直言相告李总不愿意见他，但胡秘书的一番话相当委婉地拒绝了对方，但又不会让对方难堪。可见，一个有经验的秘书应该非常讲究说话的技巧。

【案例十】

防汛变防震

我国南方某地发生较大的地震后，汛期又将到来。一日，省领导机关的值班秘书接到国家防汛抗灾指挥部电话，要检查了解该地区防汛抗灾准备情况，要求尽快作一次汇报，并指明要检查大中型水库坝基的安全可靠程度。值班秘书接电话时，将防汛指挥部错听为防震指挥部，因为当时对地震惊恐的余波还影响着人们的心理，该秘书认为"防震"检查也是理所当然的，是可能的，而没有对打来的电话进行认真核对，就向领导汇报。当时领导班子几个主要成员正在同兄弟省区的领导同志商讨经济协作的事情，被迫中断了商讨，立即召集省直各有关部门的负责人开会，研究防震工作，并准备按电话的要求向上级汇报。

在研讨中，有人提出是否是上级防震部门预测到本地区最近还会发生地震，于是由办公厅主任亲自打电话询问国家防震部门，得到的答复是，"没有预测到你们地区最近会发生地震，也没有要你们汇报有关情况"。经仔细核查，得知是防汛指挥部打来的电话。原来是一场虚惊。由于误报信息，致使正在进行的工作搁置，虽然未造成直接损失，但牵动了领导一班人的行动，打乱了领导机关工作部署，影响了领导机关工作的决策，不能不说是个较大的失误，教训是应该记取的。

【问题思考】

1. 上述案例中，值班秘书仅仅是听错了音、传错了话吗？其核心问题是什么？

2. 值班工作的意义和要求是什么？

【案例分析及参考要点】

问题就出在这位接电话的值班秘书身上。该秘书是讲粤语和客家话的，对普通话的语音辨别力差，"汛""震"相混，以致闹出了上述笑话，可见语音是口语交际不可忽视的要素。语音听错了，意思就变样了，听者就可能作出有违说者初衷的举动，传递错误信息，贻误工作，造成损失。所以，讲好普通话，是秘书人员的基本功。

早在 1956 年，国务院就发布了《关于推行普通话的指示》。1958 年毛主席发出"一切干部要学好普通话"的号召。1982 年修改的《宪法》规定"国家推行全国通用的普通话"。现在，普通话在我国已较为普及，已经成为我国各民族共同的语言。语言能否起到便于人们交际的作用，关键在于听、说双方对语言的认同。秘书人员需要接触四面八方的人，在交往中，必须使用规范化的语言，才能较好地进行沟通与交流。

秘书工作要建立必要的制度，接听电话也应是其中重要的一项。有了制度，工作程序、工作要求就有了规范，具体操作时就增加了一份监督；有制度作保证，就可以防止或减少工作中的差错。听到电话铃声后，尽快接听，并准备纸和笔，重要的事情要随时记录下来，有条件的还可以同时进行录音。除如实记下对方讲述的内容外，还要记明来电的时间、单位、姓名以及必要的联系电话等。记下对方讲述的内容后，要当即复述一遍进行核对，对方确认无误后再进行办理。记录的内容不要加入记录人任何主观猜测的东西，否则电话的内容就会走样。上述"汛""震"之错，就是典型的一例。

第三章　沟通与协调

第一节　基本知识与基本原理

一、沟通

沟通是一种信息的交换过程，是人们为了既定的目标用一定的语言符号传递信息、思想和感情的过程。沟通是协调的前提，是协商、调节、调整、调解，以达到和谐一致的基础。

沟通具有三个层次：一是信息沟通，这是初步的沟通；二是认识沟通，比信息沟通更进一步，是主观的，表达各自的意愿、看法或要求，涉及各自的利益；三是感情沟通，这是更高层次的沟通。

（一）沟通的特点

沟通具有社会性、双重性、互助性、目的性的特点。

1. 社会性

沟通双方应在同一或近似的编码系统和译码系统，对语义有相同的理解。而语义很大程度依赖沟通情景和社会背景。沟通场合以及沟通者的社会、政治、宗教、职业和地位等的差异，都会对语义的理解产生影响。

2. 双重性

沟通不仅沟通观念和思想，同时还传递着情感。

3. 互助性

沟通处于动态系统中，沟通双方不断地相互作用，刺激与反应互为因果。沟通的效果取决于对方的回应。帮助别人得到他想要的，你就会得到你想要的。

4. 目的性

在人际沟通中，沟通双方都有各自的动机、目的和立场，都设想和判定自己发出的信息会得到什么回应，即沟通是以改变对方行为为目的的。

（二）沟通的类型

依据不同的标准，可以对沟通做如下分类：

依据沟通对象的不同，沟通可分为：人与人的沟通、组织之间的沟通、人的自我沟通、人与机器的沟通；

依据沟通手段的不同，沟通可分为：书面沟通、口头沟通、肢体语言沟通；

依据沟通领域的不同，沟通可分为：网络沟通、团队沟通、跨文化沟通。

二、协调

协调就是通过协商、沟通、调和、调解、调节，使产生隔阂、失调、差异和矛盾的各方消除隔阂、彼此理解、互谅互让、求同存异，使矛盾解决，达到政令统一、目标一致、步调一致。秘书部门是组织活动的中枢，鉴于秘书工作的性质和职能，领导往往赋予其一定的组织协调职能。

（一）秘书协调的特点

1. 权力的授予性

秘书是领导的助手，没有法定的人、财、物等方面的决策权，他们开展协调工作往往要依赖领导的授权，在协调活动中贯彻的是领导的意图。

2. 非职责的限定性

在管理活动中，秘书的协调工作，一般没有确定的职责范围，组织分工、领导的信任度和授权范围、自身的能力以及与协调方的关系等状况不同，秘书协调活动的范围也不相同。

3. 认同的疏导性

由于秘书所处地位的特殊性，其协调活动并不主要依赖行政命令，而始终贯穿认同和疏导。获得有关方面的认同，采取灵活机动的疏导方式，是秘书协调取得良好效果的关键。

（二）秘书协调的类型

秘书协调的类型有两种：

1. 纵向关系的协调

纵向关系是指本组织与上下级组织之间的关系、秘书与所在组织领导之间的关系、秘书部门及秘书人员与群众的关系。秘书要按照找准问题、拟订方案、实施协调这一基本的思路，在捕捉到有利时机的前提下开展协调工作。垂直的上级关系是秘书主要的服务对象，正确有效地协调与领导之间的关系，建立和谐、信任、默契的主辅关系，是发挥秘书协调职能的关键。

2. 横向关系的协调

秘书协调活动中面临的横向关系，包括本组织与平级单位间的关系、领导班子成员间的关系、秘书部门与平级职能部门间的关系、秘书部门内部人员间的关系等。本组织与平级相关单位间关系的协调，主要是由领导层出面进行的，即使由秘书出面，也是受领导之托，秘书参与的程度不深。

（三）秘书协调的内容与步骤

秘书协调的内容包括：政策协调、地区关系协调、部门关系协调、工作关系协调、会议协调、领导关系协调、人际关系协调等。

协调的步骤分为摸清情况、找出症结、提拟方案、反复磋商、督促落实、检查反馈几个阶段。

第二节 案例与分析

【案例一】

她该怎么办

恒达贸易公司陈副总经理在一项对外业务上与李总经理意见不一，两人发生了争执。后来，陈副总在与方秘书单独外出时，埋怨李总经理主观武断，不尊重他人意见，导致决策失误，给公司经营造成了损失。李总经理是一位有能力、有魄力、办事雷厉风行的人，但有时不免有些霸道，不太考虑他人的感受，员工对他颇有微词，因而对他敬而远之。陈副总经理考虑问题周到，比较关心下属，群众关系好，但决断能力相对较差。方秘书知道总经理与副总经理相互有些意见。从心底讲，方秘书个人感情更倾向于副总经理。今天，副总经理毫不掩饰地谈起他与总经理的分歧，分明是想得到秘书对他的理解和支持。

方秘书此时十分紧张，想出了五种应对办法，但一时又无法确定采取哪种办法好。

方秘书的五种应对办法如下：

一是投其所好，顺着副总经理的话说，附和副总经理的意思。

二是维护一把手的威信，为总经理对公司发展做出的努力和贡献评功摆好，为他工作方法上的一些不足进行解释、开脱。

三是直言不讳地表示，领导之间意见分歧，下属无所适从。

四是保持沉默，对陈副总经理的话只听不表态，或转移话题。

五是耐心解释，说好话不说闲话，以弥合领导间的裂痕。

【问题思考】

1. 秘书应该怎样对待领导之间的矛盾？

2. 秘书应不应该参与领导之间的矛盾？参与的后果会怎样？

　　3. 秘书有什么办法可以在领导之间的矛盾中保护自己，并且不影响自己的正常工作？

【案例分析及参考要点】

　　本案例涉及的是秘书与领导的沟通协调问题。一个组织中，领导们在根本利益、根本目标和根本原则上是一致的，但由于每个领导分工不同，部门利益不同，各自在思想观念、管理风格及个性特征等方面也存在差异，因此，领导之间产生矛盾和分歧是不可避免的，也是正常的。一般而言，这些矛盾和分歧并不影响秘书工作的正常进行。但当矛盾激化或分歧扩大的时候，处理不当，秘书会陷入两难困境，甚至对自己的职业生涯造成不利的影响。

　　那么，秘书应该怎样维护领导层之间的团结，使本单位领导在沟通、协调方面更加和谐呢？从理论上讲可以有这么几种方法：一是积极沟通。秘书作为上司的参谋和助手，经常穿梭于领导成员之间，并在上司之间起着接收信息、传递信息、处理信息的作用，秘书在反映情况和转达意见时要讲究方式方法，多说有利于双方团结的话，不说闲话，不火上浇油，不搬弄是非，使矛盾向积极方面转化。二是回避法。即对上司之间的矛盾不听、不问、不说，减少甚至终止负面信息的传播，防止矛盾扩大和激化。有时可以佯装不知，有时可以采取"冷处理"，将矛盾搁置一段时间，避免直接面对矛盾。三是中立法。秘书必须严守中立，不偏不倚，坚持不介入的原则。当然，这种方法是很理想化的，现实生活中，这一条是非常难做到的。

　　本案例中方秘书想出了五种应对办法，我们来看一下优劣：采用方法一，那就是站在陈副总经理一边，让陈副总经理感觉方秘书比较贴心，能博得陈副总经理的好感；采用方法二，其实就是站在李总经理一边，有可能不仅不能当场说服陈副总经理，还会得罪他或给他留下不好的印象；采用方法三或者方法四，都是试图保持中立，表面看谁也没得罪，其实可能让双方都觉得你是个"滑头"，而失去双方的信任；采用方法五，是个积极沟通的方法，但如何"耐心解释"有很大的学问，而且能否弥合领导间的裂痕也许不是一个秘书的力量所能为的。因此，这个方法虽好，但做起来难度大，一时半会儿也很难取得成效。有时候想做个"和事佬"，却好心办坏事的情况也经常出现。

　　所以说秘书如何协调处理好领导层的关系是一门艺术，需要很高的智商和悟性。

　　《红楼梦》里就有一个人物，可以说是个一流的助理人才，那就是平儿，平儿之"平"不是平庸，而是平衡有术。她是凤姐的陪嫁丫头，后来被贾琏收了房娶为妾。在凤姐之威和贾琏之俗之间，在这个你争我斗的大家庭中，她能够巧妙地平衡各方面关系，既忠又义，能进能退，帮着位高权重、治家有方且很有心计的凤姐打理贾府，赢得了包括贾母这个最高统治者在内的领导阶层的好评。她平衡各方面关系的应变能力及掌握处事分寸的能力是十分让人钦佩的，值得秘书人员认真思考和借鉴。

【分析对比】

从上述案例分析中可以看出，很多时候秘书因为害怕得罪某一领导而不敢表明自己的立场和态度，常常处在夹缝中。实际工作中，与周旋型秘书相对应的是坚定派秘书，他们跟随哪个上司或领导，就坚定地站在他们那一边，风雨与共，荣辱同享。

这样做的好处有：一是不需要周旋在不同的领导中间做"滑头"或"墙头草"；二是态度鲜明，该做和该说的都很清楚，内心可免除矛盾痛苦；三是所支持的上司或领导如果处于上升状态，秘书也会得到应有的利益或职业上的提升。当然，坏处也是显而易见的：一是卷入领导层的矛盾斗争中；二是所支持的一方如果处于不利状况，秘书的职业也会陷入困境，甚至成为斗争的牺牲品。

【案例二】

为什么说她傻

陈晓研究生毕业后，经过一年的努力考上了公务员，进入了某政府部门秘书处。陈晓学的是历史，写了不少理论文章，其中一篇被《新华文摘》转载，此事是她简历中的一个亮点，常常被顶头上司孙处长称赞。陈晓自我感觉良好，工作尤其努力。

有一天，主管秘书处的厅领导田主任来秘书处听汇报，之后对陈晓尤显关心，当着众人的面和她聊了起来，众人明显地感觉到领导对这个初来乍到者的器重。聊着就谈到了历史，谈到了她写的那篇《试论清代君主专制制度的特点》。田主任是学中文的，文史哲方面的功底都不错，但陈晓认为他毕竟不是学历史出身，一些观点太"外行"。说着说着竟然不客气地与田主任争论起来。开始众人听着还觉得是一种为自己争辩的语气，后来明显变成一种居高临下的语气。只听得陈晓说："你读过××的著作没有？非历史专业的人一般不问津的，所以就很难说清楚这方面的问题。"田主任有点下不了台。这时一直在旁边的孙处长打圆场说："怎么你那么迷信书？有些书就是让人越读越傻。"事后，陈晓听处长对他人说，她哪里是个才女，简直就是个笨蛋、傻瓜。

陈晓有点儿迷惑不解，头脑一片茫然。

陈晓找了一个合适的机会，聆听了这位"老机关"的高论："田主任的有才在全厅是有名的，他一定在心里觉得你也是个有才之人才与你聊文学历史之类的，一方面关心下属，另一方面在众人面前展示自己的造诣。你真的以为这是学术讨论，是问题争鸣？真是个书呆子，不可救药。"

陈晓后悔地说："我真是太傻了，以为跟主任说话更要认真。"

孙处长说："这件事你做得很危险，他人会觉得你读了几本书就不知天高地厚，领导也会觉得你不识抬举。"陈晓顿时有一种侯门深似海的可怕感觉，从此，她就像林妹妹进了大观园，做事、说话都十分小心。

事隔不久，陈晓和同事小黄正向孙处长汇报工作的时候，田主任来了。田主任一改往日的儒雅，进门就大声批评孙处长，孙处长看了一眼两个下属，一直没说话。陈晓赶紧拉着还有点发愣的小黄离开了处长室。后来，孙处长好像是不经意地说到陈晓，说她最近工作有进步，越来越懂事了。

【问题思考】

1. 当你发现领导或上司对某个问题是"外行"的时候，你该怎么向他解释这个问题？

2. 秘书如何领悟上司的潜台词？如何捕捉上司的真实想法？

3. 秘书能否与上司争论问题？有何技巧？

【案例分析及参考要点】

应该说案例中的陈晓是个才女，她读书认真，文章写得好，所以有篇文章被《新华文摘》转载了。她为什么要与田主任争论呢？一是由于她认真的天性，特别是觉得跟主任说话更要认真，所以事情一定要有个高低黑白；二是由于她过于自信，谈到自己的专业就有一种优越感，所以会去"教育"他人；三是她根本没有明白田主任跟她讨论问题的真正意图，这是她犯傻的最根本原因。

田主任是学中文的，对历史问题感兴趣是很自然的事。但他与陈晓的讨论更多的是要表示自己不仅对文学有研究，对历史同样有研究，可以在历史系高材生面前谈古论今。陈晓只要给他提供一个合适的话题，给他充分发表自己见解的机会就够了。谁知这个书呆子就是不开窍，还让领导下不了台，浪费了一个与领导交流的机会。这不是傻是什么？

陈晓不了解田主任的性格特点和为人喜好，没有捕捉到领导的真实意图，这只是事情的一个方面。更主要的是陈晓忘记了作为下属，要随时随地维护领导的权威，注意等级差别。所以在谈到自己所擅长的话题——历史时，不自觉地扮演了教导者的角色，忘乎所以。上司就是上司，哪怕是在一个随意的场合，说话都要注意分寸。上司发表见解，不要随便插话或与之争论。上司询问时，要有问有答，可以说出自己的意见，但不需要长篇大论。在谈话方式上，要根据具体语境，灵活处理，快人快语或含蓄委婉。由于陈晓是个刚毕业的学生，根本不懂得与上司的相处之道，所以犯了傻得可笑的错误。

经过孙处长的点拨，陈晓明白了许多，在遇到孙处长被上级批评的时候，主动回避。此举博得了孙处长的好评。

【分析对比】

俗话说,事在人为。田主任欣赏陈晓的学术水平,也可能欣赏她的大胆和率真,欣赏她这种简单明了的说话方式,能对她的书呆子做法给予谅解。领导会觉得这个秘书有点水平,只是刚毕业为人处世缺乏经验而已。上司的眼睛是雪亮的,你是什么样的人,可以派什么用,也许通过这么一场"争论"让上司心里更清楚了。在合适的时候,就会把你这块好钢用在刀刃上。

还有一种情况,陈晓特别腼腆,唯唯诺诺,田主任兴趣索然,认为这个小女孩没什么主见,更谈不上才气。

所以说世事难料,一切以时间、地点、情况和对象的不同为转移。秘书如何了解上司?如何与上司谈话?这是一门需要不断学习和领悟的艺术。

【案例三】

沟通失败后

王岚是一个热情直率的北方女孩,她喜欢坦诚,有什么说什么,总是愿意把自己的想法说出来和大家一起讨论,正是因为这个特点,她在上学期间很受老师和同学的欢迎。今年,王岚从西安某大学的人力资源管理专业毕业。她认为,经过四年的学习,自己不但掌握了扎实的人力资源管理专业知识,而且具备了较强的人际沟通技能,因此她对自己的未来期望很高。为了实现自己的梦想,她毅然只身来到广东求职。

经过将近一个月的反复投简历和面试,在权衡了多种因素的情况下,王岚最终选定了东莞市一家研究生产食品添加剂的公司。她之所以选择这家公司是因为该公司规模适中、发展速度很快,最重要的是该公司的办公室刚成立,如果王岚加入,她将是办公室的第一任秘书,因此她认为自己施展能力的空间很大。

但是到公司一个星期后,王岚就陷入了困境。

原来该公司是一家典型的小型家族企业,企业中的关键职位基本上都由老板的亲属担任,其中充满了各种裙带关系。尤其是老板安排了他的大儿子做王岚的临时上级,而这个人主要负责公司的研发工作,根本没有管理理念,更不用说人力资源管理理念,在他眼里,只要有技术,只要公司能赚钱,其他的一切都无所谓。但是王岚认为越是这样就越有自己发挥能力的空间,因此在入职后的第五天,王岚拿着自己的建议书走进了上司的办公室。

"杨经理,我有一些想法想和您谈谈,您有时间吗?"王岚走到经理办公桌前说。

"来来来,小王,本来早就应该和你谈谈了,只是最近一直扎在实验室里就把这件事忘了。"

"杨经理，对于一家企业尤其是处于上升阶段的企业来说，要使企业持续发展，就必须在管理上狠下功夫。我来公司快一个星期了，据我对公司的了解，我认为公司的主要问题在于职责界定不清；雇员的自主权力太小，致使员工认为公司对他们缺乏信任；员工薪酬结构和标准的制定随意性过强，缺乏科学合理的基础，因此薪酬的公平性和激励性都较低。"王岚按事先列好的提纲开始逐条向杨经理叙述。

杨经理微微皱了一下眉头说："你说的这些问题我们公司也确实存在，但是你必须承认一个事实——我们公司在赢利，这就说明我们公司目前实行的体制有它的合理性。"

"可是，眼前的发展并不等于将来也可以发展，许多家族企业都是败在管理上。"

"好了，那你有具体方案吗？"

"目前还没有，这些还只是我的一点想法而已，但是如果得到了您的支持，我想方案只是早晚的问题。"

"那你先回去做方案，把你的材料放这儿，我先看看然后给你答复。"说完，杨经理的注意力又回到了市场研究报告上。

王岚此时真切地感受到了不被认可的失落，她似乎已经预测到了自己第一次提建议的结局。

果然，王岚的建议书石沉大海，杨经理好像完全不记得建议书的事。王岚陷入了困惑之中，她不知道自己是应该继续和上级沟通，还是干脆放弃这份工作，另找一个发展空间。

【问题思考】

1. 在上司将你的建议搁置不理之后，你会怎样做？

2. 秘书处理人际关系，尤其是处理与上司的关系，应该注意哪些技巧？

3. 假如你是一家企业的秘书，到公司有一段时间了，但上司并不把重要的业务交给你去做，你想与上司沟通一下，以期得到重用，你打算如何与上司谈？理由是什么？

【案例分析及参考要点】

沟通是一个信息交流过程，有效的人际沟通可以实现信息的准确传递，达到与其他人建立良好的人际关系，借助外界力量和信息解决问题的目的。但是由于沟通主客体和外部环境等因素，沟通过程中会出现各种各样的沟通障碍，如倾听障碍、情绪噪音、信息超载等。因此，为了达到沟通的目的，必须首先认识到沟通中可能存在的障碍，然后采取适当的措施，从而实现有效的沟通。

本案例是一个典型的上下级沟通存在很大障碍的事例。为什么秘书王岚的建议被上司搁置一边呢？可以根据管理学的有关理论，从沟通的目标、原则、技巧等角度分析本案例中沟通失败的原因。

首先，从沟通目标方面看，在本案例中，根据王岚的个性和心理等特点，王岚在本次沟通中的目标：一是从公司利益出发，提出自己的建议希望能解决公司的管理问题；二是满足一个刚毕业的大学生的成就动机需要，仅仅是通过向上司表达自己的观点证明自己是一个能干的人，希望获得上司的肯定和认同；三是从王岚的性格来看，她可能只是想找一个人来探讨交流自己的观点，希望对方能和自己一起完善自己的观点。

杨经理是公司未来的一把手，他更关心公司的赢利状况以及自己在公司中的地位和影响力。而且他主要负责研发工作，在思维逻辑上会更注重实证的、数据性的东西，追求理性和准确明晰。因此，他在本次沟通中的目标：一是借机会向新员工介绍企业的现实状况，希望新员工能更快地了解组织情况，尽快进入工作状态；二是希望王岚在不影响自己在公司的地位和权限的情况下拿出解决公司管理问题的方案；三是向王岚传递这样一个信息：我们公司是一个家族企业，有许多东西是无法改变的，尤其是在权力分配方面，因此你不要试图改变公司的权力结构，打破公司的现状；四是希望通过沟通，再争取一个支持者和助手，以帮助巩固和增强自己在公司中的权力和地位。

在本次沟通中，王岚可能更倾向于通过沟通满足自己的成就动机和自我实现的需要，因此更希望获得杨经理的及时反馈，即使杨经理不同意自己的观点也应该说明理由并肯定自己的做法。而杨经理则可能更希望王岚在了解公司实际情况后，在不触及家族成员间利益关系的前提下，针对公司的管理问题提出具体可行的解决方案，而且这种方案有助于巩固、提高自己的地位。由此可以看出，本次沟通失败的原因之一在于双方没有明确对方的沟通目标，从而向对方传递了不合适的信息。如王岚提出的管理对家族企业的发展很重要，公司中"职责界定不清"等建议就与杨经理的期望不符，而杨经理忽视了王岚期望获得及时反馈和认可的需求，不但没有对王岚的建议给予评价，反而表现出极大的不满，并且很快中断了谈话，以后也没有作出任何反馈。

其次，从沟通原则方面看，王岚忽视了正确定位原则。沟通中的定位包括问题导向定位、责任导向定位、事实导向定位等。秘书向上司提建议希望上司给予认可和支持，最好的做法是以事实为导向，先描述公司中存在的事实和问题使上司认识到问题的存在和解决的必要性，然后适时提出自己的建议。但是王岚没有详细描述事实，而只是给出了自己对公司管理的主观评价，而且没有拿出初步可行的方案，只是作了许诺，所以难免让上司认为没有说服力。

最后，从沟通技巧方面看，王岚的说话技巧还需要提高。在本案例中，王岚在没有任何铺垫的情况下，就亮出了自己的观点——列举公司的管理问题，在某种程度上使杨经理觉得这更像是抱怨而非建议。

作为一个刚毕业的大学生，刚到公司还不到一个星期，对许多事情的认识还只是停留在表面，因此，不要把自己当做专家，而要事事抱着谦虚的态度。在与杨经理的沟通过程中，王岚可以先咨询或请教，然后再提建议。这样可以在一种融洽的气氛中，让上司对你有所了解，你也可以探知上司对公司管理的看法和态度。有了这一层铺垫后，再根据上司的态度决定是否当场就提出建议、以怎样的方式提出建议、提出哪些建议才是合适的。这样的沟通才是有效的。

【分析对比】

沟通是双向的，本案例中的杨经理作为上司，没有积极与新员工沟通的态度。一个好的上司，应该认识到王岚作为一个刚毕业的大学生具有强烈的成就动机，对她这种敢想敢说的精神应给予肯定和赞扬；同时，对王岚的谈话给予积极的反馈，鼓励王岚把自己的观点表达清楚；在肯定王岚行为的前提下，提醒王岚应该多关注公司的实际，不要过于理想化。聪明的上司还会借这个机会，给王岚提供一些工作指导，使她明白以后工作中应该注意哪些方面的问题，这无形中也在她心目中增强了上司的威信。

但在现实职场中，好上司可遇而不可求。很多上司不是不懂，而是没有精力和耐心去跟自己的秘书或下属"讲究"沟通方法与技巧。那么，如何有效地给上司提建议和意见，就成为秘书要认真研究的课题。

【案例四】

"牛"秘书的辛酸事

2015 年 4 月 7 日晚，EMC 大中华区总裁陆纯初回办公室取东西，到门口才发现自己没带钥匙。此时他的私人秘书瑞贝卡已经下班。总裁联系秘书未果。数小时后，总裁对秘书的怨气仍未消减，于是在凌晨 1 时 13 分通过内部电子邮件系统给瑞贝卡发了一封措辞严厉的"谴责信"。信是这样写的：瑞贝卡，我曾告诉过你，想东西、做事情，不要想当然！结果今天晚上你就把我锁在门外，我要取的东西都还在办公室里。问题在于你自以为是地认为我随身带了钥匙。从现在起，无论是午餐时段还是晚上下班后，你要跟你服务的每一名经理都确认无事后才能离开办公室，明白了吗？

总裁把这封邮件同时传给了公司几位高管。结果瑞贝卡回复了一封咄咄逼人的邮件，并让 EMC 大中华区的所有人都收到了这封邮件。

瑞贝卡是这样回复的：

第一，我做这件事是完全正确的，我锁门是从安全角度上考虑的，北京这里不是没有丢过东西，如果一旦丢了东西，我无法承担这个责任。

第二，你有钥匙，你自己忘了带，还要说别人不对。造成这件事的主要原因都在于你自己，不要把自己的错误转移到别人的身上。

第三，你无权干涉和控制我的私人时间，我一天就 8 小时工作时间，请你记住，中午和晚上下班的时间都是我的私人时间。

第四，从我到 EMC 的第一天到现在为止，我工作尽职尽责，也加过很多次班，我没有任何怨言，但是如果你们要求我加班是为了工作以外的事情，我无法做到。

第五，虽然咱们是上下级的关系，也请你注意一下你说话的语气，这是做人最基本的礼貌问题。

第六，我要在这里强调一下，我并没有猜想或者假定什么，因为我没有这个时间也没有这个必要。

这件事在网上吵得沸沸扬扬，形成几千人转发的局面。一些网友称瑞贝卡为"史上最牛女秘书"。瑞贝卡在"秘书门"事件不久后离开公司。据说她于 2015 年 9 月 12 日开始在 IBM 上班。而原 EMC 大中华区总裁陆纯初也于 2015 年 5 月 8 日离开了 EMC。

【问题思考】

1. 秘书如何与上司或老板沟通？
2. "史上最牛女秘书"事件给了你哪些启示？
3. 在与上司有冲突的时候，作为秘书该怎样处理问题？

【案例分析及参考要点】

瑞贝卡在信中提到的理由，言简意赅，切中要害，句句在理，反映出瑞贝卡是个逻辑性强、直率果断、很有个性的人，读者读来也十分"过瘾"。所以，当时无论是邮件的个人点评还是 BBS 上的讨论，力挺瑞贝卡的声音都超过了八成。但是作为一名秘书，她做得不够专业。

首先，她应该抱着与企业为善、与老板为善的想法去沟通，而不是把个人问题扩大化。中西方企业文化理念确实存在着一定的差异，作为老板，陆先生的做法确实伤害了员工的感情。但作为秘书，应该明白自己的身份和地位，在职场中如何处理好和上级的关系，是未来事业发展的关键点。你是想让你的上司成为你的敌人，还是想让你的上司成为你的良师益友，完全取决于你的认识。其次，应尊重领导的权威。领导作为企业的管理者、企业的运营者，就像一艘船的船长和掌舵人。从职场角度来讲，管理者对你有支配权和管理调配权，是企业管理规则的制定者和企业文化的代表者，不管这个领导是公司的拥有者还是雇用者，不管年龄比你大还是比你小，不管是男性还是女性，只要是你的上司，尊重永远是作为下属的你需要表现出来的。有了尊重，才会有更进一步的理解和信任。在这个案例里，上下级双方都缺乏应有的理解和信任。从瑞贝卡的邮件看，"尊重"两字早被她抛到了九霄云外。再次，秘书应该有较高的情商。情商是对自己情绪的控制能力和对环境的适应能力，以及面对不同事物和人群的应变能力的结合。秘书要学会忍辱负重，学会忍受委屈。面对这样一个"无礼而霸道"的上司，瑞贝卡失控了，结果怒斥上司，只顾一时痛快，而对自己的职业造成了不利影响。在现实社会中，与上司搞不好关系，吃亏的一般都是员工。瑞贝卡的回信之所以得到了这么多网友的强烈支持，是因为她回击了上司的无理指责，伸张了正义，也替很多人发泄出了他们无法或不敢发泄的压抑和不满。

职场中有些上司不太注重方式，但他们会留意你的优点，习惯指出你的缺点让你去改正，因为他们认为：改正缺点比发扬优点会使你进步得更快。作为下级，尤其是秘书，在埋怨上司的同时应该问自己几个问题：自己做得怎样？面对上司的责怪你是以怎样的态度对待的？你是否跟上司沟通并给出相关工作建议？在心里先问问自己，然后把没做的做了，该做的做好，也许一切就会好起来了。

就瑞贝卡而言，合乎职业规范的做法是：看了上司的邮件尽管很不开心，但也用英文而不是汉语写一封回信，解释当天事情的原委并为把总裁锁在门外道歉，措辞谦和，语气委婉；同时向有关管理人员说明情况。

【分析对比】

我们试从另一角度看看本案例。一般而言，下级不会对自己的上司或者老板进行反击，如果有不同的看法，也会表达得比较委婉。这已经是常识，相信作为总裁秘书的瑞贝卡一定明白个中道理。但她为什么忍不住做出"姑奶奶不伺候了"这样的举动呢？可能基于以下原因：

第一，像 EMC 这样的大公司，总裁也是一个高级管理者，并不是老板，也是有任期的。从某种意义上说，大家都是为公司打工，有一个相互尊重的问题，虽然存在着上下级关系，但并不意味着必须对你言听计从，忍气吞声。

第二，长期与这个上司关系不和睦，早做好了走人的准备。

第三，在公司做了很多年，有可靠的人脉关系，这种关系足以支持她与这个上司抗衡。

第四，有真才实学，总能在职场中找到合适自己的位子。像瑞贝卡，离开EMC，又进了 IBM，说不定越"跳"情况越好。

【案例五】

忠实的秘书

6 月的某日，我正在整理档案，姜总来电话让我去他办公室。我进门一看，姜总像是刚跟谁吵过架似的，脸色非常难看。

姜总说："小于，我现在口述一封给河南大新公司钱经理的回信，你打印好后，马上给我发出去！"姜总回信的大意是这样的："钱经理，你我两家公司交道打了这么多年了，你们怎么能背信弃义做出这种事？我们公司决定断绝我们两家公司的一切关系，并且，我还要将你这封信公之于众，让你没办法在这个行业再混下去！"我回到座位上，按姜总的意思很快将信写好并打印出来。

要不要按姜总的意思将信马上发出去？我心里犹豫着。很显然，姜总今天有些情绪化，这么处理问题肯定有不妥之处。钱经理上个月初还来过北京，姜总请他吃饭，还是我安排的。听贸易部的小郭说，大新公司是我们公司产品在河南、山东等几个省的总代理。每年的合同金额都接近1亿元，是我们公司屈指可数的大客户。如果信就这么发出去，那可是泼出去的水收不回了！现在市场竞争这么激烈，要再找一个像大新公司这样的代理商，容易吗？但是作为秘书，我能阳奉阴违，抗"旨"不遵吗？服从命令是军人的天职，同样，无条件地执行领导的指令，也是每一个职业秘书必须严格遵守的职业操守。军人不执行命令可以就地"正法"，我不按姜总的指示办，那会有什么后果呢？到底该怎么办？是将信寄走，还是冒着挨训斥的危险去劝劝姜总。

正在我拿不定主意的时候，孟姐（姜总的专职秘书）和托尼回来了。我立即将事情的经过对他俩说了一遍。托尼马上跟我要了信，转身就要去找姜总。"这事我得去跟姜总说说，怎么能这么办事呢？上次钱经理来北京，我就听他抱怨过几次，说我们经常发货不及时。这事我们也有责任，怎能全怪他？为公司着想，我不怕得罪姜总！"孟姐拦住了托尼："托尼，你别性急，把信还给小于，让她在下班前再去问问姜总。如果姜总说还是要寄走，那就寄走。"托尼愣了一下，似乎明白了什么，不好意思地拍了一下脑门，说："孟姐，还是你想得周到，我这急性子的毛病恐怕一辈子也改不了啦！"

中午吃饭的时候，我忍不住问孟姐："姜总让我打好信后马上就寄走，你为什么要我下班前还去问问姜总？"孟姐似乎知道我迟早要问她这个问题，所以没直接回答我，而是反问我："小于，你认为百分之百地执行领导的指示，就算是一个好秘书吗？"我说不是。对于一个秘书而言，没有"忠诚"，不可能成为一个好秘书，但仅有"忠诚"，也不是一个好秘书。一个优秀的秘书不仅要有贯彻执行领导指示的能力，也应该清楚哪些指示应无条件地执行、哪些指示不能执行。孟姐又问："那么，为了保护公司的利益，不怕挨训斥，甚至当面顶撞领导，对吗？"这当然不行。"如果当面顶撞领导，对于一个职业秘书来说，这是一个绝对不能饶恕的错误。因为秘书作为领导的助手，在任何情况下都绝对不能干预领导的决策。你既不能对领导的指示百分之百地去执行，又不能当面顶撞领导、干预他们的决策，所以，我让你下班之前再去问问姜总，就是为了留一个缓冲的余地。"

快要下班的时候，我到姜总办公室，问姜总要不要把给钱经理的信寄走。姜总当时正在打电话，只是挥手示意让我把信放在他的办公桌上，当我转身离开的时候，姜总用手捂住话筒，笑着对我说："小于，谢谢你。"

（选自谭一平《一个外企女秘书的日记》，有改写）

【问题思考】

1. 秘书如何真正了解自己上司内心的真实想法？
2. "做秘书的，百分之百地执行领导指示就行"，你是如何理解这句话的？
3. 怎样理解秘书工作中的"到位""越位"和"补位"？

【案例分析及参考要点】

本案例讲了如何执行领导指示的问题。一般而言，对领导的指示应该百分之百地执行，这是一个秘书的基本职责。但本案例给我们的启示是：一个优秀的秘书，不仅要有贯彻执行领导指示的能力，还要清楚哪些指示应无条件地执行、哪些指示不能执行。

这里其实说明了一个重要问题，那就是，做秘书的应该了解领导的真实想法和感情。像孟姐，不愧为姜总的专职秘书，看问题和处理事情都高人一筹。她认为：姜总作为公司的最高领导，肯定有自己看问题的角度和思维方式，肯定经常权衡各方面的关系和利益，只不过是作为秘书的小于不知道罢了。案例中两家公司的抱怨和矛盾由来已久，而姜总想这个问题也不止一两天了，所以钱经理的来信也可能仅仅是一根导火索而已，而姜总的回信也是一时气急的表现。

作为秘书，为了公司的整体利益，既不能把这封意气用事的信立即发走，也不能直接顶撞领导、干预领导的决策。所以最聪明的做法只能像孟姐所说的，把信放一放，下班前再请示一次，让事情有个缓冲。这种事处理不好会有两种结果：一是小于老老实实按姜总的意思把信发了，事后他自己后悔了，他会怪秘书"死板"；如果小于自作主张不发，就会"越位"，也犯了秘书工作的大忌。

作为公司的一名员工，秘书在工作中必须有积极主动的态度，并将公司的利益摆在第一位；但是，秘书不是一名普通的员工，对自己的工作和职权都必须有明确的界定。有些秘书忽视了对自己工作和职权的界定，"积极主动"过头，经常出现"越位"现象：有时是胡乱表态，超越自己的身份；有时是工作越位，有些事，如一些重要文件的批复和审阅，本应由领导来处理，而秘书以减轻领导负担为由自己抢先去做，从而造成工作"越位"；有些场合，如与客人应酬、参加宴会，有的秘书过于积极，如与客人相识，抢先上前打招呼。在工作中，秘书热情过高造成工作"越位"，领导一般不会过于计较，但秘书必须严格把握好自己，不要因热情过高而造成工作"越位"，甚至在不知不觉中干预领导的决策，这对于领导来说，是绝对不能容忍的。

做一名优秀的秘书不容易，要做一个像孟姐这样"懂得领导"的秘书更需要长期的工作积累和修炼。

【分析对比】

现实工作中情况比较复杂。秘书要了解领导的意图，处理事情时把握住分寸，才能得到上司的认可，与领导默契合作。假如秘书自作主张把信压下不发，这是任何一个上司都不能容忍的，"是你做主，还是我做主？"以后交代这样的秘书做事还能放心吗？秘书了解领导太深，领导也会有一种被看透的威胁，有一种权威被降低甚至被蔑视的感觉。更多的情况是，对领导的指示说一不二地执行的秘书很容易得到领导的赞赏，虽有死板之嫌，但领导会觉得他忠实可靠。在相当多的领导眼中，老实忠诚是比聪明才智更难能可贵的品质。

【案例六】

谭小静的苦恼

谭小静研究生毕业后进入联众公司人事部工作，三个月后，因工作表现出色被调任经理秘书。她不仅学历高，而且能说能写能办事，加之相貌出众，是个难得的综合型人才，因此颇得领导的赏识。她做经理秘书后，工作更加认真努力。她每日追随经理，经常陪经理去外地开会，基本没有时间与同事作更多的交流和沟通，因此她只熟悉办公室主任、人事部长及几个办公室工作人员。与其他部门的同事打交道时，感觉同事们对她都是公事公办，表面客气，内心冷淡。下班后，她更有一种遭冷落的感觉。半年不到，她就听说有人对她有不少议论：清高啦，摆架子瞧不起人啦，见什么人说什么话啦，等等。更让她气愤的是，居然有人对她的走路姿势说三道四，还有人造谣说她用姿色迷惑上司。谭小静感到非常苦恼。

【问题思考】

1. 秘书，特别是工作能力强且形象好的秘书应如何与同事搞好关系？
2. 秘书如何正确对待被人嫉妒和遭冷落的问题？怎样快速融入集体？

【案例分析及参考要点】

此案例的典型"症状"就是：领导越宠爱，离同事越远。在职场中，很多被领导重视的同事往往会成为众矢之的，与同事产生隔阂，不仅在工作中没人与他配合，就是在闲聊时，也不给他插话的机会，甚至见了面没人搭理。秘书是领导身边的人，是大家关注的焦点，更容易因为领导的器重而遭嫉妒，以及由此被冷落而感到孤独。这是职场中的常见现象。每个人都希望自己能得到领导的赏识，不幸的是，被领导重视的总是只有那么一两人，因此，嫉妒心理就会在其他人心中滋长。而那些不被重视的人很自然地会形成小团体，自主或不自主地孤立受宠的人。此时，被动方不应任由事态发展，这样下去，即使你工作出色，领导也会认为你缺乏合作精神。所以，一定要先接受被孤立这一事实，保持低调，并且有足够的耐性；同时，主动帮助需要帮助的同事，逐渐融入他们的圈子。

谭小静要想解决自己的苦恼，一要平和心态，有见怪不怪的思想准备，明白这是职场中经常遇到的问题。二要积极应对，主动沟通、积极沟通，利用自己的职位优势在工作中给同事以帮助，逐渐赢得大家的理解和好感。三是保持乐观态度，坦然面对职场风雨，不计较、不反抗，在没有搞清楚原因之前，先不去理会，自己该怎么干就怎么干，永远保持乐观心态。

【分析对比】

其实，谭小静完全没有必要苦恼。职场中没有永远的朋友，也没有永远的敌人。她为什么会被孤立？一方面，她是新人，大家都不了解她；另一方面，初来乍到就得到领导的赏识，让一些老员工心理不平衡，再加上她对与同事搞好关系的重要性认识不足，不主动与大家沟通和交流，自然会被疏远、被冷落。随着时间的推移，随着工作关系的变化和各自认识的提高，议论她、冷落她的人自然会出现分化。其实谭小静只要把自己的分内工作做好，继续得到领导的赏识，对同事完全可以静观其变，也许还会被人嫉妒，但不会被冷落，谣言也会不攻自破。

【案例七】

军部秘书的调查报告

著名作家朱苏进在中篇小说《绝望中诞生》中写了一位才智超群、经历传奇的军队首长秘书。此人名叫孟中天，作品中有关他教另一位秘书如何写调查报告的细节值得玩味。

事情是这样：部属单位有一个年轻参谋，品学俱佳，业务优秀。可是他有了外遇，妻子却浑然不知。三天前，参谋外出执行任务，归途中绕到情人宿舍。两人在火车站附近住了一夜。凌晨，参谋匆忙往回赶，为了争取时间，他想扒乘运行中的列车，结果被卷进车轮碾死。

"我"（作品中的另一秘书）受命去调查此事，心中矛盾不知如何向上级汇报好，就把这个烦恼告诉了孟中天。孟中天叹息一声，问："他妻子知道他死前的那一夜怎么过的吗？"

"一点儿也不知道。"

"你们部长却知道，对吗？"

"我想他已经知道了。"

"你准备怎么写调查报告？"

"如实汇报。"

孟中天欲言又止，摇了摇头。

"我"问孟中天："如果是你，准备怎样写报告？"

"删去他幽会的内容，就说他是在执行任务中，为争取时间扒乘列车牺牲的。只有这样，这位同志才能得到另外的待遇，死者的妻子才会少些痛苦。还有他的情人，才不会暴露在光天化日之下，被人责骂，他们可能是真心相爱。死者已经死去，一切要为活着的人着想。死者是你们部属人员，你们有责任，但这样你们不会难堪。"

"部长可能掌握真实情况！"

"他告诉过你吗？"

"一点儿不露。"

"那他就是不知道。报告是你写的，你是唯一有权解释这件事的人。"

"万一部长把报告打回来……"

"你应该理解部长内心，你给他提供了另一种选择角度，剩下的事该由他决定。最重要的是：你还要准备为这件事承担责任，因为去调查的是你，不是部长。我过去做过的许多事，你以为全是上头有明确指示我才做的吗？不……复杂的意向往往不明确，甚至完全不予指示，全看你理解。一旦公开，仍然全由你承担责任。你不能有丝毫推诿。"

"我明白了。"

第二天，"我"把报告写好交给部长，部长迅速阅完，即叫人上报，对"我"没有任何表示。

"我"回来把情况告知孟中天。他淡淡地说："到底是部长啊……你不能要求他马上报答你，他已经认识你了。"

【问题思考】

1. 假如你是被派去调查的秘书，你的报告将怎么写？

2. 怎样理解诚实做人与"善意的谎言"之间的关系？

3. 联系个人实际，谈谈秘书在沟通协调时需要怎样的悟性和灵活性？有人认为秘书就是要"见什么人说什么话"，你同意吗？

【案例分析及参考要点】

这是一个高层面的协调沟通问题。

一个部队的年轻军官，借外出执行任务之机做了不光彩的事，结果意外死亡。秘书"我"很快就了解到了真相，完成调查如实汇报是顺理成章的事，但孟中天不主张这样做。他建议隐瞒死者做不光彩的事的情节，使调查结果发生了质的变化。得出因公殉职的结论，使死者和死者的单位都感到光彩：死者的妻子少了另一层痛苦，情人少了被人责骂和日后不好做人的痛苦，大家都轻松。孟中天的出发点是，死者已逝，一切要为活着的人考虑。这的确是不同寻常的想法。

写调查报告的秘书"我"，一要掩盖事实，二要准备承担全部后果。上级领导了解真相但一点也没有显露出来，表示他心里很矛盾，不知所措；秘书"我"从善良的愿望出发，为了大家的利益"弄虚作假"，并把责任揽到自己一个人身上，给了上级可选择的空间，并且给相关人带来了实实在在的益处。

孟中天的做法让人佩服的地方在于：①顾全大局，努力把此事的不良影响降到最低；②没有私心，整个过程中，没有为自己捞取好处；③勇于承担责任，为了大家的利益不受损失，愿意承担损失个人利益的风险。

"我"按照孟中天说的去做，让上级领导认识到了"我"的智慧、胆识及为人处世的善良，也为"我"以后事业的发展奠定了良好基础。

这个故事告诉我们，在残酷的真相与善意的谎言之间应如何取舍；对复杂的情况，秘书应如何认清事实本质；成熟的秘书应如何为上级领导分忧解难。

【分析对比】

秘书把调查报告交给领导以后，事情的发展可能有两种结果：一种是调查报告的真实性没有被质疑，或者说领导愿意相信这个报告是真的，处理结果让所有人满意。死者长已矣，而活着的人没有受到更多的伤害，单位避免了难堪，领导也省去了麻烦。这样，秘书的才能胆识被上级领导和知情人所认识。另一种是真相被揭开，调查报告被认为作了假。死者因做了不光彩的事酿成严重后果而受到应有的处分；死者的妻子知道了真相会痛不欲生；情人被曝光后会遭人唾弃，度日如年；上级领导则需要处理一系列的善后问题；秘书本人由于调查失实而受到批评和处理。如果发展成后一种结果，秘书陷入困境，好心没好报。他这次的"失误"会给自己的职业生涯带来莫大的影响。上司可能会原谅他"好心办坏事"；也可能认为他弄虚作假，欺骗领导和群众。

所以在实际工作中，大多数人不会为了他人的利益轻易去冒这种风险。

【案例八】

杨修的"聪明"

东汉时期的杨修博学善文，才思过人，与曹植是好朋友。后来，杨修成为曹操的谋士，官居主簿，替曹操办理事务。《三国演义》中有这样的交代，杨修恃才傲物，屡犯曹操之忌，最后招来杀身之祸。有几个小故事可做解释。

其一：曹操与杨修骑马同行，当路过曹娥碑时，他们见碑阴镌刻了"黄绢、幼妇、外孙、童白"八个字，曹操问杨修是否理解这八个字的意思。杨修正要回答，曹操说："你先别讲出来，容我想想。"直到走过三十里路以后，曹操说："我已明白那八个字的含意了，你说说你的理解，看我们是否所见略同。"杨修说:"黄绢,色丝也,并而为绝;幼妇,少女也,并而为妙;外孙为女儿的儿子,合而为好;童白是受的意思,为辞。这八个字是'绝妙好辞'四字,是对曹娥碑碑文的赞美。"曹操惊叹道:"尔之才思,敏吾三十里也。"

其二:有一次,曹操造了一个后花园。落成时,曹操去观看,在园中转了一圈,临走时什么话也没有说,只在园门上写了一个"活"字。工匠们不了解其意,就去请教杨修。杨修对工匠们说:"门内添活字,乃阔字也,丞相嫌你们把园门造得太宽大了。"工匠们恍然大悟,于是重新建造园门。完工后再请曹操验收。曹操大喜,问道:"谁领会了我的意思?"左右回答:"多亏杨主簿赐教!"曹操虽表面上称好,心底却很忌讳。

其三:有一天,塞北有人给曹操送了一盒精美的酥。曹操尝了一口,突然灵机一动,想考考文臣武将的才智,就在酥盒上竖写了"一合酥"三个字,让使臣送给文武大臣。大臣们面对这盒酥,百思不得其解,就向杨修求教。杨修看到盒子上的字,竟直接取餐具给大家分吃了。大家问他:"我们怎么敢吃丞相的东西?"杨修说:"是丞相让我们一人一口酥嘛!"在场的文臣武将都为杨修的聪敏而拍案叫绝。而后,曹操问其故,杨修从容回答说:"盒上明明写着'一人一口酥',岂敢违丞相之命乎?"曹操虽然喜笑,心头却很妒忌杨修。

其四:曹操多猜疑,生怕有人暗中谋害自己,常吩咐左右:"我梦中好杀人,凡我睡着的时候,你们切勿近前!"有一天,曹操在帐中睡觉,故意落被于地,一近侍慌取被为他覆盖。曹操即刻跳起来拔剑把他杀了,复上床睡。醒来见之,佯惊问:"何人杀我近侍?"大家以实情相告。曹操痛哭,命厚葬近侍。人们都以为曹操果真是梦中杀人,唯有杨修识破了他的意图,临葬时指着近侍尸体而叹息道:"丞相非在梦中,君乃在梦中耳!"曹操听到后更加厌恶杨修。

综上所述,曹操对杨修从忌讳到妒忌再到厌恶,杨修死于刀下的日子已经不远了。

《三国演义》第七十二回,建安二十三年(218)秋,曹操出兵汉中进攻刘备,困于斜谷界口,欲要进兵,却被马超据守,欲收兵回朝,又恐被蜀兵耻笑,心中犹豫不决,正碰上厨师进鸡汤。曹操见碗中有鸡肋,因而有感于怀。正沉吟间,夏侯惇入帐,禀请夜间口令。曹操随口答道:"鸡肋!鸡肋!"夏侯惇传令众官,都称"鸡肋"。行军主簿杨修见传"鸡肋"二字,便教随行军士收拾行装,准备归程。有人报知夏侯惇。夏侯惇大惊,遂请杨修至帐中问道:"公何收拾行装?"杨修说:"以今夜号令,便知丞相不日将退兵归也。鸡肋者,食之无肉,弃之有味。今进不能胜,退恐人笑,在此无益,不如早归,来日丞相必班师矣。故先收拾行装,免得临行慌乱。"夏侯惇说:"公真知丞相肺腑也!"遂亦收拾行装。于是寨中诸将,无不准备归计。曹操得知此情后,唤杨修问之,杨修以鸡肋之意对。曹操大怒说:"你怎敢制造谣言,乱我军心!"喝刀斧手推出斩之,将首级号令于辕门外。

【问题思考】

1. 作为职业秘书，应该从杨修身上吸取什么教训？

2. 秘书如何在老板或上司面前展示自己的学识和才华？"过"与"不及"的分寸应如何掌握？

3. 假定你是杨修，在上述的每个故事中，你会怎样做？

【案例分析及参考要点】

杨修是个人才，属古代知识分子中的精英类人物，其地位和职业与蒋介石身边的陈布雷相似。其才思敏捷，聪颖过人，恃才傲物，得到曹操的赏识和器重，成为曹操身边的一位高级幕僚，理应算得上一位重臣。在发生了阔门、一合酥、曹操梦中杀人等事件后，曹操对杨修已心中暗存芥蒂，暗暗戒备，直到后来杨修又暗中插手废立太子之事，引起曹操极度不满和嫉恨。而用鸡肋"食之无味，弃之可惜"的比喻，说出曹操对关西的态度，那份狂妄自大足以让他死上十次。最终他被曹操以严肃军纪为由斩杀也就不足为奇了。

杨修的才华学识是出众超群的，在揣摩、分析、判断、预见曹操心理活动方面，也是相当准确的，并具有一定的前瞻性。但他可谓既太聪明又太不聪明。杨修如果真的绝顶聪明，对曹操退兵前的矛盾心态，虽了如指掌，也应守口如瓶，绝对不应公开散布，且不应做出退兵前的准备动作；作为曹操多年的幕僚，对曹操生性多疑、暴戾凶残的性格，应有足够的了解，显然，杨修在这方面过于自信。由此可知，杨修并非绝顶聪明，而是喜欢炫耀聪明的一种小聪明，真正具有大智慧、大聪明的人往往是大智若愚的人。

其实，杨修是"聪明反被聪明误"的最好范例。喜欢炫耀、自负、自傲、轻狂、清高，是中国古代知识分子最为普遍的陋习，为此而断送了性命的又何止杨修一人？"伴君如伴虎"，这最为浅显的古训杨修竟在恃才傲物中忘记了。

用职场眼光看，杨修不聪明的地方，则是在于他不懂如何待人处事，特别是不懂如何与表现欲较强的上司相处。秘书在上司面前展示自己的学识才华时应吸取杨修的教训，太过则引火烧身、招祸；太浅又不能显示自己的才华，不易被上司发现而得到重用。当下属的学识才华与上司相当，或明显超过上司时，一旦被上司察觉，危险可能就要降临你的头上了。像伯乐那样唯才是举、唯才是用的上司，的确有之，但毕竟鲜见。因此，为了自己名利地位的稳固，许多上司往往喜欢任用言听计从、俯首帖耳的庸才。

作为秘书，应该为领导服务或为老板出谋划策；在显示自己才华和见识的同时，千万要顾及领导的感受和面子，否则就会像杨修那样"身死因才误"。在复杂的社会里，必须懂得待人处事的大智慧。

【分析对比】

倘若换个角度来思考，即从主帅曹操的角度来分析，就事论事，杨修的确该杀，而且杀无赦。作为三军统帅的曹操，正为作战失利而焦头烂额，在是否退兵上举棋不定时，作为下属的杨修根据推断便在军中散布退兵言论，并私自命士兵收拾行囊，开始做撤退的准备。在三军统帅尚未正式作出撤退命令之前，军士却做着退兵准备，此种极其重大的违反军纪行为，无论是在古代还是在现代战争中，都是绝对不能允许的，也是绝对不能容忍的。杨修此举在客观上起到了涣散军心、瓦解斗志的负面作用，在战争状态下，任何主帅对此都不会姑息。曹操在那种情况下，杀掉杨修，应属严肃军纪。由此看来，杨修之死，并非冤枉，而是因其炫耀聪明、举止轻狂而咎由自取！这样的才有用吗？

【案例九】

新秘书的好意

初为秘书的小美，每天早上提前 15 分钟上班，包揽了办公室擦桌、拖地、打开水、取报纸等工作。

小美勤快了半个月。在月末的总结会上，王科长特意表扬了她的热情和干劲，同室成员也随声附和。小美却说了一句："感谢大家的肯定和鼓励，既然大家都感到在洁净整齐的环境中工作心情畅快，我看还是大家一起动手做一次大扫除，然后我们轮流值日。科长，您说可以吗？"大家交口称赞。大扫除做了，值班表也排出来了，办公室焕然一新。有人却在背后议论纷纷，说小美"三天热情劲儿，不知天高地厚，刚来就给排上值日了。以后有热闹看了，照她这劲儿，明儿非和老王竞选科长不可"。

小美听到了这些话，甚为烦恼。

【问题思考】

1. 小美的烦恼由何而来，你能为她解除烦恼吗？
2. 带来如此烦恼是秘书小美的问题还是其他人的问题，为什么？

【案例分析及参考要点】

从案例中可以看出小美是一个主动积极的人，在行为上也表现出极大的热情和干劲。除了落实好秘书每天的工作以外，还倡议大家一起行动，为王科长提供建议，对办公室环境管理起到了积极的辅助作用，从这个角度来讲，小美是一个比较优秀的秘书。

但是我们也不能忽视，小美在提出建议前是否认真思考过两个问题：一是在提出想法之前是否征求过他人的意见，贸然提出自己的想法是否会有强制之嫌；

二是从决策角度看，她的主动和积极是否造成越位。

显然小美对这两个问题都没有考虑周全，才引出大家对她的非议，负面评价开始增多，甚至有人认为她野心勃勃。症结在于其处事方法和思考角度。

小美该怎样做才会有最佳效果呢？

首先，要明确自己的地位，分清楚哪些工作是属于自己该主动完成的，哪些是属于辅助完成的，避免越位。

人们把说话办事、处理问题超出其身份、职权的现象称为越位，也称越权。越位主要包括决策越位、工作越位、答复问题越位、礼仪越位等。小美超越秘书职权去安排工作，构成了工作越位。

出现越位有领导和下属两方面的原因。

从领导的角度来看，有的单位和部门"兵强将弱"，领导控制不了下属；有的是领导过分放权给下属，却缺乏必要的约束力；有的是领导官僚主义严重，不了解下情，不愿做扎实的工作，让下属去处理本该由领导处理的事务。

从下属的角度来看，有的下属或为了显示自己的能力，或为了把工作干得更好，做了一些本来应该由领导做的工作，结果造成工作上的越位。

从本案例可以看出，小美之所以越位，一方面，作为领导的王科长认为办公室清洁工作是小事，无须他来组织安排，这就促使富有工作热情的小美主动挑头安排了这项工作。另一方面，小美越位也绝不是不把领导放在眼里，而是由于盲目的工作热情，没有正确认清自己的地位，工作方法不当所致。这种情况如果具有普遍性，不及时协调，长期下去会导致工作混乱，形成不良的人际关系。因此，对此必须加以重视。

此外，要学会真诚待人，善于沟通交流，把握沟通的时机与方式。秘书作为沟通上下级的纽带，除了要从上司的角度思考问题，还要懂得真诚地关爱身边的同事，做到水平沟通与垂直沟通均顺畅。这样，无论是团队性工作还是独立工作都可以在最低耗能情况下完成。小美积极主动，不能说有错，但初来乍到，对办公室情况不很熟悉，缺乏调查研究，事先又未与同事很好地沟通，自然形成"让自己的光芒刺伤了别人"、独出风头的现象，让领导和其他同事感觉不适，其结果适得其反，也给后面的沟通带来阻力，让自己的声誉受到影响。

从小美身上我们看到，作为秘书，不仅要有对工作的热情和才干，更应该讲求为人处世的方法与技巧。这方面的学问很深，秘书应做个有心人。

【案例十】

方秘书作茧自缚

一个大型会议的晚会内容怎么定，方秘书先请示分管办会的黄副主任，黄副主任定为"举办电影晚会"。黄副主任没有说要再往上请示，而方秘书自认为再请示第一把手贾主任也许会更好。在请示贾主任时他又没有把黄副主任所定的主题告诉贾主任,贾主任的批复定为"观看戏剧演出"。这样,一个晚会两种不同的领导意见,该怎么办? 方秘书左右为难。几个办会秘书经过研究,最后按贾主任的意见执行。由方秘书向黄副主任作自我批评,说明拟按贾主任的意见办,请黄副主任谅解。当时,黄副主任对方秘书多头请示很不高兴,但还是同意了按贾主任的意见执行。

【问题思考】

1. 方秘书把简单的事情复杂化了,主要原因是什么?

2. 该案例还有其他处理方法吗?

【案例分析及参考要点】

方秘书向分管办会的领导请示,领导有了决定的意见,就应按该领导的意见办。因为一个单位的领导同志往往不止一个,工作需要在集体领导下分工负责。秘书应遵照领导职权分工和单向请示的原则,向分管的领导请示即可,不应多头请示。再说,分管领导已经决定了的事情,再去请示其他领导,这样做容易造成误会,使两位领导互相猜疑,不利于今后的工作,也不利于处理自己与领导的关系。

两位领导在同一事情上有不同的意见,秘书最终遵照一把手的意见执行,是比较妥当的。按照领导班子民主集中制的组织原则,秘书执行主要决策人的意见,这是按组织原则办事。

【案例十一】

有理也让人

市糖果糕点公司下属的兴荣食品厂,这几天围绕着职工付金厚与秘书梁牧两人谁先提出合理化建议而争论不休。付金厚四处宣扬,梁秘书利用职权侵害了他的利益,非要查个水落石出不可,大有不获全胜绝不收兵的架势。梁秘书却泰然处之,和往常一样,一副什么事也没发生的样子。

原来,在沿海厂商的糖果糕点和进口糖果的"合围"下,这座内陆大城市的十几家国有食品厂几乎家家亏损。兴荣食品厂领导为了扭转亏损局面,发动全厂职工献计献策,并设下奖金。

二十多天前,付金厚去医院看望一位生病的长辈时,买了一盒沿海某厂生产的甜点。他不知长辈得的是糖尿病,不能吃含糖食品。付金厚在医院里了解到,很多病人都希望买到椒盐饼干之类的糕点,可市场上根本买不到。沿海生产的糕点含有奶油,病人更不喜欢,本地厂家偏偏跟着沿海厂商跑,一味生产同类食品。付金厚连跑了几家医院，向病人和医生作了调查后，马上向厂长建议生产一批既不含糖又极易消化的椒盐类糕点，供应给医院病人，并投放市场试销。与此同时，厂长也收到了一份梁秘书进行市场调查后写成的内容相同的调查报告。梁秘书向一千多名不同的糖果、糕点消费者发出了调查问卷。收回的几百份有效问卷表明：老人和病人不喜欢吃奶油糕点。他估算了一下本市数百万居民中，老年人有几十万，加上病人，如果每月有一半的老人和病人消费这类糕点，数量会相当可观。

厂长办公会研究后，决定批量生产椒盐饼干。新产品投放市场后被一抢而光。以后，他们厂根据市场不同消费者的口味，研制出不同风味的糕点、糖果。兴荣食品厂扭亏为盈。可这合理化建议的五千元奖金究竟应该发给谁，职工们争论不休，付金厚更是四处游说。

梁秘书应如何对待这件事呢？可以有四种处理方法：

（1）白纸黑字，梁秘书要与付金厚争个明白。

（2）梁秘书与付金厚平分奖金。

（3）梁秘书让厂长作出决定。

（4）梁秘书"有理也让人"，将全部奖金让给付金厚。

【问题思考】

1. 秘书应该怎样与同事建立和谐融洽的工作关系？

2. "有理也让人"是不是一种吃小亏占大便宜的聪明？如果你是梁秘书，你会毫不犹豫地把奖金让出吗？这种让出有没有条件？

【案例分析及参考要点】

梁秘书与职工付金厚同时向厂里提出了合理化建议，一个是口头的建议，一个是书面的调查报告，这个建议让该厂扭亏为盈，那么是谁先提出的建议，奖金应该给谁呢？职工付金厚认为自己先提出了建议，梁秘书利用职权侵害了他的利益。面对争执，梁秘书应该怎么办？

作为领导身边的人，秘书有机会比其他同事先听到一些事、先看到一些别人看不到的材料都是正常的，所以难免有"利用职权侵占别人利益"的嫌疑，但事实上，梁秘书做过问卷调查，做过分析估算，最终形成了白纸黑字的调查报告。虽然报告交给厂长的时间与付金厚提出建议的时间是"同时"，但很明显最早关注此事的是梁秘书。梁秘书若不争取此奖金就显得自己太委屈、太窝囊，争呢，又会显得没有风度，毕竟付金厚也是在同一时间提出了合理化建议。

聪明的做法是，什么也不说，让厂长作决定。其实这件事厂长心里最清楚。

有智者说，如果你要得到仇人，就表现得比你的朋友优越；如果你要得到朋友，就让你的朋友表现得比你优越。秘书在与同事相处的时候也应该注意这一点。

一般而言，人都喜欢争强好胜，岂不知在职场上，"示弱"能带来许多"示强"所不具备的好处。假如梁秘书和付金厚一样到处游说，非查个水落石出不可，厂长和职工们会怎么看待他？"有理也让人"，反而让大家体会到他的宽容大度，称赞他的为人。

【案例十二】

当他人不愿与你合作时

大新饮料公司秘书陈青青，刚被调来公司办公室工作。一天，主任交给她一项新任务，即负责全公司的黑板报宣传工作。陈秘书不会编排版面，美术字也不过关，主任就又选派了同一办公室有美术功底的杨秘书负责版面编排工作，让陈秘书专门负责组稿、改稿等工作。杨秘书很有才干，编排版面、写美术字、画画在公司是小有名气的，可他根本就没把陈秘书这个"黄毛丫头"放在眼里。碰上他工作忙的时候，就把出黑板报的事儿抛到九霄云外去了，弄得主任常常催促陈秘书："怎么黑板报又延期了？"陈秘书不好明说，只好硬着头皮去催杨秘书，可杨秘书根本不配合。面对这种情况，陈秘书有几种可选方案：

（1）凭自己的关系，在公司内部另外找一个人来帮忙，按时把黑板报办好。

（2）把杨秘书不愿合作的事直接告诉办公室主任，并向主任表明责任不在自己，看主任怎样处理。

（3）再一次去催促杨秘书，并和他摊牌，告诉他"如果再这样下去，就当面到主任那里去解决"。

（4）过一天算一天，听之任之。

（5）抱着与人为善的态度，采取委婉的劝说方式，启发杨秘书与自己合作。

【问题思考】

1. 同事不愿意与陈青青合作的原因是什么？
2. 职场中与人相处的原则和技巧是什么？

【案例分析及参考要点】

秘书如何与同事沟通合作、建立起良好的工作关系是一门大学问。就本案例而言，秘书陈青青先要搞清楚他人为什么不愿意同她合作。陈秘书是刚来的新人，又不会写美术字、画画，在公司小有名气的杨秘书不把她放在眼里是一件很自然的事；而作为一个新人，陈秘书对老秘书指手画脚，当然要遭别人白眼。

面对这种情况，陈秘书可以采取以下方法：第一种方法，称赞杨秘书有才，然后请求他帮自己这个忙。如果他还推托，就想办法帮他做一些工作，好让他"有空"来"帮忙"。第二种方法，委婉地提醒他，这是在为公司做事，再拖下去，领导会过问甚至责怪。用此招时要特别讲究说话技巧。最下策是自己找人帮忙或直接将情况告诉办公室主任。总之不能听之任之，否则领导会觉得你工作拖沓，没有责任心。

作为秘书，当他人不愿意与你合作时，可以用两种办法处理：其一，积极主动与对方沟通，动之以情，晓之以理，诱之以利，让对方明白"帮你"是在为公司做事，是其责任所在，而且做得好可得到应得的利益和回报。其二，乐观等待。在没有搞清楚对方不合作的原因之前，先不予理会，继续做自己该做的事，不将其放在心上。职场中没有永远的敌人，也没有永远的朋友。随着时间推移和情况变化，当初最不愿意合作的人可能会变成最可靠的帮手。

知人者智，自知者明，有了这样的"智"与"明"，就能对症下药，妥善处理他人不合作的问题。

第四章　信息与调查研究

第一节　基本知识与基本原理

一、秘书调查研究的含义与特点

（一）秘书调查研究的含义

调查是指运用各种科学的方法和手段，对客观世界进行了解、考察、核实、统计来获取并掌握确凿的材料和情况的一种感性认识活动。

研究是指对已了解的情况和已掌握的材料，运用辩证唯物主义和历史唯物主义的立场、观点和方法进行科学的比较、分析、综合和概括，以求得认识客观事物的本质及其发展规律的一种理性认识活动。

调查研究是指人们在社会实践中，对客观的实际情况进行了解和分析研究，以认识其本质和发展规律的一种自觉的行动。调查研究作为秘书的工作内容之一，是指秘书为领导决策和指导工作提供真实信息和准确依据的工作。调查研究是两个既相互联系又相互区别的工作环节。一方面，调查是研究的基础和前提，是秘书运用各种方法、手段对调查对象进行了解核实，掌握确凿的实际情况的过程。另一方面，研究是调查的深化和发展，是秘书对已经掌握的信息情况，运用科学的理论、知识和方法进行综合分析和推断，以探究研究对象的本质及事物发展规律的过程。

（二）秘书调查研究的特点

1. 很强的针对性

秘书工作服从领导、围绕中心、把握全局、服务决策。任何工作都有其特殊性，调查研究也有其特殊性，针对不同性质的问题进行内容、方法上有所区别的调查研究，才能达到调查研究的目的。如长远的政策性课题，或当前急需解决的课题，或有关全局的战略性课题，或有关局部的战术性课题，或特定时期的倾向性课题，或热点问题的课题，都具有很强的针对性。

2. 内容和对象的多样性

从内容看，有政治、经济、科技、文化、群众生活等，不同的内容，其调查方法也有所不同；从对象看，有对工人、农民、知识分子、干部、私营企业家及国外有关人士等人的调查，不同的对象，其调查方法也各不相同。

3. 一定的突击性

秘书往往会碰到计划之外的工作，这些工作带有突发性、临时性的特征，需要在短时间内拿出解决问题的方案，因此，需要快速组织人员深入调查研究，了解情况并提出解决问题的相应措施，故秘书的调查研究工作具有突击性的特征。

4. 严格的科学性

调查研究的任务是探求客观事物的本质和规律，也就是要对事物有全面的、完整的、辩证的、内在联系的、符合客观实际的认识，从而有效地指导人们的实践，并通过实践加以检验和印证。故调查研究时，首先，要有科学的头脑，坚持马克思列宁主义的立场、观点和方法，坚持唯物辩证法，坚持实事求是的科学精神；其次，调查研究的态度要科学化，要有实事求是的作风；最后，调查研究的手段要科学化，使用现代化的设备，注意系统论、信息论等理论的应用。

二、秘书调查研究的意义与作用

（一）秘书调查研究的意义

（1）为领导在某方面的决策和管理工作提供准确的信息和第一手材料，保证领导正确地作出决策和指导工作。

（2）听取、收集并综合处理基层各方面的意见，为领导拾遗补阙。

（3）秘书进行调查研究，可以全面了解和掌握基层情况。

（4）秘书进行调查研究，可以及时了解和掌握市场动向，为领导提供市场信息。

（5）为领导和上级机关所贯彻的各项政策方针提供反馈信息，保证下一步工作的开展。

（二）调查研究在秘书工作中的地位和作用

1. 调查研究是秘书和秘书部门的重要职责

领导工作繁忙，不可能事事躬亲，因此秘书和职能部门须代劳。领导调研受干扰多，秘书及秘书部门进行调研则不受此干扰；职能部门的调研往往会带有倾向性，秘书和秘书部门进行调研则可以比较全面地反映情况。

2. 调查研究是秘书和秘书部门做好各项工作的基础

调查研究贯穿于秘书工作的全过程。只有深入实际，到第一线调查研究，了解和掌握真实情况，并对情况进行实事求是的分析和论证，采取相应的对策和办法，才能少走弯路、减少失误，提高工作效率和质量，更好地为领导和领导工作服务。因此，调查研究是秘书和秘书部门的一项经常性工作，是秘书和秘书部门做好各项工作的基础。

3. 调查研究是秘书和秘书部门辅助领导科学决策的首要前提

任何决策都离不开调查研究，离不开在调查研究基础上的科学预测。通过调查研究，掌握大量的第一手材料，对这些材料进行分析研究，探求其本质及发展趋势，这既是科学决策的客观基础，也是科学决策的客观依据和客观要求。"调查就像'十月怀胎'，解决问题就像'一朝分娩'。"作出决策后，相关的调查研究仍未结束，执行过程中仍需要调查研究。

4. 调查研究是秘书获得信息的重要途径

调查研究可为领导宏观决策提供参考价值很高的信息，有情况、有分析、有建议才能开拓思路、启迪思维，因而也最有价值，对领导科学决策最有帮助。秘书和秘书部门要获得真实、可靠、有价值的信息，离不开调查研究。否则，信息就失去了来源，数量和质量都难以得到保证。

5. 调查研究是锻炼、提高秘书工作能力的必由之路

通过调查研究，提高思想政策水平，改进工作作风，工作能力可得到不断的提高。通过调查研究，还可提高秘书的观察能力、思维能力、交际能力、分辨能力、分析能力、概括能力、表达能力和自我完善能力。

三、秘书调查研究的内容、类型与方法

（一）秘书调查研究的内容

不同行业、不同岗位的秘书，调查研究的内容均有所不同。一般情况下，秘书调查研究的内容分为五类：

1. 政策性调研

了解调查对象对有关法律、法规、制度等贯彻落实情况，为领导和有关部门政策的贯彻、实施和落实提供重要的依据和反馈信息。

2. 基本情况调研

了解各机关、单位的基本情况，以减少工作的被动性，增强工作的主动性。

3. 市场调研

了解掌握重大的经济活动状况、经济发展趋势；了解企业发展状况和趋势；了解组织投资前景、市场地位等；了解企业在一定时期的经济情况及企业生产、销售、技术水平等情况，为有关部门分析经济状况提供信息。

4．专业性调研

对自然资源、社会生活及人文状况进行调查分析；对有关事故、事件进行调查；对先进人物、先进集体事迹进行调查。

5．舆论热点调研

针对基层所关心的舆论热点及带有倾向性、显露"苗头"的问题进行调查，为领导提供"以小见大"的启示性信息。

（二）秘书调查研究的类型与方法

根据调研的内容、性质、目的、要求的不同，调查可以分为不同类型，主要有：

1．普遍调查（简称普查）

它是指对总体对象中每一个具体的单位无例外地进行调查。它适用于重大的基本情况调查，如全国人口普查等。

2．典型调查

它是指从总体或不同类型的对象中选择个别有代表性的单位进行调查。其调查结果用来推断、推广到总体或同类对象。如20世纪30年代费孝通主持的农村社区典型调查，其调查对象是两种不同类型的典型，一类是未受近代工业影响的内地农村典型，另一类是深受近代工业影响的沿海农村典型，以此为对象研究"现代工商业发展过程中农村社区所发生的变化"。

3．个案调查

它是指对个别的对象进行调查。此类调查的针对性很强，主要用于了解社会的反常个体或新生事物的状况，侧重于调查其存在状况和社会背景。如民工个案（生存状况）、组织个案（运行效率）等。

4．重点调查

它是指对调查对象总体中部分起主要作用的单位进行调查，其结果推及其他一般单位。

5．抽样调查

它是指从总体中抽取部分样本进行调查，以其结果推断整体。如对照花名册随机取号调查。

调查的方法有很多，常用的有：

1．文献法

即通过查阅书面资料获得信息。查阅文献一般遵循先近后远、先大后小、先具体后抽象、先简单后复杂、先正面后反面的顺序，可以采用做记录、复印、翻拍等方法收集信息。

2．观察法

即通过直接观察而进行的调查。此方法侧重于调查对象的外观、形态或变化特征及过程。

3．访问法

即通过与对象进行交流讨论而获得较深层次信息的方法。访问法既可以表现为个别访谈，也可以表现为开座谈会的形式。

4．问卷法

将需要了解的问题设计成书面问卷的形式，由被调查者书面作答。问卷法可以为开放式问卷，即采用填空、问答的形式，答题者自由回答，不受限制；也可以是封闭式答卷，即采用选择、是非题的形式，答题者只能有限选择。

常用的研究方法有：

1．归纳法

即将多件同类个别事物归在一起，从中概括出共同属性或特征以加深认识的研究方法。归纳法建立在直接经验的反复的基础上，有一定的可靠性，但其中某一方面具有反例的可能，会产生"以偏概全"的差错。

2．综合法

即将众多零散事物组合串联成一个整体的研究方法。采用综合法的目的是把个体统一为整体，把片面概括为全面，以实现对事物整体本质的认识。

3．统计法

即运用统计数据来描绘事物状况和变化，以得到规律性认识的研究方法。统计法是一种定量研究的方法，通过定量分析可以使问题的陈述变得清晰、简洁，分析变得准确、深刻。

4．比较法

即把两个以上的事物放在一起进行比较，从而更深刻地认识各自特征的研究方法。这是一种初级的、最基本的逻辑思维方法，可以区分不同的事物，找出它们的共同点和相异点，但只涉及某一方面或某几个方面，不能全面地认识事物，无法解释事物产生的原因。

5．演绎法

即从一般理论或普遍法则出发，依据这一理论推导出一些具体的结论，然后将它们应用于具体的现象和事物的研究方法。最常用的演绎法是演绎三段论，即由大前提、小前提推导出结论。

四、秘书调查研究的程序

调查研究的过程是了解问题、分析问题和解决问题的过程，有很强的逻辑性和条理性，这一过程形成了调查研究应该遵循的基本程序。一般而言，可以把调查研究的程序按逻辑分成准备阶段、调查实施阶段、研究分析阶段和结论报告阶段。

（一）准备阶段

在准备阶段，秘书要组织好六个环节：

第一，明确调研题目（或称课题、专题）。调研题目，有领导明确指示的，也有秘书确定并经领导确认的，还可能是有关部门委托秘书部门组织实施的题目。题目并不是调研的结论，结论只能在调研工作之后产生。

第二，选择调研对象。调研对象应当是人、物、事三个方面，如调研地域、调研要深入的具体组织和单位、调查的范围，以及具体的被调查人员、现场现象和事物的发展过程等。

第三，选配调研人员。调研工作可以由秘书亲自做；也可由秘书临时从各个有关部门抽调专门调研员来做。必要时，对选调的调研员先期组织专业培训，结合调研内容强化提高。如我国进行的几次人口普查，都在调查工作开展之前对调研员做过系统正规的培训。

第四，准备相关信息资料。这一环节主要包括查阅有关资料；了解与调研内容有关的理论、政策、法律和必要的调研知识，以及技术参考信息等。

第五，编制调研计划。在实际工作中，有时是一次性计划，直接报经领导审批；有时是先做提纲，经领导确认后再细化为计划。

第六，设计必要的调查问卷和表格。问卷和表格是调研工作最大限度取得具有普遍意义的数字和情况的最好方法，也是从普遍中发现典型的最好契机。

（二）调查实施阶段

这一阶段与下一阶段的共同特点是在推进中不完全像表述过程那样有很强的逻辑性和程序性。调查实施阶段主要有三大步骤：

第一，联系、确认调查对象。与调查对象取得联系；确认调查对象和调查方式；必要时要向对方详细说明调查内容、目的、时间、步骤和方式，商量互相配合的方法。

第二，实施调查。在具体实施中，一要注意点面结合；二要科学安排调查时间，力争节省开支。调查是一个从面到点，再从点到面的过程。在时间安排上，点、面可以先后进行，也可以由大家分工同时进行。在调查范围上，点（如个别访问、个案调查等）也可以和面（如发放问卷、召开座谈会等）结合，交叉进行。

第三，阶段性小结并验证调查结果。阶段性小结可以随时保存调查人员在调查中产生的感觉、感受和体会，也可以通过进一步的分析思考，验证前期的调查情况，以保证调查结果真实、有意义。

（三）研究分析阶段

研究分析阶段是调查研究工作的重要环节，是对调查所获得的大量情况、资料、信息进行分析、归纳、概括或联系、比较、推断，从中找出问题的实质和规律的过程。

研究分析阶段主要包括四个环节：

第一，对调查材料的取舍、审定、核对和证实；

第二，分类整理，将初级信息通过技术手段转化为高层次信息；

第三，运用科学准确的研究方法，对调研内容进行研究分析统计；

第四，得出研究结果。

（四）结论报告阶段

结论报告阶段包括组织撰写调研报告工作和调查研究的总结善后工作两项。真实的信息材料、细致的分析与科学的论证，是调研报告成功的关键。调研报告的写作是应用文写作，是秘书必须掌握的重要写作技能之一。调研报告既讲究以人们认识问题的一般思路为逻辑结构，又提倡写作特色明显，形式多样，不拘一格。就调查研究的总结来看，调查研究的总结善后工作是秘书对所组织的调研工作的行政事务性的总结善后，也是秘书做任何工作必有的一个环节。

第二节　案例与分析

【案例一】

深圳理通电子公司的成功

日本是电子琴的生产王国，它的产品遍布世界各地，其产品质量似乎无懈可击，但深圳理通电子公司偏不信邪。他们经过市场调查，并通过对日本电子琴产品的认真分析、研究，发现日本电子琴虽然档次高，但价格也高，而且功能不齐全，其销售对象主要是高收入消费者，难以为普通消费者所接受。而普通消费者在任何国家和地区都占绝大多数，市场需求迫切，潜力巨大。因此，理通公司组织力量，集中公司主要的人力、物力，广泛收集各方面的技术与市场信息，开发出功能齐全、价格低廉的电子琴，很快就得到了消费者的青睐。产品不仅行销国内市场，还远销欧美，并打进日本。理通公司也从一家不知名的电子小厂一跃成为跨国经营的名牌大厂。

【问题思考】

1. 深圳理通电子公司在激烈的市场竞争中，是如何让产品占领市场的？

2. 该公司根据市场需求制订生产计划，注重市场调查的做法对我们有何借鉴意义？

【案例分析及参考要点】

深圳理通电子公司在激烈的市场竞争中取胜的主要原因是重视市场调查，并进行了市场细分，从而作出正确的市场决策。市场细分的好处在于，通过这种方法，一方面可以更准确地发现消费者需求的差异性和需求被满足的程度，更好地发现和抓住市场机会；另一方面可以清楚地掌握竞争对手在各细分市场上的竞争实力和市场占有率，以便更好地发挥自己的竞争优势，选择最有效的目标市场。对于中小企业来说，市场细分尤其重要，因为中小企业的资源及市场经营能力有限，在整个市场上或较大的子市场上不是大企业的对手，只能在市场细分的基础上填补市场的空缺，见缝插针，拾遗补阙，变整体优势为局部优势，使自己在竞争中不断发展和壮大。市场细分正是深圳理通电子公司取胜的秘籍。当然，市场调查在其中起到了关键性的作用。

调查研究活动不仅具有收集原始信息、支持领导决策管理的作用，还能获得反馈信息，作为修订或重新决策的依据。对于企业来说，在开始一个生产投资计划之前，最好先制作一张精确的市场分析图，企业应舍得花钱进行市场调查。在采取行动之前，要准确掌握有关的市场信息和情报资料，避免作出错误的决策。如今，市场行情变化万千，顾客需求越来越多样化，对产品的质量要求越来越高，他们的爱好、动机、欲望对市场营销的影响很大。因此，企业要了解哪种产品是顾客所需要的，制定出适宜的价格，合理地选择分销渠道和销售方式，适时适地满足顾客需求；还要了解潜在市场情况，从多方面获取市场情报资料，分析和研究市场需求变化的规律以调整企业的经营决策，有预见地安排市场营销活动，提高企业的经营管理水平，促使企业更好地发展。

过去，在节约成本的指导思想下很多企业把市场调查这部分给省掉了，或者只愿意花很小的代价。但是本案例中的理通公司却下大力气进行市场调查，因而取得了相应的巨大收获。

对于秘书人员来说，秘书的重要工作内容是为领导决策和指导工作提供真实信息和准确依据，而这就必须重视调查研究。理通公司重视市场调查研究，因而取得巨大收获，这对于秘书工作者来说是一个重要启示。

【案例二】

报喜与报忧

某市委、市政府要求办公室联合组织一次全市农村问题调查。为了把调查搞得更好，办公室主任集合秘书开了个短会，讨论采取何种调查方法为好。在会上，秘书各抒己见，发言非常踊跃，最后综合大家的意见，办公室主任决定采取"百村千户"调查样式。"百村千户"调查采取随机抽样和问卷调查的方式，直接调查全市 100 个村的 1 142 家农户。经调查掌握了粮棉跌价、农副产品收购打白条、农民负担沉重且种田积极性下降、少数干部作风不良、个别地区社会秩序不安定等问题。这些问题都是农民直接反映的，是第一手真实材料。例如，当时正值夏收刚结束、秋播即将开始的"双抢"时节，调查对象中 31.8% 的农户要求退田，85.5% 的农户未准备齐秋播种子，48.5% 的农户未备齐秋播化肥。通过调查，秘书一致认为，农民反映情况时虽然言辞过激，但反映的问题很实在、很突出。这些问题中有些属于干部工作上的问题，有些属于政策性问题。要从根本上解决，需要市委、市政府领导高度重视，上下一起抓，才能彻底解决。对此，调查组从稳定农业基础、稳定农村大局出发，做到有喜报喜，有忧报忧，及时把调查所发现的全市农村存在的五个方面的突出问题向市委、市政府领导作了汇报。鉴于这些问题多数属于全国性农村政策方面的问题，调查组将情况归纳后，及时向《人民日报》《湖北日报》等报刊投送。

【问题思考】

本案例秘书所作的调查研究遵循了什么原则，成功之处是什么？

【案例分析及参考要点】

本案例中秘书所作的调查研究遵循了调查研究中的客观真实性原则。所谓客观真实性原则，是指社会调查研究必须坚持实事求是，一切从实际出发。社会是一种特殊的物质运动形式，它的发展规律是客观的，是不以个人意志为转移的。所以，要正确认识社会及其发展规律，必须排除各种主客观因素的干扰，从实际出发，客观地观察社会现象和社会行为，并根据社会客观事实作出结论。

从秘书职业要求来看，作为秘书，要有求实精神，如实地向领导提供客观真实的情况，有喜报喜，有忧报忧，并及时向领导提出建议，及早消除不良影响。案例中这篇报忧材料，引起了上上下下领导的高度重视，并采取得力的措施解决问题，特别是市委、市政府领导，没有因为调查组反映了问题而责怪秘书，反而给予他们很大鼓励，赞扬他们反映了真实情况。

无论是行政机关的秘书，还是企事业单位的秘书，都应该对领导说真话、报实情，为领导提供真实准确的信息，既报喜也报忧。并在此基础上，分析事物的发展趋势，预测发展的结果，提出相应的建议，便于领导及时采取对策，解决存在的问题。

总之，客观真实性原则是调研活动的第一要求，真实、准确的调研结果是领导科学决策的基础，所以秘书在为领导决策提供服务的时候，一定要做到既报喜也报忧。

【案例三】

"号脉"与"开方"

秘书小李在调研工作中腿勤、手勤、嘴勤，得到的材料准确、真实、全面，经常受到县长的表扬，但有时缺少分析对策，用脑还不够。有一天，县长让小李到桃花村去调查。桃花村是有名的贫困村，小李曾经调研过几次，但都是县里定好了调研题目的，这次县长要小李自己确定调研题目。于是，小李到桃花村后，边调查了解情况，边思考该村贫困的"病根"与"药方"。小李把前几次在桃花村调查的结果梳理了几遍，把县里针对桃花村的情况所采取的扶持措施归纳为三条：一是送救济钱物和贷款；二是宣传方针政策；三是传播优良品种、先进技术。小李立即意识到这三种方法就像是对贫血的人进行输血治疗一样，不能根治桃花村的贫困。要根治桃花村的"贫血症"，药方只能是"造血"。小李制订了变送救济钱物和贷款为投资开发本地资源；变宣传方针政策为兴教育人；变传播优良品种、先进技术为普及科技知识、培养科技能手，造就大批新型农民的"治贫、治愚、治懒"的综合治理方案。县长对小李大为赞赏："小李呀，这次你做到脑勤了！"

【问题思考】

1. 秘书小李对桃花村调研的成功之处是什么？
2. 你对案例中的"号脉"与"开方"是怎么理解的？两者的关系是怎样的？

【案例分析及参考要点】

小李对桃花村调研的成功之处是正确地理解了县长"号脉""开方"的意图和保持"三勤"并加强脑勤的指示，自己提出问题，寻求答案，最终找出病根，开出了对症下药的治贫"药方"。

调查是研究的基础，必须全面系统，必须把功夫做扎实。调研时应做到腿勤、手勤、嘴勤，深入基层。多问、多记是做好调研的基础，也是全面了解掌握情况的必要条件。脑勤是全面综合、分析归纳、系统研究，对调查材料加工的关键，有利于提高调查材料的质量和效率。调研要做到四勤相互补充，综合使用，才能取得良好的调研成果。

"号脉"是指作调查，是对问题的了解与分析，不仅要全面、真实、深入地了解问题的状态，还要系统地分析问题产生的原因，搞清楚关键因素和相关因素；"开方"是指作决策，就是要对症下药，确定解决问题的对策和具体措施，制定相应政策。"号脉"是基础和条件，"开方"是出发点和归宿。只"号脉"不"开方"或"开方"不当都难以治病，不"号脉"或"号脉"不准，"开方"就会陷入盲目，不仅难以治病，而且可能使病情恶化，酿成更严重的后果。

【案例四】

田家英注重调查研究的故事

20世纪60年代的农村调查，在中国共产党的历史上是一次不平常的调查。1958年开始的"大跃进"和人民公社化运动，在广大农村刮起了"五风"（共产风、浮夸风、强迫命令风、生产瞎指挥风、干部特殊风），农村生产力被严重破坏，农民的积极性受到严重挫伤。1960年12月24日至1961年1月8日，党中央先后召开了中央工作会议和党的八届九中全会，毛泽东提出了"大兴调查研究之风"的号召。他要求所有省委书记、省委常委、地委书记、县委书记都必须全面彻底调查几个公社，使1961年成为实事求是年。

1961年1月20日，毛泽东给田家英写了一封信，要他与胡乔木、陈伯达3人在3天之内组成3个调查组，每组7人，分赴浙江、湖南、广东调查。其中，每个调查组再分为两个组，一个小组调查最差的生产队，另一个小组调查最好的生产队，时间为10~15天。遵照毛主席的指示，田家英领导的调查组迅速组成，第二天就离开了北京。1月22日到达杭州以后，田家英立即向省委领导人传达了毛泽东的指示，经过商量，决定省里也派人参加调查组，在富阳选一个好的生产队、在嘉善找一个差的生产队作为调查对象，由田家英统一领导调查工作。这两个调查组随即迅速行动，于1月24日到达两个生产队。

调查组进村之前，田家英向全体调查人员提出要求，必须实事求是。他说，调查研究有两种，一种是科学态度的调查研究，一种是主观主义的调查研究。我们主张科学态度的调查研究，这就是要了解真实情况，并且如实反映；而主观主义的调查研究，比不调查更可恶，因为它是摘取片面的材料来证明自己的观点，或者是迎合上级，不敢讲真话。他针对当时基层干部和部分群众还有顾虑的情况，提出要"打开脑筋，打破思想框框，敢于和善于发现问题"。他要求调查组的同志在生活上和群众同吃同住，打成一片，集中精力做好调查，而不搞那些流于形式的劳动；同时，在调查组内部提倡"敢想敢说"，"敢于提出问题和不同意见"，但是这些意见应该通过组织向当地领导提出，不许向外乱说，不准对基层干部指手画脚，以免干扰地方工作。他非常注意同基层干部搞好关系，强调要耐心地教育他们，遇事多与他们商量，体谅他们的困难，不能有任何居高临下的态度，这样才能增强调查组和基层干部的团结，做到"同心同德，忧国忧民"。两个调查组在田家英的正确指导下，工作进行得非常顺利。

田家英先在嘉善县魏塘公社和合生产队调查了一个星期，接着到富阳县东洲公社五星生产队进行了同样的调查。经过一段时间的调查工作，这两个队的基本情况，特别是"五风"造成的严重危害基本上被搞清楚了。

和合生产队地处杭嘉湖平原东部，土地肥沃，灌溉便利，历来是鱼米之乡。新中国成立后头几年，农村经济迅速恢复发展，每年都为国家提供大量的商品粮。1958 年"大跃进"中，上面的高指标逼出了"浮夸风"，这个生产队的早稻亩产从 200 公斤报到 300 公斤、400 公斤、500 公斤，实收只有 219.5 公斤。1959 年"反右倾"一来，包产指标定到 489.5 公斤，实收只有 218 公斤。1960 年，公社党员干部宣誓大会上定的粮食生产指标是保证 900 公斤、争取 1 200 公斤，而实际只收了 145.5 公斤。高指标带来了高征购，挖了农民的口粮。1961 年春天，每人每天只有半斤米，只能吃三餐稀粥；有的小队甚至断粮，出现了饿、病、逃荒和非正常死亡。一天黄昏，调查组的同志闻到一阵烟味："农村已经食堂化了，谁家还在烧饭，难道老百姓家里还有余粮？"他循着烟味进入几户农家，揭开锅盖一看，锅子里是羊头草、胡萝卜加上从食堂打回来的稀粥。事实说明这里的农民已经无米下锅。调查时还了解到，近三年来，这里的生产力遭到了严重破坏，猪、牛、羊大批死亡，农具被损坏，土地肥力下降，劳动者体质变弱；社员一年收入只有 21～27 元，辛勤劳动一年，到头还成了"倒挂户"。出现这些严重问题的原因何在？许多基层干部讲不清楚。田家英在同嘉善县委负责人谈话时指出："从和合生产队情况来看，生产破坏是严重的，为什么生产年年下降？怪天，天没有灾害；怪人，老百姓是好的。""不能怨天尤人，也不是什么民主革命不彻底，病根子是'五风'问题。"田家英一语道破了当时农村问题的症结。其实，长期在基层工作的同志，对此并非一无所知，只是因为怕反"右倾""拔白旗"，闷在心里不说而已。田家英说出了他们不敢说的真话。这不仅是尊重事实、坚持实事求是的科学态度，也是他对党的事业和人民利益高度负责的表现。

经过 10 天的调查研究，2 月 6 日在杭州，毛泽东听取了田家英的汇报，在场的还有当时任浙江省委的江华、霍士廉、林乎加、李丰平和薛驹等。田家英如实地汇报了所见所闻，恳切地陈述了自己的意见，建议中央搞一个人民公社条例。田家英的汇报震动了毛泽东，他当即就纠正"五风"问题、退赔问题、生产队规模和体制问题、自留地问题、食堂问题、干部问题提出许多重要意见，并且采纳田家英的建议，准备起草一个人民公社工作条例，由 3 月在广州召开的中央工作会议研究制定。

党的八届九中全会以后，大批领导同志深入基层，大兴调查研究之风。这不仅促进了干部作风的转变，而且集中了群众干部的智慧，制定了一系列切合实际的政策办法。《人民公社工作条例》（简称"六十条"），就是调查研究的一个主要成果，也是广州会议的最大收获。

田家英在浙江的调查，从 1961 年 1 月 23 日开始到 5 月 5 日结束，历时 100 天。他在调查研究和制定"六十条"中所作的贡献，对党中央纠正 1958 年以来农村工作中的错误、扭转农村以至于整个国民经济的局势起到重要的作用。尽管"六十条"还有不少缺陷，没有突破政社合一、一大二公的公社体制，但它的历史作用仍然应当给予充分肯定，这其中田家英功不可没。

【问题思考】

1. 秘书的调查研究与领导的调查研究有什么不同？
2. 田家英的调查研究工作有什么特征？
3. 田家英在浙江进行的调查工作对秘书人员有什么启发？

【案例分析及参考要点】

秘书调研与领导调研的区别主要有：第一，秘书调研是一种参谋行为，只能策划调研活动或拟订调研方案待领导定夺，因此，秘书调研活动必须征得领导同意或授权方可实施；领导调研是行使权力的行为，调研过程包含现场办公，可以直接决策并解决问题。第二，秘书调研是围绕领导工作开展的，必须领会领导意图，明确调研的真实目的，否则可能与领导工作的需要南辕北辙；领导调研则是实现领导决策的重要工作方式和推动决策落实的有效手段。第三，秘书调研所形成的结论或解决方案具有建议性质，仅供领导决策参考，是否采用取决于领导；领导调研所形成的结论或解决方案，领导有权决定取舍和决断推行。

田家英的调查研究工作主要具有以下特征：一是思想解放、务实求真。对于调查研究，田家英总是强调不要带框框，要和群众打成一片，让群众敢讲真话，反映真实情况和问题。在浙江调查时，田家英事先向全体调查人员提出要求，必须实事求是。正是带着一种求真务实的态度，田家英在嘉善县魏塘村调查时，就特别强调要说老实话。二是精心组织、合理安排。众所周知，调查研究在秘书工作中占有举足轻重的地位，其主要作用是收集原始信息，以支持领导决策；或取得反馈信息，作为修订或重新决策的依据。收集信息就要下到基层，到了基层能否收集到真实可靠的信息，这就需要调查者精心组织、合理安排。田家英非常注重这方面工作，这突出表现在他 1961 年的浙江调查中。三是方法多样、灵活运用。在调查研究工作中，田家英采用了多种调查方法，并灵活加以运用。其多样的调查方法主要表现在：其一，采用典型调查、专题调查等调查方法；其二，采用对比的调查方法；其三，注重跟踪调查的方法。

1961 年初田家英在浙江进行的调查工作对秘书人员的启示至少有两点：

第一，搞好调查研究工作必须运用科学的调研方法，并遵循调查研究的基本原则。调查研究是一项非常严肃的工作。科学有效的调查研究必须遵循客观性、科学性、实践性、群众性等原则，田家英在浙江进行的调查工作正是遵循了这样的原则。田家英的调查组在调查研究中准确、真实地反映情况，不带任何框架，这符合客观真实性原则。调查组的调查历时 100 天，注意调查全部事实，从事实的全部总和、从事实的联系去掌握事实，在此基础上得出结论，这符合科学性原则。调查组从遏制"五风"（共产风、浮夸风、强迫命令风、生产瞎指挥风、干部特殊风）等现实需要出发确定调查研究课题，回答实践中提出的问题，把调查研究的成果用于指导实践，这符合实践性原则。调查组深入浙江基层，走近群众，向群众学习，这符合群众性原则。

第二，调查研究能力对领导的决策工作具有重要意义。在毛泽东的指导下，田家英长期在农村进行调查研究，能敏锐地发现当时农村工作中的问题，使得党中央能够纠正 1958 年以来农村工作中的错误，对扭转农村以至于整个国民经济的局势起到重要的作用。这说明秘书的调查研究能力对领导的决策工作有重要意义。领导的作用就是要了解情况，制定和落实政策，但是，领导工作繁忙，不可能抽出很多时间搞调查研究。因此，调查研究就成为作为领导的参谋和助手的秘书人员的重要职责。只有通过调查研究，才能获取信息、了解情况，向领导提供情况和意见，为领导决策提供客观依据，并协助领导贯彻执行党的方针和政策。所以，调查研究既是秘书工作的基本任务，又是秘书开展工作的基本任务。

【案例五】

天新公司的市场调研方案设计

天新公司作为一家中外合资企业，主要生产家电产品，公司资金雄厚，员工近 3 000 人，著名科技人员和高层管理人员云集。近几年来，公司推出了一系列新产品，占领了国内 10% 以上的家电市场，在国外的影响也很大。2008 年，公司加大管理和研发力度，在电脑、手机、电视等多个项目上研制生产出新型、新款产品，国内市场份额达 15%。

2010 年，公司继续贯彻执行"以科研打造品牌，以品牌扩大市场份额"的战略决策。目前，总经理张伟急需了解公司未来发展的市场行情方面的信息，请秘书刘河拟订一个为总经理决策进行调查研究的方案，并组织实施此次调研活动。

【问题思考】

如果你是秘书刘河，你觉得在制订调查研究方案时应考虑什么因素，你打算怎么设计调查研究方案？

【案例分析及参考要点】

秘书在制订调查方案时要考虑以下因素：

（1）调研的课题（主题）：可选择为天新公司打造品牌、了解其产品目前所占的市场份额。具体可以定位在目前消费者对家电的需求种类、性能的变化等方面。

（2）调查对象：可选择各种家电的各类消费群体。选择对象既要随机选择一定数量的样本，以保证其代表性；又要注意各类群体的搭配，以保证其典型性。如消费者的性别、年龄、地域等因素都要充分考虑。

（3）调查人员：队伍组建时要考虑成员的数量和素质等因素，素质方面重点考察成员的知识与能力结构的互补、语言沟通和人际交往能力等。

（4）调查方法和种类：调查方法可以考虑问卷调查和访问方法结合；调查种类选择典型调查和抽样调查。设置问卷和问题时要简洁且有针对性，既要让调查对象容易作答，又要能够收集到天新公司下一步发展所需的准确、充足、新颖的信息。对收集到的材料进行研究，可考虑综合运用归纳法、综合法、统计法、比较法、演绎法五种常用方法。

（5）调查时间和步骤安排：时间最好定在节假日或其他公众休息日，让调查对象有时间轻松愉悦地接受调查。安排步骤时要考虑其可行性、相互衔接性，可先设置问卷或问题，然后联络调研对象，最后实施调查，收集和整理信息资料。

（6）调查的物质资金、信息资料等准备工作要结合天新公司的实际情况和调研的需要来做。在物质资金方面，不能违背公司的相关规定，又要保证调研所需；在信息资料方面，可提前落实专门责任人收集相关信息资料，如国家和行业的相关政策规定、与调研对象和调研主题相关的信息等。

天新公司此次调研活动可按照如下步骤进行：首先，秘书根据总经理的需求确定调研课题，即为公司下一步研发新产品、拓展市场提供准确、充足的决策信息。其次，制订调查方案并报总经理审批。再次，按照方案实施调查。为保证调查活动的顺利开展，可以将准备工作做得扎实细致些，如培训调研队伍、准备问卷、设计调查时间和步骤等。最后，对调查所收集到的信息进行整理、研究，撰写调研报告，提交公司决策层参考。

总之，整个调研活动牵涉的要素很多，如时间、人员、地点、信息、资金、物质等。秘书在组织时要学会统筹兼顾，使上述众多要素共同发挥最大效益，取得最大调研成果，实现调研目的。

【案例六】

从"南线北移"到"向山水资源进军"

江西某县的南部，有7个乡镇的经济比较发达，工农业总产值占全县27个乡镇工农业总产值的53.4%。这些乡镇最大的特点就是乡镇企业办得好。于是有人提出"南线北移"的设想，主张像南部7个乡镇那样，在北部20个乡镇大搞乡镇企业。这个设想是否可行呢？县政府办公室组织调查组进行了深入细致的调查，获得了大量的典型材料。他们首先采取归纳法，通过分类完成对各个乡镇典型的认识。然后采用对比法，对南北乡镇各自的有利条件和不利条件作了比较，发现南线7个乡镇人多田少，水陆交通便利，有从事手工业的传统；而北线的20个乡镇人少田多，交通不发达，祖祖辈辈以种田为主。通过调查，县政府办公室得出了如下结论：南线的优势在工业，北线的优势在农业，"南线北移"的条件在近期内不够成熟，不利于北线发挥其所长。并提出如下方案：北线除个别条件好的乡镇可以适度发展工业外，主要战略应放在发挥自己的资源优势上。这个调查报告得到了县委、县政府的重视，随即作出了"向山水资源进军"的战略决策。于是北线大种柑橘、苎麻，大养鱼鳖、螃蟹，经济增长较快。

【问题思考】

案例中江西某县为什么能够作出正确的战略决策？他们的成功对于实现我国行政决策科学化、民主化有什么启示？该县所作的调查研究为什么能成功？

【案例分析及参考要点】

"向山水资源进军"的决策对于该县是一项战略决策，之所以能作出正确决策，关键在于它符合行政决策科学化的要求，遵循了系统的科学决策程序。首先，县政府办公室组织调查组进行了深入细致的调查，在此基础上确立了行政目标。其次，在行政目标确立后，分析和论证了实现目标的各种方案。最后，该县委、县政府在综合比较的基础上最终确立了具体的决策方案，而且立即组织实施，因而获得成功。

该县的成功决策给予我们的启示是：必须深入调查研究，确定决策目标；集思广益，拟订方案；对决策方案进行评估选优；认真组织实施。

该县的调查研究之所以能成功就在于调查组按照科学方法组织了综合调查，并在调查基础上进行综合研究。很多有经验的秘书人员都有这样的认识：调查是研究的基础和前提，研究是调查的深化和升华。综合研究是调查报告起草前的一道环节，其结果是调研目标的校正定型。正如毛泽东同志所说："一切结论产生于调查情况的末尾，而不是在它的先头。"如果说实地调查是分散积累的过程，那么，综合研究就是集中提炼的过程。综合研究就是一个从去粗取精、汇总归纳开始，经过比较分析、探寻规律，到形成观点、提出建议、确定方案的过程。这个研究是指在调查完成的基础上，对调查材料的整体研究。它比调查过程中的研究更系统、更复杂。

【案例七】

市场调查问卷设计

A市的捷达牌自行车有限公司是一家具有现代管理能力和高科技水平的国有大型企业。近年来，城市范围不断扩大，消费者购买省力、轻便的代步工具的需求越来越大。在这种情况下，电动自行车成为城市上班一族的新宠。加上交通管理部门将电动自行车列为非机动车，无须行驶证、驾驶证，无须每年验车，市场需求逐步扩大。针对这种情况，公司准备对北京市的电动车市场作一次调查，了解市民对捷达牌电动车的认识情况。

【问题思考】

此案例的调研课题是什么？如本次调研由秘书部门负责，请选择合适的调查方法，并以秘书身份设计一份调查问卷。

【案例分析及参考要点】

此案例的调查属于市场调查，其目的在于了解北京市市民对捷达牌电动车的认识情况，以帮助公司作出市场决策。

本次调查活动可以采用抽样调查方法。抽样调查是从调查对象的总体中抽取某些单位（或个人）作为样本来调查，并以样本的状况来推论总体的状况，常与问卷法相结合。抽样是一种选择调查对象的程序和方法。总体是复杂的，特征是多样的。现实生活中有些研究总体是不可能进行全面调查的，只可能调查其中一部分。抽样可以节约人力、物力，而且抽样可对通过其他调查方法得到的资料进行可信性检验，尤其是对普查资料的修正与补充，必须进行抽样调查。在研究社会问题时，常常面临庞大而复杂的研究总体，这就需要按照科学的方法选取一定数量的代表性样本加以研究推论。

调查问卷的设计是有技术含量的。就本案例中具体的问卷设计，这里并不提供参考。应当特别提醒的是，在具体设计时，要注意调查问卷不只是列出一组问题，还涉及许多问卷上看不到的因素：

（1）调查目的。这是问卷设计的灵魂，它决定问卷的内容和形式，如果调查目的是为了了解被调查对象的一般状况，那么问卷设计就应该围绕被调查对象各个方面的基本事实来进行；如果目的是要作出解释和说明，那么问卷设计就要紧紧围绕研究假设和变量来进行。

（2）调查内容。对于被调查对象比较熟悉，容易引起兴趣，且不会产生心理压力的调查内容来说，问卷设计工作相对简单，内容可相对详细、深入，提问可比较直接，问题的数量也可适当多一些。当被调查对象不熟悉调查的内容，或者问题比较枯燥，特别是涉及敏感的内容时，问卷设计工作相对复杂，这时问卷中的问题相对来说就只能问得概略一些、浅显一些、间接一些，问题的数量也应少一些，而问卷的封面信和指导语就得比较详细，措辞也得更加小心。

（3）样本的性质及样本的构成情况。对问卷设计工作同样有着较大影响的是构成调查样本的被调查对象，他们的文化程度、职业、性别、年龄的状况、差异等，都是问卷设计者应该考虑的。如工人样本的问卷可以用通俗、简单和口语化的语言，问题的数量也应少一些；而针对大学生、机关干部样本的问卷则可以用书面化的语言，问题可以复杂一些，数量也可以多一些。

（4）资料的处理方法。设计问卷时还应考虑资料处理分析方法和问卷的使用方法等因素，这是因为不同的资料处理和分析方法对问卷的设计有着不同的要求，若采用手工处理方法进行资料整理和统计，一般情况下，问卷内容就不能很复杂，否则不仅费时费力，有时甚至无法完成；但若采用电子计算机进行处理，则问卷的内容就可以多一些。另外，若对资料主要进行定性分析，则应以开放式问题为主；反之，若对资料主要进行定量分析，则应以封闭式问题为主。对于自填式问卷来说，设计应该尽量简单明了，便于阅读，便于理解，便于填写；若是访问问卷，则可相对复杂一些。用邮寄方式进行调查的问卷，要特别注意设计去信封面。除上述各种因素外，当然还不能忽视调查经费和调查人员的数量，以及调查时间长短等对问卷设计工作的限制。

【案例八】

问卷和"套圈"

问卷是调查研究的重要工具，问卷设计是秘书人员必备的基本功之一。一谈到"功"，就想起功力、功法和功德。和我国古代神秘莫测、五花八门的武功一样，功力不深，办事无效；功法不对，事与愿违；功德不好，走火入魔，害人害己。

办公室秘书小杨，颇得秘书之道，不仅善于领会领导意图，而且眼明手快，颇有调研功力。就如领导肚里的蛔虫，不用领导开口，他的调查材料就有观点、有依据、有典型、有建议地摆在领导的办公桌上，观点符合上级精神，材料适合领导口味，语言还有点领导的个性和幽默。因此，他不到25岁已戴上了副主任科员的乌纱帽，离工作了三十年才担任办公室主任的老罗只有半步之遥。不仅那些与他年龄相近的小秘书犯"红眼病"，大家都觉得他工作有点儿怪。特别是他那"调研功法"，不知是向哪位高手学的。一般人是从实际材料中升华观点，他是先摸透领导的观点再去取材料；人家调研要跑破几双鞋、掉几斤肉，他蹲在招待所里有鱼有酒，打几天麻将就能带回"对路"的材料。小秘书们议论说，他若不是有预测之才，就是调研功德不正，走火入魔。

一次厂里有意改革公费医疗制度，让小杨去调查群众对现行公费医疗制度的看法。三天后他就拿出了一份有数据、有观点的调查材料。

"……调查对象：10个车间的100名职工；调查方法：抽样调查与问卷调查相结合；调查内容：对现行公费医疗制度的看法；调查结果：赞成现行公费医疗制度的占98%，其中完全赞成的占94%，认为基本是好的但有缺点的占4%；认为必须彻底改革的占6.2%。结论：本厂公费医疗制度是可行的，受到全厂绝大多数职工拥护。建议：继续执行。"领导看了他的调查材料后，就把公费医疗制度改革的事儿搁置了下来。只有少数知道内情的人才知道，小杨在调查之前就摸准了长期公费吃进口高档滋补药的一把手不大赞成改革现行公费医疗制度，小杨的老婆也长期泡病号吃营养药。因此，小杨才拿出了这样的调查材料。这样的材料当然得到了领导的赞赏。后来人们才知道，小杨到职工医院去摸过底，选取了医药费用最多的 100 个职工为调查对象，这些人谁不愿意吃公费医疗的大锅饭呢？

邪不压正。小杨的那一套见了"真神"就现出了原形。前些日子，上级派来了调查组，调查厂里少数领导人利用职权多处占用公房及其他经济问题。这些问题在厂里的党风检查中曾被群众提出过，结果让小杨的几份调查材料否决了。这次上级派来的调查组直接深入车间，深入群众，在获得了第一手材料后，调查组组长老雷来到厂办公室，要看上次调查的全部材料。小杨只拿出了他的调研报告。

"原始材料呢？"老雷问。

"原始材料在我把调查报告写好后就处理了。"小杨有恃无恐地说。

"处理原始材料你请示过谁？"老雷严肃地问。

"没，没有请示。"

"纪检问题调查的原始材料是能随意处理的吗？这是常识，你作为副主任科员，难道连这种业务常识也没有？"老雷严厉地说。

"我，我，我是不知道。"小杨心虚了。

"老罗同志，"老雷对罗主任说，"我们想请您和我们一起，把上次调查的情况再核实一遍，好吗？"

"好的。"老罗说。

"还有，我们希望罗主任把小杨同志的工作暂时让别的同志代理，让小杨把上次调查的情况回顾一下，以协助我们摸清情况，好吗？"

"好的。"

"小杨同志，你要对组织负责，对自己负责啊！"老雷说。小杨低下了头。

三天以后，情况到底弄清楚了。

老雷说："我们都是同行，都是笔杆子，都搞过调研，都设计过问卷。现在，请大家研究研究这样一份问卷。这是上次党风检查时杨秘书设计的调查问卷。"

"第一项：我厂五年来总产值翻了两番，人均收入提高了一倍，你认为我厂领导：a. 称职 b. 基本称职 c. 不称职（   ）"

"第二项：我们厂长每周接待群众一天，下基层劳动一天，调查研究一天，你认为厂长的工作作风：a. 好 b. 较好 c. 差（   ）"

"第三项：我们厂主要领导一家三代六口，住三十平方米住房；书记一家三代八口住四十平方米住房，你认为我们厂领导住房：a. 不存在以权谋私 b. 有一般性问题 c. 存在严重的问题（   ）"

……

念到这里，老雷气愤地停下了。

"够了！"老雷说，"这些已足以看出问卷设计者的居心。同志们，这叫调查问卷吗？这分明是编制假材料往群众头上套圈，这是想牵着群众的鼻子搞假调查……"老雷越说越激动，小杨诚惶诚恐地耷拉着脑袋。

"这是在帮领导的忙吗？这是在拆台！尽挑好听的讲，尽往愿看的写，尽拣贴金的事干，弄虚作假，欺上瞒下……"

最赏识小杨的头头丢了乌纱帽后，小杨自己也"下海"去了。

【问题思考】

秘书小杨在调查研究中犯了什么错误？老雷为什么说杨秘书的调查问卷是往群众头上套圈？应当如何避免往群众头上套圈的情况出现？

【案例分析及参考要点】

秘书小杨在调查研究中犯的错误主要有：没有端正指导思想；没有如实反映情况；没有根据调查研究的原则、程序和方法实施调查。秘书在调研中，必须坚持解决实际问题、为探求事物发展规律而进行调查研究的思想，要牢记"一切结论产生于调查情况的末尾，而不是在它的先头"。注意防止先入为主、以偏概全的主观片面性的出现。但秘书小杨仅从领导的喜好意图出发，先入为主地带着结论去调查，而不是准确真实地反映情况，这违背了调查研究的首要原则，犯了主观主义的错误。正因为如此，老雷才说杨秘书的调查问卷是往群众头上套圈。杨秘书这种为了某种需要，先有框框，再按框框去套现实；或先定调子，然后依据调子寻找论据的所谓"调查"，不仅偏离了秘书调研的初衷，而且无益于解决实际问题。

在现实中，有的领导好大喜功，为了维护本单位的利益或积累个人政绩，只愿意听赞扬、奉承的话，不愿意听反对的话；只喜欢看成绩，不喜欢看缺点。这种不正之风迫使一些秘书人员产生了只唯上、不唯实的消极心理。他们为了迎合领导，只作片面调查，或遵照领导意图"按图索骥"，或发现问题避重就轻，或颠倒是非、弄虚作假。本案例中，杨秘书的调查研究就属于这种情况。这样做的结果是严重破坏了调查研究的客观真实性和科学性，必须坚决反对。要避免这种不良作风的出现，就必须坚持实事求是的思想路线，敢于讲真话、讲实话，不能为讨好领导或上级说违背实际情况的昧心话；必须尊重调查结果，有喜报喜、有忧报忧，不能弄虚作假、欺上瞒下、搞数字游戏。

第五章　参谋职能

第一节　基本知识与基本原理

一、参谋与秘书参谋

参谋是为决策者在决策过程中提供谋划和建议的一种智力辅助性的社会活动。

秘书参谋是秘书人员近身围绕领导为其进行有效决策而直接、综合、及时提供智能辅助的一种秘书职能活动。它是一种近身的、综合的参谋辅助，也是贯穿于领导管理活动全过程的参谋辅助。

二、参谋是秘书的深层职能

参谋是更为重要的秘书工作内容和深层的秘书职能活动。秘书参谋的价值在于针对以决策为核心的高层次管理，补充、延伸和完善领导决策的智力和能力，其作用渗透于领导的政务管理，乃至政务管理系统。

秘书参谋以事务辅助为基础，通过事务辅助实施其高层次的参谋职能。基于秘书参谋的特点，在实施参谋过程中，需遵循以下原则：

（一）摆正角色不越位

秘书是领导身边近身发挥综合性参谋助手作用的工作人员，是领导决策的下级执行者和公务服务者，是领导与群众和各部门之间的桥梁和纽带。秘书从事参谋辅助和事务辅助就是从这一角色出发。准确把握自身的角色定位，是秘书人员做到尽职不越位的前提。

（二）明确参谋不决断

秘书参谋活动的定位，是秘书角色在其参谋活动中的定位，它包含在秘书角色定位之中。准确把握秘书参谋定位，有利于秘书在参谋这一工作领域，较为准确地把握参谋尺度和参谋方法，谋而不断。

谋而不断，是说无论是针对决策的献计献策还是具体工作中的拾遗补阙，秘书只能提出供领导者参考的意见、建议或供选择的方案，不能干扰领导者的决断，也无权作出决断；更不能背着领导者或以领导者的名义作出决定，不能在信息沟通、调查研究等活动中擅自作决定。

（三）立足规劝谏有度

立足规劝是说，秘书在参谋活动中，对领导在管理活动中出现的缺失、不足或偏差，必须适时提醒劝谏，发挥参谋辅佐的作用。

所谓谏而有度，一是要求秘书在规劝中不超越下级对上级的限度，不超越辅助者对领导者提建议的规范；二是要求秘书进行规劝时，应控制在不产生负面影响的限度内，即避免产生对立或对抗，避免影响领导者的威信，避免引发矛盾等；三是要求不侵扰领导的最后决断权，提出的规劝性参谋是从辅助者的角度提出的，仅供领导者参考；四是要求在语言上以恭敬、亲切、诚恳和分忧的态度和口吻说话，避免顶撞领导和干涉领导者行使职权。

三、秘书参谋的过程

秘书参谋过程，是指秘书基于参谋动机，进行参谋思考和选择参谋价值目标，提出参谋建议的一系列完整的实践活动。秘书参谋的过程如下：

（一）自觉参谋

秘书应认识到，领导者面临着复杂多变、竞争激烈的客观环境，领导工作的科学有效性，直接关系到组织兴衰和事业成败。每一个组织成员都有责任支持领导工作。作为领导者近身的参谋助手，秘书更应在支持和优化领导工作上尽到自己的责任，而发挥参谋作用正是对领导工作支持和优化的重要体现。

秘书在实践过程中主动观察、积累和思考，既是自觉参谋意识的具体体现，又能不断地增强秘书的自觉参谋意识和参谋才能。

（二）捕捉参谋目标

参谋目标是有利于辅助领导解决问题、优化领导工作效果的参谋作用点。秘书把握和捕捉参谋目标，有利于提高参谋活动的针对性和有效性，捕捉住随时出现的参谋目标，就是发现发挥参谋作用的具体方向。

（三）筛选和获取信息

在确定参谋目标后，秘书首先要做的工作是占有一定数量的信息。以已有的智能信息为选择判断的基础，从存储的信息库中按分析问题、解决问题的需要筛选信息。对于短缺信息，要尽最大努力有针对性地从有关文献资料中获取。之后，进行分类整理，认真分析研究各类信息所揭示的本质内涵，再根据参谋问题的相关度，进行筛选。

（四）辅助谋略

在调用处理有用信息并综合分析信息的基础上，获得某些分析和解决问题的要点，以及初步拟定的目标，进而聚集形成辅助谋略，拟订参谋方案，也就是进行对策研究，实施秘书参谋辅佐的职能。

第二节　案例与分析

【案例一】

善对领导的秘书们

章总经理大学毕业，喜欢读书，但又不求甚解，而且喜欢表现。当上总经理以后，自视清高，出语欲惊人，论理必旁征博引，可是肚里的名人名言、经典警句、天文地理、历史民俗，都只能记个大概，说出来时，往往张冠李戴，说了上句忘下句。每逢这种场合，大家都十分尴尬。如果当场提醒他一句，他不高兴，会白你一眼，事后训你："领导讲话别插嘴！难道这中学课本上的东西我这堂堂的老牌大学生还不知道？"如果不提醒，他也会不高兴："你们这些秘书是干什么的？见机行事提醒提醒也不会？"为这，我们几个小秘书凑在一起研究了好几次，终于想出了几个办法：一是在他的办公室、会议室和办公桌玻璃板下，挂上或放一些唐诗宋词、古今中外名人名言的条幅，让他多看多记，避免用时出错；二是在他的讲话稿后边多附点可供引用的资料附件，以方便他引用；三是根据会议和会谈内容，在会场或会议室张贴一些相关名句；四是在出席重要活动途中，故意说一些成语典故、名言名句，暗中帮助总经理复习。

这几条说起来简单，做起来工作量可不小。章总兴趣广泛，天文地理、历史现实、科技文化、国内国外，无一不在他言语中有所涉及。我们买了一大堆参考书，摘抄的语录有几大本，换下的条幅装了好几箱。力气花了，作用也有了些，章总讲话中的口误少了许多。章总似乎有所察觉，心照不宣地和我们配合得很好。墙上的条幅他往往都能记下背熟，讲话时忘了下句，他也能十分灵活地根据我们的暗示，从周围找到记忆的线索。

一次，章总与一个老外谈生意，休息时聊起天来。那老外说："中国人大都是山里人，诗里写山，画上画山，走路遇山，要不是欧美的炮艇轰开中国的大门，中国人恐怕永远不知道海外的世界。"

章总生气地说："我国有山有海，我们的三保太监郑和七下西洋，比西方早得多。"

老外看起来也是个墨水不多的人，他连连摇头，说："征服太平洋，发现东方世界的是哥伦布。三保太监，没听说过……"

章总大概忘了郑和下西洋的具体年代、朝代和所到之处，又气又急，忽然急中生智，对老外说："这个问题不值得争论，您一定把中学学的世界史知识都还给您的老师了。等会我让我的秘书给您写张卡片，让您记住。我们是老朋友，您在我面前说错了不要紧。"

他一说完，我马上把郑和下西洋和哥伦布航海的年代用中英两种文字写在卡片上，递给章总。章总好像认真审查的样子，一边点头一边口称"对"，然后递给老外，老外看后服了。

章总事后对我们说："书到用时方恨少啊！现在真后悔年轻时读书不用心。幸好有你们这些小智囊团的帮助。我真从心里感激你们啊！"

章总和我们几个小秘书成了朋友。他现在可重视知识投资了，他已作出计划，把我们几个小秘书分批送到重点高校去读研，说是 21 世纪他的智囊班子要全部是硕士、博士，不然就跟不上时代的发展了。

【问题思考】

秘书参谋职能有一部分是为领导拾遗补阙，看起来不过是微末小事，但也需要根据实际情况认真对待。如果你是秘书，不妨自省一下，在平时的工作中，领导需要你拾遗补阙的地方，是不是被你在不经意之间小而化之了？

【案例分析及参考要点】

在这个案例中，秘书的参谋职能是通过为领导"拾遗补阙"体现出来的。拾小遗、补小阙，长期积累，也有不小的意义和作用。综合起来分析，通过本案例，我们可以得到以下启示：

第一，拾遗补阙必须针对领导所需，采取适当的形式。

案例中的章总，是一个老牌大学本科生，喜欢引经据典，但是他在这方面的积累并不深厚。而且他自视清高，自尊心也强。如果他在公开场合引经据典出现问题时，你不加考虑、不注意方式地提醒，他会给你白眼，怪你插嘴。而如果你只作壁上观，不施以援手，他同样会怪罪。对于这样一位领导，秘书要参谋得好，其实非常不容易。拾遗补阙看起来是小事，其实是难事，而难就难在要从章总的喜好和性格出发，在他最需要的时候，以最适当的方式帮助他，才可能取得理想的效果。这也是从先前无数次并不顺利的磨合中所得出的经验教训。

第二，秘书为领导拾遗补阙，若方法得当，对提高领导素质有不可低估的作用。

经过长期摸索和适时总结，与其临场提醒，而且是吃力不讨好的提醒，不如想办法让领导提升自身的能力。当然，如何提升，同样需要讲究方式、方法。既要满足其自尊，符合其好引经据典的习惯，又让他能够理解和明白下属的良苦用心。办法终于想出来了：一是在他的办公室、会议室和办公桌玻璃板下，挂上或放一些唐诗宋词、古今中外名人名言的条幅，让他多看多记，避免用时出错；二是在他的讲话稿中多附点可供引用的资料附件，以方便他引用；三是根据会议和会谈内容，在会场或会议室张贴一些相关名句；四是在出席重要活动途中，故意讲一些成语典故、名言名句，暗中帮助总经理复习。

实践证明，以上办法效果良好。不仅章总在引经据典时出现的口误减少，而且在将要卡壳的时候，他还会四面环顾，利用无处不在的提示进行自我帮助和自我解困。而这种"自我"感，才是众秘书集思广益和千辛万苦努力最需要达到的效果——其实是秘书在向章总提供帮助、为他解困，但是让他觉得完全是自己努力的结果，可以满足其自尊心强的需求。

第三，能使秘书与领导的关系更加密切，工作配合更为默契。

由于秘书们从领导的工作、性格特点出发，小小的拾遗补阙发挥了大大的促进作用。章总的自尊与爱好得到满足之后，反过来也开始有意识地调整自己，从原先排斥秘书的提醒或责怪秘书不提醒，到主动在秘书们提供的多种场合、多种方式中，有意识地提升自己，也让自己的爱好变成工作的帮手。并且在一次与老外争论将要陷入僵局时，由于秘书的适当介入而顺利化解，也让一直以来心高气傲的他，从心里生出对秘书们的感激之情。

第四，为领导拾遗补阙虽然加大了秘书的工作量，但在给领导提供帮助的过程中，秘书也同时提升了自己。秘书为领导拾遗补阙，对整个工作能起到积极的促进作用。

在案例中，章总最后一句"书到用时方恨少"，既是对自己的反省，也是对秘书努力的最好奖励。秘书们没有简单地对待自己的工作，而是煞费苦心，在尊重与理解中想出恰当的与领导相处的方式。这看起来是秘书帮助领导，其实也是秘书们自己在提高自己。章总最后和秘书们成为朋友，并且作出计划，要把这几个秘书分批送到重点高校去读研。可见，秘书在工作中的努力和付出，不仅促进了工作的提高，而且使自身的职业生涯得到了发展，这是一个双赢的结果。

【案例二】

总裁的私事

小郑是北京海众公司总裁秘书。这天下午，区石化公司的余总打电话来找洪总。小郑知道，洪总与余总是研究生同班同学，关系很好。不巧，当时洪总正在区里汇报工作。见小郑一时联系不上洪总，余总就说，昨晚他们导师的夫人突然去世，他想约洪总明天一早去看望导师。他对小郑说："你们老板回来后，你赶紧告诉他，让他给我回个话！"因为关系好，所以余总说话也比较随便："另外，看导师的时候，多少要送点钱表示一下心意。我俩最好送得一样多，你问问他送多少合适，回头告诉我。"

下班前洪总回到办公室，小郑马上将余总来电的意思告诉洪总。

"你说送多少钱比较合适？明天还要不要带什么别的东西去？"不知是这突如其来的噩耗让洪总不知所措，还是洪总对这一方面的人情世故的确不太熟悉，他反过来问小郑。

小郑没有想过这些问题，所以只好摇头。当然，她也看到洪总眼里微微的不悦。

（选自谭一平《我是职业秘书》，略有改写）

【问题思考】

关于秘书参谋职能的发挥，能否在众多的事情中画定明确的界线，以规定哪些事秘书需要介入，哪些事无须介入？如果不能画定这样的界线，秘书应如何更好地发挥参谋职能呢？

【案例分析及参考要点】

说起秘书的参谋职能，人们往往想起买卖合同，想起你来我往、各不相让的商业谈判，想起贸易洽谈会、产品发布会、售后服务会等。其实，不仅在隆重的业务活动或严肃的机关办公中，即使在一般日常事务，甚至领导的私人事务中，也到处都有参谋作用的用武之地。在本案例里，总裁计划去看自己的导师、送葬礼的礼金，这些都是不折不扣的私事。不过，如果这些私事处理得不好，就会影响到公事。在这个意义上说，领导的私事也应该成为秘书人员的分内事。

学生看望导师、吊唁师母，本是人之常情。但在本案例中，这个学生的身份并不单纯，对于秘书来说，他还是总裁。尴尬的是，秘书在总裁向其咨询礼金和其他相关礼仪性事务问题时卡了壳，也就是说在总裁需要参谋的时候秘书没有及时提供帮助。当然，小郑可以认为如果问我业务上、技术上的事情，我有回答你的义务和责任。现在你问我师母葬礼的礼金和礼仪，对不起，我不是礼仪专家！问题是，拿这些理由来为自己的无言开脱，理论上可以，现实中则不行。

秘书小郑接到余总的电话，余总说要问洪总送多少礼金合适，两人最好送一样多，实际上已经表示了他很在意送礼金这件事，但并不熟悉这方面的细节。小郑放下电话，应该自问，如果自己对此一无所知，就要向同事或亲戚朋友打听。

小郑对这些都缺乏敏感，等于说她对自己服务的上司的事情并不十分在意。所以，洪总的不满之色自然就流露出来了。

【案例三】

不明白的小柔

小柔是北京某公司总裁秘书。按照昨天下午下班之前定下的日程安排，总裁要在今天上午九点三十分到十点三十分与甲公司总裁商谈新产品开发事宜，十点四十分到十二点与乙公司总裁商谈产品代销问题。十点三十分，乙公司总裁准时到达，但总裁与甲公司总裁谈兴正酣，从足球到汽车，天南海北神侃。小柔利用倒水的机会，提醒总裁说乙公司总裁已到，但总裁似乎一点反应也没有。又等了一会儿，乙公司总裁有些不耐烦了。小柔再次进入办公室，这次她递给总裁一张纸条，上面写着："乙公司总裁有些不耐烦了，怎么办？"

但是总裁看过纸条，只皱了皱眉头，便又与甲公司总裁继续聊起来，小柔只好悻悻退出。

她不明白，总裁为什么会这样？

【问题思考】

领导决策环境包括哪些方面？秘书的参谋、辅助作用，如何从为领导提供和改善决策环境开始？

【案例分析及参考要点】

出现这种情况，肯定是总裁临时有了新的安排，只是不便明说罢了。小柔第一次的提醒是应该的，第二次再提醒就不恰当了，实际是让领导为难。领导的谈兴正浓，不顾及时间，自然有他的用意，这时候也就不可能理会你"怎么办"之类的问题。

在日益激烈的市场竞争环境下，企业领导所承受的压力越来越大。因此，秘书应该努力为领导提供尽可能宽松的决策环境。领导所需的决策环境分"硬环境"与"软环境"两种。所谓"硬环境"是指办公环境做到整洁、舒适，不受外界干扰，以保持良好的心态。"软环境"是指领导在决策过程中要有准确、全面、及时的信息支持，以保证其作出科学、正确的决断。像本案例中总裁不能按时赴约，秘书应该设法稳住乙公司总裁，为总裁争取时间，而不是给他压力。

秘书不能碰到问题就全盘推给上司，那等于是颠倒彼此的分工，把领导当成自己的秘书了。

所以，秘书的一言一行要真正发挥其工作中的参谋、辅助作用，不能让领导感到"为难"。秘书给领导的"为难"多了，领导最终可能也就会来"为难"你！

（参考了谭一平《我是职业秘书》）

【案例四】

了解新技术的秘书小琳

小琳是北京某机械公司总裁办的秘书。由于近年机械行业竞争激烈，利润微薄，公司打算开发纳米技术产品以形成新的利润增长点。一天，公司召开临时董事会，讨论纳米产品项目的问题。由于与会董事大都是从事机械产品的研发和生产的，对纳米技术了解得不多，所以尽管技术总监用原子、电子负荷等原理加以解释，大家还是听得云里雾里。眼看会议陷入僵局，总裁有些坐不住了。

这时，坐在总裁身后做会议记录的小琳轻声请示总裁，能否允许自己为大家讲解。总裁马上点头。于是小琳用通俗的语言讲解了什么叫纳米、纳米技术的功效、纳米技术的应用等，使会议达到了预期目的。

会议结束时，总裁宣布，由小琳负责整个纳米技术产品项目的协调工作。

（选自谭一平《我是职业秘书》，略有改写）

【问题思考】

从事务型秘书向参谋型秘书角色转变，是一个需要长期积累而一朝薄发的过程。如果你现在还是一名事务型秘书，你该如何为自己制定职业规划，从哪些方面入手，为将来的职业转型创造条件、未雨绸缪呢？

【案例分析及参考要点】

在本案例中，小琳的表现让总裁和董事们都刮目相看，十分满意，但对小琳来说是厚积薄发。平时她也只是做些接听电话、打印文件、上传下达的"杂"活，但她一点都不抱怨，因为她认为一个人如果连"杂"都打不好，领导是不可能对自己委予重任的。从小琳的专业出身我们也可以猜想到，对于纳米技术，她原本也并不了解，只是认为自己应该了解更多与公司业务相关的知识。在技术总监递来的一份开发纳米产品的可行性报告中，她接触到了纳米技术。凭着对本职工作的热忱和对新事物的敏感，她预感到公司有可能开发这种产品。于是，她千方百计地留意和收集这方面的材料。一段时间后，小琳积累了较多纳米技术方面的知识，最终在关键时刻发挥作用，成为协调项目的不二人选。

有人打比方说，总裁管理和经营一家公司，就仿佛一名音乐指挥在指挥一场交响音乐会，公司每一个员工，就像乐手，围绕着指挥完成自己声部的工作。将这个比喻和本案例结合起来，可以看到，小琳在关键时刻从一个事务型秘书向参谋型、辅助型秘书的角色转变，使得总裁指挥的一场交响音乐会获得了预期的成功。总裁与秘书，完成了一次类似指挥与乐手的精彩配合！

【案例五】

领导的引荐

小琼是天津某软件公司总裁秘书。这天，总裁正召集会议，公司财务部许总给小琼打来电话："你好，小琼，我是许杰。"

"许总，您好！"

"大老板（指总裁）明天有空吗？北京星河证券公司罗总来访，一起吃顿饭。"

"老板正在开会，等散会后问问他的意思，回头再打电话给您，您看可以吗？"

"好的，谢谢！"对方挂断电话。

散会后，小琼马上把财务部许总的意思告诉总裁。总裁想了一会儿，问小琼："你看我有必要见这个罗总吗？"

小琼没想到总裁会这样问自己，一时不知道怎样回答才好。她看到总裁的眼睛里露出些许失望的神色。

（选自谭一平《我是职业秘书》，略有改写）

【问题思考】

如果你作为秘书，现在正处于小琼的位置，你怎样才可以做得比她更好呢？

【案例分析及参考要点】

从一般秘书的角度来看，小琼并没有失职，她如实转达了电话内容，她的任务似乎已经完成了。但从秘书作为上司的参谋、助手与辅助者的角度来看，小琼做得还远远不够。

所谓参谋、助手与辅助者，主要是指秘书参与领导决策及决策实施的运筹谋划活动。秘书既要参与决策活动，又要办理具体事务；既要认真仔细地做好办文、办会、办事等事务性工作，确保领导工作正常运行，又要做好信息调研、督促检查、综合协调等政务性工作，为领导决策及实施提供参谋辅助。

本案例中，对于有意造访的证券公司罗总，总裁并无想见的意思。总裁日理万机，时间宝贵。小琼作为总裁秘书，应该了解。她不应该仅仅满足于将有关信息传递到位，而是应该主动了解客人的背景情况，判断是否有向总裁转达这个电话的必要。认为应该转达的话，也会在向总裁汇报时，成竹在胸。从另一个层面讲，了解客人情况，掌握更多的相关信息，对自己是一个积累素材的过程。天长日久，积累的素材多了，可以提高自己的业务水平。功夫是不会白费的。

一件安排领导约会的事情，看起来简单，但在一个成熟的秘书眼里，就不是一件简单的事，因为这涉及秘书参谋作用的发挥。只有在参谋职能的发挥中，才更能体现出秘书工作的意义。

令人遗憾的是，在现实生活中，像本案例中小琼这样的秘书不在少数。这就更需要我们细细咀嚼这一案例所蕴含的深刻意义。

有人说，一名优秀的秘书应该像一名优秀的棋手，不仅要看到下一步棋，还要看到第二步、第三步，甚至更远。比对手多看一步，就可以为自己赢得先机。在秘书工作中，何尝不是如此？

【案例六】

领导盛怒之下的决定

新星公司张总经理收到一封非常无礼的来信，信是一家平时交往很深的协作单位的厂长写来的。总经理怒气冲冲地把秘书叫到自己的办公室，让他记录自己口述的回信：“我实在没有料到会收到这样一封来信，尽管我们之间已有那么长时间的往来，但事到如今，我不得不中止我们之间的往来，并且按照惯例，我要将此事公布于众。”总经理命令秘书立即将信写好寄出。

【问题思考】

也许，在正常状态下，你会是一个合格的参谋型秘书。但是在非正常状态下，如本案例中领导震怒的情况下，你履行参谋的职责将变得困难，你还能做好吗？

【案例分析及参考要点】

协作单位的厂长写来一封无礼的信，惹恼了总经理，一怒之下，总经理口授一封信予以回击。本案例情节简单，一句话就可以说完。但仔细分析起来，对于这位总经理的命令，秘书至少可以采取以下三种反应：

第一，“是，马上办理”说完，秘书回到自己的办公室，立即将信写好寄出。

可以认为，这是一种最自然、最普遍的反应。对方来信，惹恼的是总经理，口授回信的也是总经理，秘书的工作最简单，只要记录下来，将信发出去，就算完成任务了。但是，这也可能是对自己公司、对自己领导伤害最大的一种反应！协作单位厂长固然不冷静，但如果将信发出，等于是火上浇油，使矛盾变得更加尖锐，这也是一种不理智的行为。长期的协作单位变成仇人，后果可能是两败俱伤。表面看起来，这样的秘书很听话，但实际上其并不具备做一名合格秘书的资格。

第二，秘书不仅没有退下去抄写，反而直言相劝：“总经理，请您三思，给对方回这样的信，后果将不堪设想。在这个问题上，难道我们自己没有需要反省的地方吗？”

　　秘书这一番话讲起来理直气壮，听起来十分正确。但是在当时情况下，总经理正在气头上，这些话听起来无异于句句批评。的确，这个秘书很理智，话的内容也正确，但时机并不恰当。不要说协作单位先无理于总经理，就算总经理完全无理，你强行进谏想让总经理改变主意，其实也是不可能的，往往是好心办了坏事，而且越办越糟。如果当时在总经理的坚持之下将信寄出去了，等总经理冷静下来，想到这封信可能引起的后果，最后很可能还得怪罪秘书。

　　第三，当天下午快下班的时候，秘书将抄写好的信递给已消了气、心平气和的总经理，问："总经理，这封信可以寄出吗？"

　　第三种反应结合了第一种反应的好处：秘书作为总经理的助手和下属，对总经理绝对服从；也以另一种更委婉的方式表达了第二种反应的意见，而且效果更好。这样做实际上是给了领导第二次作决定的机会，所以这一种反应在三种可能的反应里是最妥当的。这时候，总经理恢复了理智，秘书的不同意见才能被他接纳，他也会对自己之前的行为进行反思。如果他对自己此前的决定反悔了，那么最好，信还没有寄出去，没有造成不可逆转的后果。如果他还是坚持自己此前的决定，那也是他在深思熟虑之后的想法，这时赶快把信寄出去为时也并不晚。

【案例七】

未雨绸缪的秘书小辛

　　"铃……铃……"在小辛快要下班的时候，办公室响起一阵急促的电话铃声，小辛连忙在电话铃响第三声的时候拿起电话，原来是区卫生局打来的。卫生局急需一份本区辖内所有幼儿园的清单，要选出条件成熟的幼儿园以迎接省"创卫"检查小组的检查。

　　卫生局的同志告诉小辛这项工作很紧急，希望教育局配合和支持，尽量在5点半前将名单传真给卫生局。

　　办公室主任知道后，非常着急："小辛啊，在半个钟头内把全区三百多家幼儿园汇总输入电脑打印出来，这根本是不可能完成的任务，可能要加班，明天才能传给卫生局，你得向他们说明情况。"

　　已经打开电脑开始工作的小辛听到主任的话，信誓旦旦地说："放心吧，主任，我能在半小时内把清单列出来，我之前已经做过相关的录入工作了。"主任松了一口气，拍拍小辛的肩膀，赞赏地看着小辛："好你个家伙，现在也懂得未雨绸缪，进步不小啊！"

　　原来在两星期前，小辛做过一份全区中小学和幼儿园的统计表，录入电脑存了档，现在只要把幼儿园的那部分调出来，再按幼儿园的级别简单排序，就能传真给卫生局，供他们参考选出办学条件较好的幼儿园。果然，不出半个小时，小辛就把清单完成并传真给了卫生局。卫生局的同志直夸小辛办事效率高。

说到这份中小学和幼儿园的统计表，两星期前小辛还因此受到过领导的批评。做一份内容齐全的统计表着实是一项烦琐的工作。接到做表的任务时，主任对小辛说：这项工作不急，可以慢慢做。谁知办公室繁杂的事务很多，小辛竟然把做表的事情忘得一干二净。直到有天主任突然要用到中小学统计表，小辛交不出来，被主任狠狠批了一顿。

当晚，小辛通宵达旦，把主任需要的中小学统计表赶制出来。当时小辛想到可能以后也会用到幼儿园统计表，于是一起制作出来，存在电脑里备用。没想到今天真的派上用场，帮了主任和卫生局同志一个忙，也帮了自己一个忙。

小辛想：以后无论什么工作，都不能"慢慢做"，要走在事情的前头，未雨绸缪，做足准备，这才是好秘书应该想到和做到的。

【问题思考】

有人说秘书工作千篇一律，容易枯燥乏味。如果你觉得今天做的是和昨天一样的工作，真的有"千篇一律"的感觉，那么从明天开始，你不妨尝试着将同一份工作尽可能用不同的方法去做，比以前做得"多一点""快半步"，你也许会对你所从事的工作多一份别样的感受。你能说说这是为什么吗？

【案例分析及参考要点】

在本案例里，重点讲的是秘书小辛平时工作主动，未雨绸缪，遇到紧急关头，顺利化解困难，完成任务。但是，在此之前，小辛也有过前面几个案例的情况，即由于工作欠主动而受到严厉批评的状况。可贵的是，受到批评后，小辛及时总结经验，吸取教训，在工作中积极改进，终于得到领导的好评。

这说明，秘书从一般事务型向参谋型、助手型的转变，不是天生就会的，而是吃一堑长一智的结果。现在的小辛比以前多了一点考虑，主动进行资料的储备。而就是这个"多一点"，这个能使工作效果出色、受到领导表扬的"多一点"，其实十分简单；而在工作被动、受到领导批评的情况下，要达到这个"多一点"的觉悟、"多一点"的效果，却又是那么艰难！

一位哲人曾经说过，在现实生活中，如果你永远和其他人迈同样的步子，你就永远不会走到别人前面去，而如果你总是比别人快一步，你又永远得不到别人的理解和赞同——你需要比别人快半步，不太快也不太慢，才能既领先于别人又能得到别人的理解和赞同。秘书工作中的"多一点"，其实就是这句生活感言中的"快半步"。掌握好事业的节奏，秘书工作会让你获得得于心、应于手的快乐！

【案例八】

小蚊香大效益

在市场竞争日益激烈的今天，在社会经济低迷等各种各样因素的影响下，原已不太景气的日用产品销售市场再度陷入危机。目前，百货公司正面临一场重大的考验，在这种困难情况下要提高公司的营业额，似乎不是一件容易办到的事情。

小叶在某百货公司当秘书已四年，她是一个聪明能干的好秘书。

这天上午，百货公司召开了一次紧急会议，参加会议的人员有公司总经理、秘书小叶及各部门主管人员。会议的主题是：如何在逆境中寻求新出路，使日用产品在市场上占有一席之地，并尽最大可能地提高公司的营业额。

在会议过程中，小叶把各部门主管人员的意见与建议都详细记录下来。会议过后，她马上整理资料，并把资料打印好送到总经理处审查。经过仔细审查后，总经理认为这些材料缺乏全面性，而且不够详细，要求小叶以最快速度做好一份真正能提高公司营业额的具体方案来。

作为秘书的小叶，运用她广博的知识、精通市场营销的手法，在脑海中已有了新的构思。

首先，小叶与下级人员一起，查找出相关的资料，对日用产品的市场需求量进行了比较，针对公司当前的形势，找出了一项适合公司发展的对策。各方面的资料显示，蚊香是一项投资小而利润高的经营项目，这一想法的可行性很快得到证实。

接着，小叶对这种产品的需求量进行了预测。预测过程如下：

（1）预测课题的提出。前年，批发部供应本地区蚊香水 345 万盒，去年增至 395 万盒，比前年增长 14.5%，但仍供不应求，郊县缺货尤为严重。今年，本批发部究竟应购进多少蚊香？应何时投放市场？

（2）调查分析。小叶安排批发部专门人员，广泛搜集资料，取得了三方面重要信息：一是蚊子多（具体内容略）；二是来势早（具体内容略）；三是蚊香需求增加（具体内容略）。

（3）预测。在掌握以上信息的基础上，小叶分析了近四年的蚊香批发销售情况，以定性和定量相结合的方式，对本地区今年的蚊香批发销售量进行了预测，并发现了以下问题：去年末，各零售店蚊香库存很少，按前年的生产水平，本地区所产蚊香只能满足市场需求的 80%，而本地区消费者不大喜欢外地产品（当时情况）。因此，必须解决供给不足的问题，而且必须将投放时间适当提前。

资料收集完了，小叶马上把它整理出来，附上自己的建议一起送到总经理处，并作了必要的补充与说明，以帮助经理作出相应的决策。

结果，最后的实际销售统计资料表明：在这一块钱一盒的蚊香经营中，百货公司赚了 200 万元的利润，大大地提高了公司的营业额。

【问题思考】

本案例讲的是一个"营销"秘书的出色工作。所谓"营销"，是一个广义的概念，包括了我们一般所谓的秘书的日常工作、秘书的事务和人际关系协调，甚至包括如何将自己推销出去，让上级和同事接受自己、欣赏自己。面对这样一专多能的秘书参谋工作的机遇和挑战，你准备好了吗？

【案例分析及参考要点】

这个案例和前面的几个案例有所不同。不同在哪里呢？秘书要从一般事务型向参谋型转变，不等于说在一般事务中不需要秘书的参谋、辅助作用，这一点在前面几个案例中已经得到充分的说明。本案例中，秘书的参谋、辅助作用还需要与这个岗位相适应的通才与专才。秘书的参谋、辅助功能是无处不在的。

本案例中的秘书小叶，就是一个营销岗位上的好参谋。她既是秘书，又是一个对市场营销具有清晰概念和操作能力的营销专家。她深知，市场是一个受多变量、多因素共同制约的复合体。对于企业而言，这些变量、因素可分为两类：一类是可控制因素，另一类是不可控制因素。可控制因素是指企业为达到市场营销目标，满足市场需求所采取的营销策略；不可控制因素则是所谓市场营销环境，它包括人口经济因素、消费者购买行为因素等。小叶首先从对这些不可控制因素的调查、研究入手，组织批发部专人专门调查小组，有步骤地进行有关调查、研究工作。在大量有效信息的基础上，结合前几年本地区的营销实际情况和本地区特殊的风土人情、消费习惯，找到蚊香产品这一突破口。由于调查、研究功夫过硬，突破口选得准，最终的事实也证明，小小的不起眼的蚊香也可以立大功，为企业的生存、发展作出贡献。

这一案例还启示我们，秘书需要有很强的办事能力，在处理好种种烦琐事情之余，还要懂得处理难度较高的专业事务。现代社会对秘书人员提出了比过去更高的要求，要适应这种要求，秘书应具有广博的知识，并且要熟悉所从事行业的专业知识。现代科学技术的高速发展，使科学出现高度分化与高度综合的辩证统一现象。

此外，工作中还应注意处理其中的人际关系，因为那是做好一切工作的前提与基础。小叶固然是一匹千里马，但仍然需要伯乐的赏识。她的才能是无可否认的，但她的上司是否有足够的气度容许自己的下属胜过自己呢？这就要看小叶是如何处理与上级的关系了。她的上司能把这么艰巨的任务交给她，而且信任她的办事能力，同意她的想法与建议，便足以证明她与上级的关系相当不错。"水能载舟，亦能覆舟。"上下级关系若处理得不好，事情也做不好。小叶能在短短的时间内完成领导交办的任务，有赖于同事们的支持与帮助，所以说，无论是能力多强的人，如果人际关系处理不好，工作是很难开展的。小叶既是一位秘书、一位营销专才，也是一位出色的事务协调者、人际关系协调者。可以说，她的秘书参谋作用是建立在一专多能基础上的。

第六章　保密工作

第一节　基本知识与基本原理

一、保密工作的含义

（一）秘密、保密和保密工作的概念及关系

秘密是指组织或个人为保护自身的利益和安全，在一定时间内只限一定范围的人员知悉的事项。

把秘密人为地隐蔽、保护起来，将其控制在一定的时间和范围之内，使之不外泄、不丢失，称为保密。

保密工作就是组织及其成员为保守秘密所采取的手段和措施。如宣传教育，增强保密观念；保密立法；研制、开发和应用先进的防窃密、泄密的技术设备等。

秘密、保密和保密工作既有区别，也有联系。秘密指的是客观的"事"，保密指的是主观的"行为"，而保密工作指的是保密行为的"方式"。

（二）秘密的类别

（1）从秘密的性质可分为：国家秘密、组织内部秘密、商业秘密、个人秘密。

（2）从秘密的存在方式可分为：有形秘密、无形秘密。

（3）从秘密的形态可分为：原始秘密、再生秘密。

（4）从秘密的内容可分为：政治秘密、军事秘密、经济秘密、科技秘密、涉外秘密等。

（三）　秘密的等级和期限

绝密。这是国家秘密的核心部分。一旦泄密，就会使国家的安全和利益受到严重损害和重大损失。绝密期限不超过 30 年。

机密。重要的国家秘密。泄露后会使国家的安全和利益受到较大的危害和损失。机密期限不超过 20 年。

秘密。一般的国家秘密。一旦泄露，会使国家的安全和利益受到一定的危害和损失。秘密期限不超过10年。

二、秘书与保密工作

（一）秘书与保密工作的关系

秘书活动的性质，使秘书工作与其他工作比起来有着更鲜明的秘密性，从某种意义上来说，秘书部门、秘书人员有时就是机要部门、机要人员。因此，秘书工作与保密工作有着十分密切的关系。这表现在：

1. 知密时间早

组织内部的很多事情大都是集体讨论的结果，即使是一些如制定重大决策的带有秘密性的会议，出席范围虽有严格的控制，但一般情况下都会有秘书到场做记录，而一份秘密电文的撰拟和办理，一起重要人事的任免等有关组织的大小事项，大都有秘书的参与，而秘密文件的传递，也大都先经秘书之手。因此，秘书知秘时间最早。

2. 知密内容多

作为领导身边的助手，秘书工作的范围几乎涉及组织的各个方面，而他们所接触的也大都是领导和决策人物，领导议论的事情，大到思考、酝酿中的方案，小到组织基层的人事、生产等机密，有时甚至是决策的出台过程，领导的分歧等，大多都知悉，所了解的秘密内容和范围非常广泛。

3. 知密的程度高

在组织中，秘密文件一般都是由秘书清点保管，所以秘书不但知悉一般秘密的内容，也接触到高密级的党和国家以及单位组织的核心秘密。尤其是机要部门的秘书及高级领导人的个人秘书，他们更是直接处理秘密事项，因而知悉的秘密程度也更高。

（二）秘书保密工作的内容

1. 文件保密

包括秘密文件、资料、图表以及密码、密码电报及传真等。

文件产生。秘密文件在酝酿、拟稿、讨论、定稿等过程中，要注意严加保密，确定密级和保密期限，并在规定或适当的地方作出明显的识别标志；适当控制参与人数等。

文件缮校和印刷。密件校对印刷必须实行专人负责制，批量印刷应到指定的专门印刷厂，由专人监印，并严格按批准的份数印制，不得擅自多印多留。印制后，原稿及清样等必须妥善保存；绝密文件应尽量减少接触人员；复印文件必须履行审批手续。

文件传递。密件应通过机要交通或派专人专程传递，减少中间环节。传递时，信封上必须标明密级并加盖密封章。传递秘密文件，必须使用保密电话和有加密装置的传真机、计算机，绝密件不得用传真机和计算机传输。

文件管理。秘密文件要由专人专管，并放在有保障的文件柜或保密室，不得将密件带回家；外出工作确需携带要经领导批准并采取相应的安全措施。

2. 会议保密

（1）会前主要的保密工作。

会议地点选择。秘密会议应选择具备保密条件或相对隐蔽的地方进行，不能对外公开。会议的场地必须有良好的隔音和屏蔽效果，避免声音和信号外泄。

器材管理检查。对会场的扩音、录音设备、电话机、计算机等必须先行进行保密检查，并派专人管理，对使用痕迹及时予以删除。会场内严禁使用无线话筒。与会人员不得携带手机等移动通信工具进入会场。

人员管理。秘密会议要严格控制与会人员。并在会前对有关人员予以资格审查及进行严格的保密纪律教育。

信息管理。有关会议的信息，如会议的时间（包括开始和结束的时间）、议题、议程、日程安排，会议的出席者、列席者和工作人员，会议的具体活动、讲话、发言和反应等，在未正式公开之前，不得泄露。

（2）会中主要的保密工作。

严格出入场检查制度。与会者必须携带证件，否则不得入场。

领导在秘密会议上的讲话，未经批准，不得录音、录像，准许录音、录像的，磁带要同文件一样严加管理。对于其他与会议内容有关的录音、录像、摄影和通信设备等也应妥善保管。

（3）会后主要的保密工作。

清场。会议结束后，秘书应组织有关人员立即做好清场工作。清场的重点有两个地方：会场和与会者住宿的房间。应细致检查有无遗留的文件、笔记本以及其他可能造成泄密的物品和痕迹，有关的废纸要作粉碎性处理。

文件清退。如数收回会议期间下发的文件。不得由与会人员自行携带。借出和需保留的文件，及时归还和归档。

器材检查。在会议结束后，秘书在归还有关的器材之前，一定要对其再作认真检查，确保器材上没有会议信息痕迹的留存。

3. 宣传报道保密

宣传报道包括报纸、刊物、图书、广播、影视、展览等，它涉及的内容非常广泛，传播速度很快。对外宣传报道时一定要谨慎行事，对国家的一些必须在公共场合（如消息发表会）和公开媒体（包括计算机网站）发布、发表的信息，如有涉及国家秘密、组织秘密（包括商业秘密）的，应先交有关保密工作部门进行保密审查，必要时先作保密技术处理。

4．科技合作交流保密

在对外科技交流中，要坚持平等互利、有偿转让、保证专利等原则。在技术、学术交流中，在必要的情况下，经有关部门审查批准，可以用非核心秘密来进行交流与合作。而对于核心秘密，则应严加防守。科技保密项目需要交流合作的，需经国家有关部门批准。

5．对外贸易保密

在对外贸易中，一些人总有意无意地利用洽谈生意的机会，企图窃取我国有价值的情报，如我国内部鼓励出口的具体政策，属内部掌握的具体计划，进出口商品的价格底盘，出口商品的换汇成本、库存量，独有产品配方，关键性工艺等，对此，秘书在接待、陪同外商或外宾参观访问时，一定得"守口如瓶"。参观的范围、路线和项目等应按事先决定执行，更不允许利用职权和工作之便牟取私利。

6．通信保密

对外通信方面的保密工作，首先应注意对通信线路和设备采取防窃听措施，对进口的通信设备，使用前应进行严格的安全保密检查。其次，向国外打电话、拍电报、发信件以及投寄论文、学术资料等，要注意不要涉及秘密事项。再次，发往我国驻外使馆、机构的内部函件，不得通过普通邮局投寄，应通过内部信使或内部交通机构递送。在对外函件中，不得暴露我国驻外一些秘密机关和干部的名单。另外，在传真机上传送密件时，应注意在安全的环境下进行，完成操作后，应及时取回原件，对有图像记忆功能的传真机，要即时删除图像。

7．计算机保密

计算机的保密防范的主要措施：一是使用低辐射计算机设备。这些设备在设计和生产时，已对可能产生信息辐射的元器件及部位等采取了防辐射措施，这是防止计算机辐射泄密的根本措施。二是屏蔽或干扰。对计算机机房或主机内部件加以屏蔽或采用电磁辐射干扰器，防止电磁辐射造成信号泄密。三是对联网泄密的技术防范。最简单的方法是将信息加密存储，或者可采用口令和使用磁性卡片、指纹、声音、视网膜图像等方法对用户身份进行鉴别，还可以通过监视报警的方法，详细跟踪记录网络内合法用户工作情况，追寻非法用户的下落。

8．人员流动与商业秘密保密

在市场经济条件下，人才的流动不可避免。职工跳槽时"顺手牵羊"带走企业商业秘密，这类案件时有发生。其防止措施是：加强对知密技术人员的教育和管理，对有关人员实行特殊薪酬政策、辞职先待岗等，保护好组织的商业秘密。

第二节　案例与分析

【案例一】

漠视法规终酿恶果

2015 年年底，国家某部在 A 省召开了一次全国工作会议，A 省各市相关部门各派一名负责计算机软件管理工作的业务骨干参加。由于会议涉及全国一项重大改革方案的实施，因此会议所有的材料都是涉密而且是绝密级的，严禁复制、录音和抄录，并要求会后全部收回。

小王是 A 省某市派来的业务骨干，他精通业务，聪明能干，工作上成绩突出，被单位提拔为中层干部。小王对自己能参加这次工作会议倍感兴奋，并暗下决心要好好领会会议精神，做好相关传达工作，不辜负单位对他的期望。但由于会议涉及面广，工作量大，业务复杂，他担心自己不能胜任。情急之下，他想出了一个办法：悄悄地把会议的材料抄录下来，自认为只要小心，不被人发现，应该不会出什么问题。为了保证不遗漏会议内容，他找了一个相熟的同行小曾，两人一人摘抄一半，然后汇总整理。

两人汇总整理完就回到单位，第一时间向单位的主要领导作了详细汇报。领导指示：立即按照绝密级标准做好该文件材料的保密管理工作并及时召开会议进行部署。然而就在这时，一件麻烦事缠上了小王。原来，一直与小王有业务往来的北京某软件公司，获悉小王参加了这次全国工作会议，并有相关资料带回来。预感到会议将对自己的业务和利益产生重大影响，于是请求小王将会议材料借给他们看看，以便了解会议精神和各方动向，好让公司早做业务上的安排部署，从而在市场上占得先机。小王知道这份绝密级的文件不能外传，但由于业务上的利益关系，同时经不起对方的软磨硬泡，只好在对方保证严守秘密的承诺后，通过互联网将材料发送给该软件公司。没想到，一名黑客通过互联网从软件公司盗走了该绝密文件，并在网站上予以公布，造成严重的泄密后果。

公安部对此作出指示，要求 A 省公安厅立案侦查，并对有关人员作出严肃处理。

结果，小王受到了撤销职务、留党察看两年的处分。

【问题思考】

作为秘书的小王为什么会违反保密规定？他应该从这起事件中吸取什么教训？

【案例分析及参考要点】

小王本来是单位里有前途的年轻干部，却因为思想上的松懈，漠视法纪，终于酿成泄密事故，造成严重的后果，自己也受到了处分。这次事件给我们的警示：一是不得漠视保密法规法纪。保守党和国家的秘密是每个公民应尽的责任和义务，何况是秘书职业。小王作为单位的骨干，更应该具有保密的法律意识和责任意识。《中共中央保密委员会关于党政领导干部保密工作责任制的规定》（中保发〔1997〕3号）专门对此作出了相关规定。其中，第三条规定："不得擅自或指使他人复制、摘抄、销毁或私自留存带有密级的文件、资料。""不在非保密笔记本或未采取保密措施的电子信息设备中记录、传输和储存党和国家秘密事项。"但小王罔顾法律法规，知法犯法，最终咎由自取。二是切忌存有侥幸心理。小王仗着自己是单位里的业务骨干，技术熟练，以为可以神不知鬼不觉地拿走资料，可以瞒天过海。在软件公司提出借阅保密文件资料时，小王又一次抱着侥幸心理，明知道这是绝密级文件资料，却轻信对方能做好保密的承诺，而违法提供绝密文件资料。三是对于错误要及时纠正，设法弥补，绝不可一错再错，从而陷入深渊不能自拔。在这起事件中，小王先是在认识上出了问题，只想着把这次任务完成好，在领导面前表现自己的能力，为此，即使违法违纪也在所不惜。接着又将涉密资料传给不能涉密人，更是错上加错，终于造成了泄密的恶果。

本案例再一次提醒从事保密工作的秘书和相关工作人员：保密工作绝不能放松警惕，更不可玩忽职守；绝不能抱有侥幸心理，铤而走险；绝不能明知故犯，一错再错。否则，不但会损害国家、社会和单位的利益，而且自己最终也逃脱不了法律的惩罚。

【案例二】

糊涂的代价

老袁是山西某军工厂有着四十多年工龄的骨干工程技术人员，为人勤劳肯干，敬岗爱业，受到大家一致好评。由于工厂改制，规定可以提前5年退休。眼看着自己就要年满55岁了，老袁准备平稳度过这段时间。

一天，老袁闲着没事，就清理起自己以前的文件。这时接到了一个电话，是外地兄弟厂的老陈打过来的，说正在整理某军品的制造标准，希望老袁务必提供一些相关资料做参考。老袁和老陈是多年的老相识，平日业务往来也频繁，交情很深。老袁想着怎么也得帮帮老朋友，便马上放下手头的工作去帮老陈找资料。老袁本想先找领导办个手续，但一时没找到，便直接去档案处找到管理科技档案的小李请求帮忙。小李也是老袁的老熟人，没有让他办理手续，找到资料后复印了三份，没有登记就让老袁带走了。拿到资料后，老袁找到收发室当值的李师傅，由于是老同事，一番说笑后，李师傅没按照规定检查老袁要寄出的东西，便当成普通邮件寄出去了。这件事办得妥妥当当、顺风顺水，老袁心里很是高兴。

没想到几天之后，厂长接到了市里安全部门的电话。原来老袁寄出的资料被市保密局扣留，并被鉴定为机密级国家秘密。为把事情弄清楚，避免不必要的损失，市里要求彻底查清楚老袁寄出资料的动机，接收方是什么人，背景如何。在接下来的两个月时间里，老袁写检查、谈情况、接受批评处分、配合调查，最后总算弄清楚了事情始末。根据相关规定，厂里决定给予老袁行政记过处分和一定数额的罚款，其余人员也受到了应有的处罚。

眼看着自己就要平稳过渡到退休的老袁，这回真是苦果自尝，懊悔不已！

【问题思考】

老袁在什么环节上的"疏忽"导致事件的发生？案例告诉我们在工作中应该注意什么？

【案例分析及参考要点】

案例中的老袁是位老员工，一直以来都爱岗敬业，恪尽职守，人缘好。但就是这么一位一直有着良好表现的老同志，在即将"功德圆满"之际，因为糊涂，给自己的工作生涯留下"污点"。究其原因，主要有以下几点：一是法律法纪意识淡薄。《中华人民共和国保守国家秘密法》第三章第二十四条明确规定："不准在私人交往和通信中泄露国家秘密。"第二十五条规定："不准通过普通邮政传递属于国家秘密的文件、资料和其他物品。"老袁在军工企业工作多年，应该非常熟悉关于保密的各项规定，但是一碰到老熟人、老相识，热心肠的老袁就将国家法律法规置于一旁，不按规定程序办事，完全不考虑这样处理事情的后果，就是因为法律意识淡薄，以致犯了错误。二是单位管理混乱，相关制度得不到贯彻落实。细看该事件始末，虽然主角老袁犯了错误，但相关人员也负有责任。管理档案的小李就因为工作上常和老袁打交道，见是熟人就没有要求履行必要的手续，没有问清楚因由就予以复印，复印完也没有登记；收发室的李师傅，也因为和老袁熟悉，没有对老袁要寄出的东西进行检查，并且以普通邮件方式将资料寄出。《中共中央保密委员会办公室、国家保密局关于国家秘密载体保密管理的规定》中明确规定："传递秘密载体，应当通过机要交通、机要通信或者指派专人进行，不得通过普通邮政或非邮政渠道传递。"正是由于工作人员思想上法律意识淡薄，漠视管理制度，导致该事件的发生。老袁和厂里的分管领导及相关工作人员分别受到通报批评、下岗培训、行政警告和罚款的处理。这个案例告诉我们，法律是刚性的，规章制度是法律的体现，是在实践中形成的，用经验和教训换来的，因此任何单位和个人，都必须严格遵守，切实履行，才能防微杜渐，有效防止泄密事件的发生。三是过分看重人际关系。良好的人际关系有利于交流和沟通，是为工作顺利进行和事业成功奠定良好基础的重要因素，但过分看重人际关系甚至依赖人际关系，则是导致违法违纪违规事件发生的常见原因。案例中的老袁每到一个"关口"，都是利用熟人关系"简单、快捷处理"，没有严格照章办事，导致最后自酿苦果。

【案例三】

在法纪与利益前的选择

刘总是大道文化公司的 CEO，为适应多元化的市场经济发展，他准备拓宽公司业务并招聘部门负责人。在众多的应聘者中，刘总相中了曾任某机关接待处副处长的张东键。为了证实自己的看法，刘总决定出些"难题"考考他。其中有一道题是要张东键把在党校某高级研讨班的学习情况整理成一份材料。由于该题目有可能涉及国家秘密，当时也有人提醒刘总，刘总却固执地认为，不是如此高难度，怎么试得出张东键的真水平？

对于别人来说，这或许是个难题，但对于长期在机关摸爬滚打的张东键来说，这不是难事。刘总只要求了解情况，但张东键为了给新老板留下好印象，干脆一不做二不休，直接把与研讨班有关的材料都拿了过来。由于涉及研讨班学员的特殊身份和研讨内容前沿，这些材料均为机密级文件资料。张东键的做法果然奏效，赢得了刘总的称赞，但麻烦随之而来。出于好奇，刘总提出要借阅更多资料。这下张东键可苦了，因为老朋友再三交代：材料只能作为"道具"，用完马上归还。一番权衡之后，张东键咬咬牙，决定铤而走险：先完成刘总的任务，其他事情以后再说。刘总本来也只是出于好奇想了解一下有关情况，但看完材料后，觉得很重要，他的想法马上变了，要求秘书把材料复印并整理成一份内部参考。这件事本来进行得很隐秘，但没想到保密部门来了个"突然袭击"，没打招呼就来了。结果张东键朋友的问题一下子被查出来，由此牵出了张东键和刘总。最后，涉密材料被追回，张东键和他的朋友均受到严肃的行政处分，刘总则被追究了刑事责任。

【问题思考】

应该如何正确看待遵守保密规定与自身利益的关系？

【案例分析及参考要点】

这个案例具有一定的代表性，案例中的事件值得深思，也给从事相关保密管理工作的秘书以一定的启示。这个案例，还是前文提及的保密观念淡薄、保密意识缺失的问题。案例中的主角张东键，原本是机关接待处的领导干部，应该具有良好的政治素质和工作经验，但在机关工作时间长了，思想逐渐麻痹，加之对企业的向往，使他一心只想着谋取地位而不顾其他，把法规法纪和基本的原则都忘得一干二净，因此在面对国家秘密和个人利益时，他错误地选择了罔顾法纪和原则。

案例再一次提醒我们：在利益面前，无论诱惑有多大，都一定要坚持原则，坚守法律法规的底线，如果罔顾法纪，心存侥幸，最后碰壁的只会是自己。

【案例四】

不经意的泄密——互联网陷阱

张城是 A 市某局的副局长，专门负责该市某项工作，其内容大多涉密而且密级较高。省市有关部门和领导都非常重视，境内外敌对势力也一直在关注这方面的情报。

张城很清楚自己身上的责任，因此在执笔起草《A 市××年××工作安排意见》时十分谨慎。为了更好地完成任务，使文件内容全面而翔实，他希望得到更多的借鉴和参考资料。为此，张城多次上网搜寻资料，并在计算机上修改文稿。在网上查找资料时，不少网站提示只有注册成会员才有资格看全文，并且要在网上发表文章。不得已，张城只好挑了几篇不带密级的文章粘贴上去。由于对计算机操作不熟练，张城发送了好几次，也不知道是否成功。文稿完成修改后，张城再也没在网站浏览资料。

没想到，张城在操作过程中，误发了《A 市××年××工作安排意见》的初稿，但他一点都不知道。直到有人在网上看到了这篇文章，向省保密局举报，保密局来人调查时，张城还不明白这是怎么回事。省保密局接到举报后，立即召集相关处室负责人连夜开会，布置彻查。经过调查了解，将目标锁定在 A 市，并电传 A 市保密局。A 市市委市政府领导高度重视，迅速展开调查行动。张城看到那篇初稿，当场承认文章的作者是自己，但同时感到很困惑，自己明明没有在网上发表过，又怎么会泄密呢？在经过努力回忆和保密部门的分析后，张城才想起自己可能是因对电脑操作不当才犯下了大错。在悔恨交加及作出深刻检讨的同时，张城也受到了相应的处分。

【问题思考】

张城为什么会无意泄密？案例中的"互联网陷阱"是指什么？应该如何从中吸取教训？

【案例分析及参考要点】

张城的教训是非常深刻的。究其原因，还是保密意识的淡薄。虽然口头上常说"保守机密，慎之又慎""保密工作无小事"，但是在具体的工作上，往往被忽略了。张城虽然工作上兢兢业业，务求做到最好，但是在全身心投入文件撰写的过程中，多次在打开文稿的同时上网浏览材料，并为能得到更多的资料而注册成为会员，在网上发表文章。他忽视了一个重要的前提，就是无论做什么事情，都必须考虑到有没有违反保密工作的基本要求。《中共中央保密委员会关于党政领导干部保密工作责任制的规定》中明确指出："各级党政领导干部必须自觉接受保密监督……不在非保密笔记或未采取保密措施的电子信息设备中记录、传输和储存党和国家秘密事项。"

随着科技发展，办公自动化程度越来越高，网络传输的快捷方便，大大提高了办公效率，计算机成为必不可少的工具。现代办公设备的先进性，的确给工作带来了便利，但同时也对操作提出了更高要求。如果不能引起高度重视，操作不熟练或操作不当，就可能在不经意间犯下错误，从而带来不必要的损失。《计算机信息系统国际互联网保密管理规定》中明确指出："涉及国家秘密的计算机信息系统，不得直接或间接地与国际互联网或其他公共信息网络相连接，必须实行物理隔离。"一台保存有涉密内容的计算机既用于处理涉密信息又上网，而计算机又没有采取足够的安全防范措施，这是十分危险的。正如《关于严禁用涉密计算机上国际互联网的通知》所指出："……有些涉密人员至今还不懂得用涉密计算机上互联网的严重危害性，不知道用涉密计算机上互联网时，计算机内存储的涉密文件或资料有可能被窃取；有的涉密人员也懂得这些道理，但存在着侥幸心理或明知故犯。"张城的行为就是这样，计算机连接互联网，竟未采取任何保密防范措施，而且启动了远程邀请协议，为泄密"设下"了一个严重的漏洞。这值得我们好好地总结和反思。

【案例五】

"晚节不保"悔已晚

老黎是省委政策研究室的文化研究处处长，被誉为室里的笔杆子，眼看就要退休了，却在关键时刻犯了个大错误。原来，按照上级的工作安排，老黎要撰写一份非常重要的报告。为此，老黎没少做准备，到处调研，查找资料，掌握情况，为充分理解和掌握政策精神，老黎向省直某单位借阅相关文件。因为与该单位负责文件管理的小王关系很好，老黎就直接找上他。小王当然不敢推托，拿出一张软盘，告诉老黎里面有所需的文件资料，并再三嘱托老黎，因里面有高度涉密的资料，用完后一定要及时归还。老黎拿到软盘后兴奋不已，满口答应，回到办公室后马上在自己的电脑上打开，里面果然资料齐全。老黎高兴之余随即想到，如果只是看看就归还肯定印象不深，影响报告撰写质量，但长时间不还也不好交代。于是，他想了一个办法，将软盘里的资料复制到自己的电脑里面。老黎想，反正自己的电脑也不上网，肯定不会发生泄密事故，这样做，两边都不误事，可谓两全其美。

有了资料的帮助，老黎的这份报告内容非常充实，得到了大家的认可。老黎尝到甜头后又想，以后的工作中说不定还需要这些资料，干脆把资料刻录出来，自己保管好，随时可以看，这样做可谓一劳永逸，即使单位的电脑坏了，也不用担心无法查阅资料。

没想到，老黎提前办理了离岗手续，在整理东西的时候，把自己刻录的那张光盘忘得一干二净，不经意使光盘落到了别人手中。当地的保密部门在数日后的一次保密检查中发现了这张涉密光盘，其中有绝密级文件16件、机密级文件12件、秘密级文件5件。

最终，老黎被检察机关批捕，后来被判处有期徒刑1年，缓刑2年。

【问题思考】

老黎是"老机关"了，为什么会"晚节不保"？

【案例分析及参考要点】

这又是一起常见的老同志晚节不保的案例。案例中的老黎是一位长期在机关工作的老同志，业务熟悉且水平高，本以为可以"光荣退休"，但很多时候，人就是会在"阴沟里翻船"，老黎还是在退休前出了问题，为自己的革命生涯添了不光彩的一笔。这正是老黎漠视纪律法规、对保密工作掉以轻心的后果。

在保密工作中，我们听得最多的一句话就是"保密工作，慎之又慎"。对于从事涉密工作的人员来说，保密意识是第一重要的，因此时刻都不能松懈和麻痹大意。案例中的老黎并非没有接受过保密教育，并非没有保密观念，并非对违纪违规的后果没有清晰的认识。只是在"方便工作"和"迅速出成果"心理的驱动下，将保密规定置之脑后，甚至不惜铤而走险，私自复制高度涉密资料以作己用。《保密法》明确规定："非经原确定密级的机关、单位或者其上级机关批准，不得复制和摘抄绝密级的国家秘密文件、资料和其他物品。"既然已经有明文规定，老黎不畏法网、漠视纪律，受到法律制裁也可谓咎由自取。

还有一个值得思考的问题，那就是单位的保密制度靠大家一起去贯彻落实，执行中存在漏洞，也要靠大家共同来堵塞。案例中负责文件借阅的小王，对单位的老同志老黎表示尊敬，这当然是年轻人应该有的品德，但尊敬不等于可以放弃原则，可以不遵守法规，可以不按程序办事。试想，这么重要的涉密文件资料，却因"交情"而有章不循，随便借出去，哪能不出问题？再者，此案例也反映出当事人保密观念不强的问题。老黎私自拿到了涉密文件资料，不但没有认识到问题的严重性，反而错上加错地将资料刻录复制。更严重的是，他竟然在事后把涉密光盘忘得一干二净，根本谈不上妥善保管，造成事故是必然结果。

如此深刻的教训是值得从事保密工作及相关工作的人员深思并引以为戒的。

【案例六】

贪图方便的后果

小李是公安分局民警，年轻有为，文笔又好，被认为是单位的"笔杆子"和后备培养干部。没想到他却在春风得意之时犯下了错误。

2004年，小李刚休完婚假，就接受了一项重要任务：赶写一份涉密材料。按规定，撰写这类材料只能在办公室里完成。但小李在一整天工作后已经有些疲乏，再加上这时新婚妻子来电话，说自己生病了，要马上去医院。小李犯难了，该怎么办好呢？工作与妻子的病情，两边都是急事啊！情急之下，小李想到把材料拷贝带回家，然后送妻子去医院，安顿好后再在家里加班赶写材料，明天把材料交上去。谁能知道这是在哪里完成的呢？想到这里，小李马上用移动硬盘拷贝了办公室的材料，匆匆忙忙就往家里赶。就这样，小李第一次违反了保密规定，没被人察觉。从此，小李的胆子更大了，每逢要加班，小李都照此"操作"，家里的电脑里因此装满了单位的涉密材料。

2005年11月，小李夫妇乔迁搬新居。由于小李工作忙，小李的妻子承担了迁居的所有事情。小李的妻子在新居安装了ADSL，以此方式拨号与互联网连接。不久，泄密事件就发生了。经过有关部门调查鉴定，小李家中电脑通过网络泄密机密级文件资料4份、秘密级文件资料17份。为此，小李被处以行政记过处分、停止执行公务一个月的处罚。

【问题思考】

能否以方便为由，私自携带涉密资料外出处理涉密工作？

【案例分析及参考要点】

这是一个具有普遍性的案例。《中共中央保密委员会关于党政领导干部保密工作责任制的规定》中明确指出："不擅自或指使他人复制、摘抄、销毁或私自留存带有密级的文件、资料。"《中共中央保密委员会办公室、国家保密局关于国家秘密载体保密管理的规定》中也指出："因工作确需携带秘密载体外出，应当符合有关规定。"本案例中的小李，就因为保密意识淡薄，违反了保密规定，最终自酿苦果，后悔莫及。首先，小李的第一个错误就是私自复制、留存并带走有涉密信息的资料。为了照顾病中的妻子，同时不耽误手头的紧急工作，小李选择了一个所谓"两全其美"的办法：先放下手头工作，把未办完的事情带回家中，然后送妻子到医院治病，再在家中加班完成手头的工作。所谓"未办完的事情"是指处理涉密信息，"带回家中"意味着连同涉密文件一起拿走。按照保密规定，处理此类公文只能在办公场所进行，小李私自拷贝涉密材料并带回家中，就违反了有关保密规定。他只是单纯地认为，反正自己家中电脑没有上网，再加上自己拷贝涉密资料的事单位没人察觉，只要注意，就不会发生涉密事件。殊不知，就是淡薄的保密意识，为自己犯错误埋下了泄密隐患。更可怕的是，小李一错再错，在第一次违反保密规定时单位没人注意，就认为这种做法是安全的，开始放松警惕并习以为常。于是，小李家中所存放的涉密材料越来越多，他却越来越放松，根本没有意识到问题的严重性。正是由于长期在家处理涉密公文的习惯和侥幸心理作祟，使得即使妻子在家里连接上互联网的时候，小李也没有引起足够的警惕和重视，更没有及时采取补救措施，最终导致发生了泄密事件。

其次，该案例也折射出一些单位对于计算机涉密信息资料安全及存储涉密资料的磁介质的保密管理上存在不少漏洞。个别单位甚至没有认真学习、普及保密法规和保密知识，尤其是没有做好新形势下的计算机信息安全保密工作的广泛宣传和培训，致使从事相关工作的人员没有树立牢固的保密意识和观念，造成无可挽回的后果时才追悔莫及。可见，保密意识不强、保密观念淡薄、计算机等载体的保密知识匮乏等，均是造成泄密事件的主要因素。只有对以上各方面予以高度重视，切实提高自身的思想认识并做好各项管理工作，才能杜绝泄密事件的发生，否则在实际工作中出现诸如小李在家处理涉密文件的案例也就不足为奇了。

【案例七】

保密协议手续的"遗漏"

佛山市广顺电器有限公司（以下简称"广顺公司"）成立于 1997 年，为适应市场需求，该公司决定参照美国 THOMAS 公司样机，斥资自行研发 G 型无油空气压缩机，该产品多项技术指标已达到甚至超过美国 THOMAS 公司同类产品水平。出于对商业秘密的保护，广顺公司与相关技术人员签订了保密协议。没想到泄密事件还是发生了，问题就出在两个人身上。

曾某和王某原来分别是广顺公司的分厂副厂长和车间副主任，两人先后辞职，并带着公司无油空气压缩机的技术资料及零部件加工商客户名单，跳槽到了佛山市某医疗器材有限公司。该器材公司利用两人提供的技术资料生产无油空气压缩机，获利近 100 万元。更让广顺公司气愤的是，如果仅仅是这些商业秘密信息泄密，没有无油空气压缩机零部件加工商的"帮忙"，广顺公司还不至于损失惨重，因为无油空气压缩机所需的零部件有特殊技术要求，而且只有为广顺公司加工过零部件的厂商才掌握了相关技术参数。然而曾某早已经联系好这些加工商并谈妥条件，使他们答应为该医疗器材有限公司进行无油空气压缩机零部件加工。广顺公司虽然试图追究加工商的责任，但是以失败告终。原来，广顺公司一直没有与零部件加工商签订保密协议，因此加工商没有任何保密义务。最后，广顺公司也只能接受事实，以受害单位的身份等待法院对曾某、王某的刑事裁决。

【问题思考】

案例中的广顺公司为什么不能要求零部件加工商承担相应的赔偿责任？签订保密协议须注意什么？

【案例分析及参考要点】

这是一起涉及商业秘密和保密协议的典型案例。什么是"商业秘密"？什么是"保密协议"？这是在对本案例进行分析前必须弄清楚的问题。商业秘密是指不为公众所知悉、能为权利人带来经济利益、具有实用性并经权利人采取保密措施的技术信息和经营信息。《劳动法》规定，劳动者应根据用人单位的要求，保护用人单位的商业秘密。用人单位要求员工保守商业秘密，可以通过规章制度的方式，或者与员工签订保密协议。可以说，用人单位通过与员工订立保密协议来保护商业秘密是最常见的有效方法。保密协议可帮助说明商业秘密的存在，使员工知道其保密义务，并明确员工的保密范围。保密协议是公司或企业采取了合理的保密措施的有效证明。

案例中的广顺公司是产品（或者说涉及商业秘密）的权利人，而且其为了确保技术秘密的安全及公司的利益，专门与相关的技术人员（如案例中的王某和曾某）签订了保密协议。但是，广顺公司在这个过程中犯了一个大错误，可谓"千虑一失"。根据国家工商总局《关于禁止侵犯商业秘密行为的若干规定》第三条规定："禁止下列侵犯商业秘密的行为：……与权利人有业务关系的单位和个人违反合同约定或者违反权利人保守商业秘密的要求，披露、使用或者允许他人使用其所掌握的权利人的商业秘密……"因此，签订保密协议的关键就在于是否该签的都签了。这里的"该签"不仅指各项条款内容，还指涉及的相关单位和人员。也就是说，保护权利人商业秘密的义务，不仅限于企业的员工，还包括"与权利人有业务关系的单位和个人"。但是，案例中的广顺公司在签订有关保密协议时仅仅限于本单位的技术人员，而忽略了与本单位有切身利益和业务关系的单位，即零部件加工商。所以，要相关单位和人员遵守有关保密协议，前提是权利人与该"有业务关系的单位和个人"签订有关保守商业秘密的协议，或者曾向其提出过明确的保密要求。可惜的是，广顺公司偏偏遗漏了这么重要的一方，导致事件发生后，加工商并不对泄密承担责任，广顺公司也只有在事实面前自吞苦果。该案例也再一次提醒企业经营者，在签订保密协议的时候，一定要熟悉相关法律条文和细则，考虑周全，这样才可以切实维护自身利益。

【案例八】

祸从口出

李某是单位涉密岗位的干部，张某是另一重要涉密单位的保卫人员，两人曾一起在培训班学习。一天，李某接到张某的电话，询问近期是否有一项重要项目进入试验阶段。由于当时信号不好，李某没有作出答复。两天后李某回到单位，获悉单位当天召开的涉密会议有关于某秘密项目进入试验阶段的情况后，又接到张某的电话，在对方一再询问下，李某心想反正都是同一系统的，便将有关情况告知了张某。张某在当晚看望一位退休的老领导时，顺口将李某告知的消息告诉了老领导。谁知道隔墙有耳，家中还有老领导的儿子周某。周某在IT公司上班，平日爱好上网聊天并喜欢在网上发表言论。为在网上引起网民的注意，周某将自己耳闻的这则"消息"公布在网上。没想到第二天晚上该消息便被别人删除，周某完全没意识到这可能是别人对他发出的警告，而是继续发布这则消息，一直到有关部门发现并查处此事时才停止。最终，牵涉此案的几个人均受到了应有的惩处。

【问题思考】

这则连环泄密案发生的主要原因是什么？作为从事保密工作的有关人员，应该如何规范自己的行为？

【案例分析及参考要点】

俗话说："病从口入，祸从口出。"可见，"口"就是一道门，管不好自己的嘴巴，就会招来祸端。

这是一起连环泄密案。事件与"口"有着莫大的关系。正是由于几个当事人的"信口而出"，导致该起泄密事件的发生。回顾一下案例，便可以看到事件发生的脉络：首先是李某在朋友的追问下，对秘密消息"脱口而出"；接着是从李某处得到消息的张某，在探访老领导的时候又将秘密"顺口道来"；到最后，老领导的儿子周某在听到消息后，没有保守秘密，而是将秘密从特有的"口"中泄露——发布在互联网上。几个当事人中，李某、张某都是军工系统的工作人员，是受过保密教育的人，但他们的保密意识极其淡薄。试看：李某接到张某的电话，经不住追问就把秘密告知，张某得到消息后，又在老领导面前炫耀，周某更是视保密法规如无物，为个人兴致而将机密信息大肆在网上发表、公然传播。这种种行为都充分说明当事人法律意识的淡漠，最终自酿苦果也就不足为奇了。

本案例给从事保密工作和涉密秘书敲响了警钟，在重申加强保密意识的同时，也强调慎防"祸从口出"。须知言语或言谈是最常见的泄密途径，很多人可能知道不得通过网络载体、介质传输秘密文件，却往往忘却了最重要的是要管好自己的"嘴巴"，因为很多重要的消息，就是在不经意间通过话语偷偷溜出来而造成泄密的。保密工作人员不仅要以身作则、守口如瓶，还应该加强对亲属或者周围人群的教育，要经常提醒他们共同担负保守国家秘密的责任和义务，尤其注意在日常交往中提高警惕、慎言慎行。

另外，案例还反映了泄密人员的一种错误心态：炫耀自己。如张某和周某，都是炫耀心理在作祟，为了引起领导或朋友（他人）的重视，甚至"不该问的也要问，不该听的也要听"，没有养成良好的保密习惯，这是万万不可的。

【案例九】

脚踏两只船的"结局"

王某原是麦克·道斯（上海）咨询有限公司的员工。2009年6月，他与公司签订了一年的劳动合同。合同中就相关保密工作作出约定：王某必须保守麦克·道斯（上海）咨询有限公司的商业秘密。在此之前，王某已经与麦克·道斯（上海）咨询有限公司的竞争对手浩瀚企业咨询（上海）有限公司签订了一份兼职协议书，而合同生效的时间与王某和麦克·道斯（上海）咨询有限公司签订合同所生效的时间是一致的。王某并没有向麦克·道斯公司提及此事。2009年七八月间，王某在为麦克·道斯公司联系客户时，擅自将有关信息透露给浩瀚公司，导致最终与客户签订合同的不是麦克·道斯公司，而是其竞争对手浩瀚公司。经过调查，麦克·道斯公司得知其中内幕并找王某谈话。在事实面前，王某无法抵赖，只得接受公司所作出的解除双方劳动合同的决定。此后双方就赔偿问题发生纠纷，分别提出劳动争议仲裁，经过法院的法庭调查质证后，最终作出王某依法承担损害赔偿责任的决定。

【问题思考】

员工在职期间的竞业禁止义务是什么？应该如何保守商业秘密？

【案例分析及参考要点】

本案例的焦点是职工在职期间的竞业禁止义务问题。什么是竞业禁止？竞业禁止就是指员工在任职期间及离职后一定时间内不得从事与本企业相竞争业务的一种法律制度。根据我国现行法律规定，竞业禁止可分为法定竞业禁止和约定竞业禁止两种。本案例主要是关于约定竞业禁止的问题。约定竞业禁止，是当事人基于合同的约定而产生的。对于约定竞业禁止，目前我国尚无法律明文规定，只是散见于一些行政法规及地方性法规中，如《关于企业职工流动中若干问题的通知》（劳动部〔1996〕355号）规定："用人单位可以规定掌握经营信息、秘密的职工在解除劳动契约后的一定期限内（不超过三年），不得到生产同类产品或者经营同类业务且有竞争关系的其他用人单位直接或者间接任职，并不得泄露原单位的商业秘密。用人单位应当向受到此种就业限制的雇员支付一定的合理的补偿。"国家科委1997年7月印发的《关于加强科技人员流动中技术秘密管理的若干意见》、国家建材局科技司《关于国家重点科技攻关项目成果知识产权保护的通知》，以及深圳经济特区《企业技术秘密保护条例》和珠海市《企业技术秘密保护条例》等地方性法规也规定了离职后的约定竞业限制。如果再加以细分，因竞业禁止行为产生的时间不同，又可将其分为职工在职期间的竞业禁止与劳动关系终止后的竞业禁止，前者即本案例所提到的情况。作为已经与公司签订了"雇佣和保守机密合同书"的劳动者王某，意味着其已将劳动力交付给麦克·道斯（上海）咨询有限公司，即负有对用人单位忠诚的义务，但王某作为原告麦克·道斯（上海）咨询有限公司的员工，却又在原告的竞争对手浩瀚企业咨询（上海）有限公司兼职，而且刻意隐瞒此事，这是属于违反竞业禁止义务的行为。除此之外，王某擅自将麦克·道斯公司的商业秘密泄露给其竞争对手浩瀚公司，违反了竞业禁止的忠诚义务，违反了劳动合同中所规定的保守公司商业秘密的义务，属于明显的违约行为。如果王某在进入麦克·道斯公司之前就是浩瀚公司的兼职业务员，却刻意隐瞒此事，这样的做法不排除王某对麦克·道斯公司有恶意窃取商业秘密的可能性，那就不仅仅是简单的违约问题了。当然，因为当事人已经就相互之间的权利义务作出特别约定，所以对于王某的行为还是应该按照违约责任处理。无论如何，王某这种"脚踏两只船"的行为，违反了竞业禁止义务，是应该受到谴责和处罚的，也值得我们深刻思考，引以为戒。

【案例十】

一桩竞业协议引发的纠纷

思达公司是一家专门从事电力系统配套设备研制的公司，其产品"精密测试电源"有着相当可观的潜在利润，属于商业秘密。为保密起见，公司于 2008 年 10 月 16 日与公司员工张晓签订了一份保密协议，约定张晓在劳动合同期限内和劳动合同终结后的三年内不得从事与思达公司存在行业竞争的工作，但该协议只是规定了如果违约张晓须支付公司违约金，并没有明确约定补偿的方式和数量。一年后，张晓与思达公司签订了解约合同，随即入职郑州万特电气有限公司，而这是一家与思达公司经营存在竞争关系的公司。得知该情况后，思达公司将张晓告上了法庭。面对老东家的起诉，张晓感到万分委屈，因为他与思达公司签订了保密协议后，一直没得到公司应该支付给他的保密费用，因此他认为该协议也不存在约束力。一番思量后，张晓决定反诉。经过审理，法院作出了判决：按照有关规定，思达公司应向张晓支付 2 倍于实际损失的违约金；虽然双方所签订的保密协议存在部分条款错误，但张晓应基于《劳动法》的诚实信用原则，根据条款履行其保密和限制择业的义务，而张晓在解除劳动合同未满三年就供职于与思达公司存在行业竞争关系的其他单位，属于违约行为，应该承担违约责任。

【问题思考】

什么是竞业限制？如何处理"择业自由"与"竞业限制"的关系？

【案例分析及参考要点】

竞业禁止，又称竞业限制，是用人单位对负有保守单位商业秘密的劳动者，在劳动合同、知识产权权利归属协议或技术保密协议中约定的竞业限制条款，即劳动者在终止或解除劳动合同后的一定期限内不得到生产同类产品、经营同类业务或有其他竞争关系的用人单位任职，也不得自己生产与原单位有竞争关系的同类产品或经营同类业务。限制时间由当事人事先约定，但不得超过两年。一般而言，员工在跳槽后往往会选择自己以前从事的相同或者近似的业务。由于企业员工对所在企业的经营和技术情况比较了解，一旦在跳槽后从事类似职业，就不可避免地存在着使用原企业商业秘密的嫌疑。为防止出现这种局面，西方国家率先将公司董事、经理竞业禁止制度移植到商业秘密和其他经营利益的保护中来，从而形成竞业限制。企业采取与员工订立竞业限制协议的办法，以保护企业的竞争利益和商业秘密。

本案例折射出来的正是"择业自由"与"竞业限制"的问题。应该肯定的是，人的择业自由是宪法保障的公民基本权利，人才的流动与择业的自由，并不妨碍行业之间的竞争。但问题的关键，也就是"不妨碍"的前提是：人才流动与自由择业必须在法律法规许可的范围内有序进行，而并非毫无约束。劳动者一旦与用人单位签订竞业协议后，就应该遵守相关规定。出于对单位信息（包括商业秘密）和利益的保护，劳动者的择业权会受到一定程度的限制，而劳动者本人的经济利益也会相应地受到影响。因此，用人单位应该对劳动者作出合理的劳动补偿，以弥补劳动者由于不能从事合同约定的工作所造成的损失，从而体现劳动关系中公平合理的原则。

案例中思达公司的起诉和张晓的反诉，其纠纷的焦点就在于双方在签订协议后，思达公司并没有在对张晓进行择业限制后明确约定其补偿方式和数量，以致张晓坚持认为自己与老东家思达公司所签订的保密协议并没有得到实际履行，因此，协议对自己也就没有约束力，更没有必要履行协议的条款和规定，思达公司还应承担违约责任，对自己作出赔偿。正是由于这一疏忽和遗漏，导致双方由互赢互利的合作者变成相互指责和纠缠的陌路人。这也从一个侧面说明，在市场经济中，如何更有效地保护商业秘密，同时切实维护劳动者的合法权益，使合作双方互赢互利，的确是值得用人单位深思的问题。而处理好这些矛盾，关键是要熟悉并切实遵守竞业限制的原则及各项规定，尤其是要注意在劳动合同或保密协议中约定竞业限制条款的同时必须约定经济补偿的内容。用人单位应当在终止或解除劳动者劳动合同后，给予劳动者经济补偿。作为劳动者本人，在签订协议时一旦发现内容遗漏，应该马上提出，双方再进行磋商。至于竞业限制的补偿标准问题，无疑是目前各方讨论的焦点。如果竞业限制协议只在名义上有较高的补偿，但劳动者实际没有得到补偿，或者在协议中根本没有约定补偿，这些都是违反法律的行为，双方签订的竞业限制协议可能因此无效。当竞业限制协议补偿不充分，如补偿额明显偏少，在法律上属于显失公平，竞业限制协议也有可能被人民法院撤销。可以说，设立一个适当的补偿标准，也是对市场机制的一种巧妙运用。

第七章　会务工作

第一节　基本知识与基本原理

一、会议的含义与属性

（一）会议的含义

从字面看，会议的"会"是聚合、汇集、合拢的意思；"议"是商量讨论的意思，也就是集合起来研究问题。会议是指群体依据一定的组织原则，围绕特定目标，有组织、有领导地商议事情的社会活动方式。这一定义包含以下几层意思：

第一，会议是一种群体活动，至少3人，这正如孙中山先生所言，一人谓之独思，二人谓之对话，只有三人和三人以上的群体，才可能进行商议并最终形成决议。

第二，会议是按一定组织原则聚合的。

第三，会议是按一定规则和程序进行的。

第四，会议是一种多项沟通。

第五，会议既是集合又要有问题商议。

在现代社会，会议是领导机构进行决策和管理、实现领导职能的一种重要方式，这种活动方式已经被普遍用于政治、经济、科学、文化以及社会生活的各个领域。

（二）会议的属性

1. 信息性

会议传递信息、交流信息和创造信息。

2. 社会性

会议是人类的一种群体性活动。会议的召开，为人们参与社会交往活动提供了很好的平台。

二、会议的构成要素

（一）会议的主办者

会议的主办者是会议活动的具体组织者，其任务主要是根据会议的目的和规则制订具体的会议方案并实施，为会议提供必需的场所、设施和服务，确保会议正常进行。

会议的主办者有以下几种情况：由会议的发起者主办、由领导机关主办、轮流主办、按申办程序确定主办者。

（二）会议的承办者

承办者就是会议组织任务的具体落实者。承办者可以是个人，也可以是机构。会议的承办者与主办者有时有区别，有时主办者也即承办者。

（三）与会者

与会者就是参加会议的对象，也称作会议成员。与会者是会议活动的主体，与会者人数的多少决定会议规模的大小，与会者的身份以及级别决定着会议的规格和影响力。

与会者可根据权利与义务的不同分成四种类型：

一是正式成员。正式成员具有与会的正式资格，有表决权、选举权和发言权，是会议活动的主要成员。一些法定性会议正式成员还必须履行相关的义务。

二是列席成员。列席成员就是不具备正式资格，但有一定的发言权而无表决权和选举权的会议成员。决定会议是否需要列席成员，哪些人可以作为列席成员，列席成员可以参加会议的哪些活动，列席成员需要多少人等事项，由会议的主办者根据会议的实际需要来确定。列席成员的人数一般不超过正式成员人数。

三是特邀成员。特邀成员是由会议的主办者根据会议需要，专门邀请的成员。这类成员的地位和身份一般比较特殊，比如纪念性会议邀请的相关社会名流等。

四是旁听者。一些会议根据需要邀请一定数量的旁听者，比如一些报告会、听证会等，其主要目的在于扩大会议影响，让更多的人了解会议。旁听者不具有正式成员的资格，也不同于特邀成员和列席成员，旁听者在会上仅是旁听，既无表决权，也无发言权。

（四）会议的主题与议题

会议主题是会议目标的转化，是会议主要内容和实质问题的高度概括。

会议的议题是根据会议主题确定的需要讨论、解决的问题和与其相关的问题，是会议拟讨论的问题，也即会议主题的具体化。议题的产生一般有三种情况：一是由会议领导机构根据会议需要制定；二是由会议组织人员经过调查研究并综合分析信息之后反馈给会议领导，由领导审批决定；三是重大会议的议题，通常先由代表提出"提案"，由大会秘书处整理提交主席团审查通过，而后列入会议议程。

（五）会议时间

会议时间是会议的起讫时间和时间跨度，也即会议召开的时间和会期。会议召开的时间是指会议什么时候开始。会期是指会议从开始到结束之间所需的时间段。

（六）会议的地点

会议的地点是指举行会议的场所。会议的群体性特征决定了会议召开时的当面性以及实时性。因此，传统的会议形式都是先确定会议的时间和地点，把与会人员召集起来，进行面对面的交流与沟通。随着科学技术的发展，现代会议借助媒体，实现了会议地点的穿越。与会者可以借助电话机、电视机、计算机，分别在不同的地方参加会议，使会议活动的举行更为灵活自由，更加方便快捷，减轻了会议成本，大大提高了会议的效率。

（七）会议的方式

会议的方式是为了提高会议效率、实现会议预期效果而采取的手段。会议的方式包括会场布置、气氛渲染、活动样式和传递方式等。

（八）会议的结果

会议结果是指会议形成的结论，议题的解决办法，确定的承办部门以及具体落实的步骤等，也即会议结束时实现目标的程度。会议结果通常以会议决议、合同、条约、协定、声明、纪要等形式记录下来。

三、会议的类别

会议可以依据不同标准进行分类。

（一）按照会议规模划分

按照会议规模可划分为小型会议、中型会议、大型会议、特大型会议。
小型会议，人数少则三五人，多则几十人，一般不超过一百人。
中型会议，人数在一百至一千人之间。
大型会议，人数在一千人至数千人。

特大型会议，人数在数万人以上，例如庆祝大会等。

（二）按照会议时间划分

按照会议时间可划分为定期性会议和不定期会议。定期性会议也叫例会，到预定时间如无特殊情况必须按时召开。比如：人民代表大会、股东大会、办公会议等。不定期会议则视情况灵活掌握，必要时随时召开。

（三）按照会议阶段划分

按照会议阶段可划分为预备会议和正式会议。预备会议是为正式会议做准备的会议，是整个会议的组成部分，在职权和效力上同正式会议有所区别。

（四）按照开会手段划分

按照开会手段可划分为常规会议和电子会议。常规会议即传统的实体会议，电子会议指电视会议、电话会议、计算机网络会议等。

（五）按照会议的性质和内容划分

1. 法定性会议

法定性会议是指组织依据相应法规举办的、具有法定效力的会议。常见的法定性会议如各级党代会、人代会、政治协商会议、团代会、妇代会、职工代表大会、股东大会、会员大会等。

2. 决策性会议

决策性会议是指组织领导层对工作中的重要问题集体讨论作出决策的会议。

3. 工作性会议

工作性会议是指各社会组织为布置工作而召开的会议。如全国纪检案件审查工作会议等。这类会议有定期召开的，也有临时召开的；有常规会议形式，不少也采用现场会议、电话会议等形式。

4. 学术性会议

学术性会议是指研讨、论证学术问题而召开的会议。这类会议学术性强，与会者多为专家学者，具有横向性特点，通常包括研讨会、论证会等。

5. 彰显性会议

彰显性会议是以宣传教育和彰显成果为主要目的的会议。这类会议隆重热烈，强调宣传教育效果，与会者有广泛性和代表性，会期一般比较短。包括纪念会、庆祝会、表彰会等。

6. 会商性会议

会商性会议是指以协调商议事项为内容的会议。这类会议代表不相隶属，关系复杂，矛盾较多，涉及各个方面，与会者的利益不同。通常包括联席会、会商会、座谈会等。

7. 信息性会议

信息性会议是以发布信息、传播思想为主要目的的会议。这类会议告知性强，也有宣传教育的作用。通常包括报告会、新闻发布会、记者招待会、听证会等。

四、会务工作

"会务"是会议事务的简称。任何会议都需要经过一定的组织安排，才能顺利进行，实现既定目标。这种事务性、辅助性的会议活动的具体策划、筹备、组织、服务、保障工作的总和，统称为"会务工作"。会务工作是各类会议活动不可缺少的一部分。

综合各类会议的情况，会务工作的基本要求是：

会前准备充分。这是会议成功举办的前提保障。

会中服务周到。这是会议进展顺利的关键所在。

会后落实到位。这是会议取得实效的深入体现。

五、秘书在会议中的作用

秘书在会议中的作用主要体现为以下三个方面：

（一）秘书在会议召开前要做个策划者和筹备者

会议召开之前是会议的策划和筹备阶段，此时所做的是会务工作的基础性工作，可以说会务工作的成败，很大程度上取决于前期准备工作的充分程度。这一阶段，秘书要举轻若重，统筹兼顾，充分考虑可能出现的各种问题；要科学谋划，合理安排，认真细致地做好各项准备工作，这是开好会议的先决条件。

（二）秘书在会议进行中要做个组织者和服务者

会议过程中的组织和服务工作是会议质量的关键。会议进行期间，秘书的会务工作主要是严密组织，热情周到地做好各项服务工作，精心安排各项调度工作，即时掌握会议动态与信息，有效协助领导指挥和控制会议进程按照预定方案进行，确保会议各项议程的圆满完成，确保会议目标和任务的顺利实现。

（三）秘书在会议结束后要做个善后者和落实者

会议结束了，会务工作并没有结束，此时进入了会议决议与会议精神的贯彻和落实阶段。秘书要继续认真负责地将会务工作善始善终。

第二节　案例与分析

【案例一】

没有新闻的新闻发布会

某工贸集团公司最近喜报频传：一是去年年底公司被网上评为省内50强名牌企业；二是王总经理于今年年初被评为"全国十大优秀企业家"，专程去北京人民大会堂领奖，照片上了省报；三是公司为解决下岗工人就业问题，新建了一个食品厂，其主打产品——包子，销路甚好；四是一个技术改革项目获得了全省科研成果奖。

办公室胡主任认为公司有这么多喜事，不能无动于衷，于是说服总经理和其他领导，召开新闻发布会，借此大力宣传公司。

新闻发布会定在一个周五的早上，邀请了两家电视台和四家报社的记者。胡主任认为不需要特别准备什么材料，所以发布会没有为记者准备任何文字宣传资料。发布会由胡主任主持，王总经理首先作了关于荣获优秀企业家称号的感想发言。接着是记者提问，记者显然对公司认为的大事不感兴趣，没有人问有关问题，一时冷了场。后来有一个记者就包子提了问题，想知道为什么下岗职工的包子做得好。

新闻发布会结束后，按照与媒体的约定，公司的有关新闻应该出现在电视和报纸上。但只有一家电视台在一个"职工生活"栏目中作了简单的介绍，说有这样一家由下岗工人组成的食品厂，包子做得非常好，实为解决就业的一条新路子，电视画面上出现王总经理讲话的场景。其他几家媒体都没有动静。

电视播出几天之后，王总经理的一个朋友打电话奇怪地问：老王，你改行了，怎么下岗卖包子啦？

胡主任很气愤，打电话质问其中的一家报纸为什么未作报道。报社的采编部主任说，你这个新闻发布会没有新闻啊！

【问题思考】

1. 新闻发布会的筹备工作包括哪些内容？如何做好会议主题的确定和宣传材料的准备工作？

2. 对于新闻发布会后出现的媒体"沉默"或不利报道应怎样对待？

3. 怎样根据企业新闻的特点选择合适的媒体和记者？与媒体打交道时需要注意什么？

【案例分析及参考要点】

对企业来说，召开新闻发布会的目的是以提升形象、扩大知名度或者发生负面事件后进行危机公关，力图挽回不好的影响等，这都是正常的。关键在于新闻发布会要有明确而恰当的主题，主题是否得当，直接关系到预期目标能否实现。

案例中这家企业，虽然喜讯频传，但所列的四件大事中头两件已作为新闻报道过了，后两件事是好事，但新闻性不强，没有特别的亮点。这场新闻发布会既没有重点，也没有亮点，在媒体人看来没有什么有价值的东西，因此很难达到公司想借机大力宣传企业的目的。

一般而言，企业在准备新闻发布会时，应该事先准备好宣传材料，最好有数据图片等提供给每一位与会新闻记者。这为他们提供了方便，他们可以马上找到重点，核实材料，迅速组稿，完成新闻报道。但胡主任忽视了这一项工作的重要性，自认为不需要准备什么材料，这是很失策的。

【案例二】

老崔的开会心得

老崔其实不老，将近四十，在某大报社做记者十几年，自称"老油条"。他的名言：什么人没见过？什么饭没吃过？什么会没开过？什么文章没写过？

对于参加会议，老崔有很深的体会。他对一帮新入职的年轻记者发出了这样的感慨：

我觉得跑会议是最轻松的事。有的会其实是公费旅游，像文联开的什么作品研讨会之类，都是在风景区的宾馆开的。有的是一种老朋友聚会，像某个系统的经验交流会，大家都是同行，平时各忙各的，开会是最好的叙谈机会。像场面宏大的政协会议，有经验的人都知道，开会就是拿着手里的文稿听上面领导逐字去念，此刻最头痛的就是如何打发时间。这不仅对旁听的记者是个挑战，对与会的台下代表也同样是件苦差事。其实，一篇文稿挑自己关心的翻一遍，不过一个小时，但如果要全部听完，就得耗上整整一天，而且谁上去念也已经定好，其他人只能作壁上观。会上无聊的时候可以发短信，想心事，也可以打打瞌睡，休息一下。反正有材料，到时根据报社的需要改改，什么稿子都有了。跑会议不仅不用费太多脑子，还有礼品、辛苦费什么的，真是让人开心的事。

【问题思考】

1. 你对老崔的开会心得有何认识？你有没有类似的经验？

2. 怎样保证开会不走形式？

3. 如果你是主持人，用哪些方法引导和控制会议？怎样避免会议期间消极行为的出现？

【案例分析及参考要点】

开会在每一个组织中都是必不可少的。提高会议的效率和达到会议预期的目标，这是会议的重要方面。说起来简单，但是有多少会议能真正做到呢？从记者老崔的眼中反映出开会的真实情况是这样的：开会是变相旅游；开会是同行聚会；开会是头痛的应付；开会是一种间接的休息。

有人总结了开会出现的多种消极表现，如敌对情绪；或看报纸，保持沉默；或说悄悄话；或频繁出入会场，不断打电话等。因为很多人不知道自己开会要做什么，会前根本没有准备。有的会议提出了问题，但没有解决办法，连初步设想也没有，结果大家一味地讨论，论着论着就跑了题，说了一堆废话。很多会议主持人缺乏引导控制的能力，发言者内容重复，时间拖沓，问题议而不决，开会没有效果。

如何提高会议效率？

按照组织管理理论，会前要做四件事：弄清楚确实需要开一次会；设定现实的、能够达到的目标；确定和安排会议日程；邀请最重要的人物，而不是随便想到的某一个人。会中，要做到准时开会；保持发言者不跑题；制定决策而不只是交换看法；总结和记录决策；让开会者保持参与热情。会后要对决策事项进行跟踪等。

有人建议，如果想缩短会议，一是临下班开会；二是站着开会；三是限定会议时间。如果作不出决议，就说明这个问题不适合在会议上解决。

虽然理论上已经归纳总结出了开会要注意的问题，要求目标明确、强调效率、讲究方法、控制气氛，但事实上如何提高会议的效率和执行力仍然是一个需要长期努力解决的社会问题。

【案例三】

会务人员为市委会议"奔忙"

2009年新年刚过，市委七届五次全会就要召开。负责这次会议服务的是市委服务中心下属的府民公共物业公司。

离会议正式开始还有一个小时，参会人员还没有到，但会议中心的礼堂里已经是一片繁忙。府民公共物业公司的经理张晓杰调配服务人员，安排拖地、调试音响、摆水杯、换衣服、化妆、查看水壶是否有水……

张经理说，这次会议服务人员都来自府民物业，接到任务后，公司从上到下都非常重视，从年前开始做准备，光是大会就开了三次；领导几次研究方案，各小组每天都要汇报准备情况。为了保障会议顺利进行，服务人员要做大量的工作，小到各个角落的卫生，大到音响、电子屏幕的调试，都有专人负责。

张经理告诉我，尽管这样，在会议召开的前一天晚上，还是出现了"突发事件"。

原来，前一天晚上服务人员在现场做最后一次检查时，发现音响出了问题，府民公共物业相关领导连夜联系了设备生产厂家，等调试好音响已经是零时了。

第二天一早，在礼堂的休息室，一群姑娘正忙碌着。

"快点，谁有睫毛膏，我要补补妆！"这群负责会议服务的工作人员正在收拾妆容。

原来，她们早晨不到6点就来会场了，之后就一直在忙活，因为来得太早，本来化好的妆有些花了，眼看着参加会议的人要来了，她们要趁着迎宾前的空档"补补妆"，漂漂亮亮地去迎宾。

她们当中的小赵告诉我，尽管她们参加过很多这样的大型会议，而且都经过培训，可还是有点儿紧张。早上离开家的时候，她妈还不忘嘱咐她，打起精神，别出岔子。

我来到会议大厅，工作人员正在摆放矿泉水。

"水怎么摆这么齐，横看竖看都是一条线。"我马上发现了这个细节。

"我们不到6点就开始布置会场了。"一位工作人员说，这样隆重的会议，细节很重要。

不只是水的摆放有说道，桌子上会议材料的摆放也很讲究。"一份材料有八本，每一本的摆放都有固定位置，每个桌子都要一致。"

"要摆好几千本，我帮你摆吧。"我说。

她们笑着拒绝了。原来，摆材料看着简单，其实是非常精细的工作，材料的摆放既要美观，还要方便参会人员查看，不但摆放顺序有讲究，每瓶水、每份材料的摆放距离也要一样，这样看着才舒服、整齐。

【问题思考】

1. 会前准备有哪些工作？具体内容是什么？

2. 会议通知应该包括哪些要素？

3. 会议文件有哪些？准备程序是怎样的？

【案例分析及参考要点】

本案例从一个侧面写出了大型会议会前准备工作的情景。

一般而言，会前准备要做好如下工作：

（1）了解会议基本情况。首先要掌握以下情况：出席会议的人数；会议类型、名称；主办单位；会议日程安排；会议的宾主身份；会议标准；会议的特殊要求及与会者的风俗习惯。

（2）调配人员、分工负责。会前，会议负责人要向参加会议服务的所有人员介绍会议基本情况，说明服务中的要求和注意事项，进行明确分工。一是根据会议的类型、性质、人数，结合会场的具体情况整体安排会场布局。同时根据与会者的风俗习惯和特殊要求调整会场内的装饰品、宣传品，搞好会场内外的清洁卫生。二是检查照明、音响、视频、空调等设备，根据会议要求增添新的设备。冬、夏季要调整好室温，注意通风。三是准备会议所需物品。如茶水、文具用品等。各项用品均应在会议前30分钟准备妥当。

（3）迎宾服务。宾客到来时，会务人员要精神饱满、热情礼貌地站在会场的入口处迎接客人，配合会务组人员的工作，请宾客签到、发放资料、引领宾客就座，然后送上茶水。

这些工作可以由本单位秘书做，也可以交给专业的会议服务公司打理。目前，一些专业服务公司不仅对会前准备和接待工作做得周到细致，还可以做现场会议记录，实时地将与会者的发言准确无误地录入计算机中，将瞬间的语言信息转化成文字信息，会议结束后即可交稿。此外，会议服务公司还提供录音（像）带整理及电话同声速记等多种服务。

本案例所讲的准备工作只是最基本的会场布置、设备检查及迎接来宾等。会前要准备的工作还有很多，如会议成本预算、会议文件的准备和安全保卫工作等。每项工作都不允许出差错，这是保证会议顺利进行的基础。

【案例四】

政协开会也吃盒饭

2009年9月12日《广州日报》刊发了一则新闻，题为"广州政协委员开会吃盒饭节约经费"。

报道称，为了节约经费、提高效率，广州市政协一改在白云国际会议中心开培训会议的惯例，把此次为期一天的学习培训班安排在市政协机关大楼，并特意安排这些平时"吃惯大餐"的委员们"屈就"食堂吃盒饭。饭后也只能在会议厅休息。为了把食堂让给委员们，机关工作人员都把盒饭端回了办公室吃。

一碗瘦肉汤，两只鸡翅，几块叉烧，若干青菜，这就是广州市政协参加学习培训班的委员们的"盒饭菜谱"。上午的培训结束后，委员们每人手持一张粉色午餐券，陆续来到位于市政协办公楼负二层的食堂。排队，领餐，取筷子……然后就座于四人餐桌进餐，谈笑风生，兴致盎然。

政协委员韩志鹏告诉记者，以往委员培训班都在白云国际会议中心举行，吃的都是"大餐"，中午还能开房睡午觉。平常一些委员会议也会在附近酒店"加餐"。这次会议午餐简单便捷，实属难得。他说："以前开会在酒店吃饭，一吃就是一个中午，既费时间又浪费钱。在市政协机关开会、吃饭，既省了钱又节约了时间，实在是一顿节能高效的午餐。"

【问题思考】

1. 会议的经费预算包括哪些内容？如何降低会议成本？

2. 如何从不浪费时间和不浪费金钱两个方面控制会议数量，提高会议质量？

3. "每位'两会'代表在北京参加会议的花销，相当于两个农民全年收入的总和。"你读了这样的信息有何感想？

【案例分析及参考要点】

这则新闻给我们正面的信息是：近年来，要求压缩公共费用开支的呼声渐强，在领导层也引起共鸣。"勒紧裤腰带过日子"逐渐成为领导干部的口头禅。而广州市政协委员开会吃盒饭无疑是对此最生动、最务实、最感人的行动体现。

类似情况还有报道。2 月 22 日，广州市政协十一届三次会议开幕，大会安排委员们在五星级白云国际会议中心酒店食宿。对此"优待"，市政协委员高德良并不领情，拒领房卡之余，他还批评大会没带头压缩开支。据新华网新闻，今年全国两会安排的会期短、议程简，被誉为"节俭的两会"。每年的全国两会都会受到民众的广泛期待和关注，召开两会离不开政府财政经费的支持，这笔开支是全国人大代表、政协委员参政议政的成本，是必不可少的支出，但是这笔开支向来不低。

有消息称，全国每年花在"两会"上的资金超过 50 亿元人民币，每位"两会"代表在北京参加会议的花销，相当于两个农民全年收入的总和。虽然这些数据的真实性有待考证，但早在 2005 年，湖北省政协八届五次会议上，无党派人士王福霖委员坦言："每年'两会'都花不少钱，每天的伙食费都上百元，这让我们政协委员于心不安。"而在今年 1 月 12 日，陕西省政协秘书长姚毅在省政协十届二次会议新闻发布会上表示，此次省政协会议力争减少会议经费 200 万元。

当然，每年的"两会"是政府最重要的政治会议，花费是必不可少的，但这并不意味着可以不注意节约。正因为花的是纳税人的钱，会议开支更应该能省就省。

开会原本可奢可简，支出完全可以控制。如有一家著名企业，原先开公司年会是在黄山，后来为节省开支改在公司内部开；开订货会往往也要有一笔不小的会议支出，后来充分利用发达的资讯技术，改为电话会议、网上订货，开支节省了许多。私人企业对开会的控制就更严了，时间和花销两个方面都把得很紧。在这一点上政府部门应该向企业看齐。

【案例五】

简报并不简单

某市政府工作会议即将召开，会务处、接待处、秘书处都有条不紊地开始了各自的准备工作。会议为期四天，其中三天是全市各行业各单位的领导们议政的时间，这三天每天都要出一期简报。包括孙处长在内的秘书处十二人，全都下到各个讨论小组，负责开会时做记录。代表们讨论完，他们就是该小组简报的编写人。按惯例，五点半讨论结束，简报稿子七点半交办公厅主任审批，当晚就要印刷装订妥当。第二天早上八点准时送到每个参会者手中。

秘书处的陈晓和郑经经第一次写简报，都觉得时间短、任务重，心里不免紧张。第一天讨论结束时，陈晓的会议记录密密麻麻记了48页。她参加的是工业组，每个老总都滔滔不绝，有的讲话尖锐，有的不知所云，有的一个例子讲了十分钟还没说到正题。陈晓连厕所都没敢去，生怕漏掉了什么。郑经经参加的是金融组，不少银行行长口若悬河，可郑经经是人类学系的毕业生，很多讲话内容听不明白，只好尽可能将讲话人的观点记下来，所以她的会议记录只有20页。她俩来不及吃晚饭，就开始编写简报。

孙处长特别留意这两个"新手"，看了她们的初稿后说，陈晓写得太细太烦琐，概括不够精练；郑经经的只有五百字，内容太单薄。她俩在处长的精心指导下，几经修改，终于在七点半准时交稿。虽然顺利地通过了审批，但两人已经累得筋疲力尽，都觉得小小简报并不简单。

【问题思考】

1. 会议简报的作用是什么？你怎样理解会议简报"简、真、快"的特点？
2. 秘书做好会议信息工作的一般程序都有哪些？
3. 案例中的两个秘书为什么发出"简报不简单"的感慨？

【案例分析及参考要点】

这个案例讲的是会议信息的收集与编写。由市政府主持召开的工作会议，参加者都是来自不同系统、不同地区、不同部门和单位的领导，他们熟悉各自领域的情况，都有自己的见解和态度。他们所提供的情况和意见本身就是社会各行业工作实践的反映，具有很强的代表性，值得市政府高度重视。简报就是他们的观点和意见的归纳和见证，某些意见和建议会被市领导采纳，作为制订新的计划或修改决策的基本依据。

一般而言，秘书进行会议信息工作的程序是：记录、核实、整理与筛选、编写、发送或归档。

记录，主要靠秘书现场记。记录形式有传统手写记录、运用速录仪记录、先以录音笔录音回去重新整理三种。记录的详略视讲话内容的重要程度和意见是否重复而定。重要的、有新见解的应该详细记，尽可能把每句话都记下来，重复的则只记概要或表态的意见。表态性的意见对统计某个决议的代表性和赞同数量有用处。

核实，要检查记录内容有无错误或遗漏。理论上讲，会场上未听清的内容，特别是重要的人名、时间、数据等，应该找发言人核实清楚。但这在实际操作中很难做到。

整理与筛选，整理是第一步，将多数的、同类的信息归纳在一起，以便概括；筛选是第二步，就是把重要的、有用的信息挑选出来，把无意义的信息删去。

经过筛选的信息仍然是原始信息，这就要由秘书人员加以编写。

会议信息的主要形式是会议简报，它具有"简、真、快"的特点。字数在两三千，但内容广泛，既有会议的综合报道，又有发言摘要，也有花絮新闻，具有高度的真实性和新闻性。简报要求编写发送的速度要快，当天的情况在会后第一时间就选、写、编、印，尽可能早地发送到与会者手中。简报上所登载的信息往往未经原发言人审核，仅作为会议的宣传交流材料，一般不公开。

【案例六】
做事不到位的邓秘书

华联企业协会举办"华联公司融资操作研讨会"，邀请了国内一批顶尖的经济和管理方面的专家到场发表演讲。各大媒体闻风而动，齐聚会场。

按照会前安排，秘书邓林负责信息宣传工作，具体内容是撰写新闻稿。因此，邓林手头没有准备更多的资料。当许多记者和一些同行向她索要有关专家讲座大纲等资料时，她无法满足对方的要求。她让他们问会务组，但会务组忙于接待，无暇顾及文字材料方面的事，所以他们只好向专家本人索要，一度造成混乱。

会议期间，邓林认为这些都是讲座之类的内容，就没有做记录。会后协会领导让她出一份简报，她一时不知该怎么办。领导向她询问各大媒体对会议的报道情况时，她也不是很清楚，结果无法为领导提供适用的信息，受到了批评。

【问题思考】
1. 秘书邓林做事不到位的主要原因是什么？如果是你，你怎么做？
2. 会议的文件材料可以分为哪几类？
3. 怎样及时地把会议内容转化为能为领导决策服务的信息？

【案例分析及参考要点】
作为会议期间负责信息宣传工作的秘书，应该准备好新闻稿、宣传资料、专家讲座大纲等材料。如专家讲座大纲，可以在会议签到的时候，请与会专家带来并交给会务组，由会务组把收集到的材料交给秘书。在会议期间，秘书应该做好会议记录，会后还要及时做好简报的印发和收集，留齐各种资料，为领导提供适用的信息。此外，还应该收集保留有关媒体对会议的报道文章及照片，作为企业的历史资料。

后来邓林看到了一份材料，是这样的：

关于做好 2016 年全省民政工作会议材料准备的通知

各市、州、直管市、神农架林区民政局，厅机关各业务处室：

省厅拟于 2016 年元月 10 日左右召开全省民政工作会议，届时拟请各市、州、县（市、区）民政局局长参加会议。会上拟安排部分典型发言和书面经验交流。经处室推荐和各地自荐，初步拟定了典型发言和书面交流的单位和主题（附后），请各地迅速、认真准备材料，于 2016 年 1 月 6 日下班前将电子版材料发送给材料主题对口处室审核；各有关处室应主动与有关市、县联系，商量材料主题和写法，并于 1 月 7 日下班前将审核后的材料送厅办公室汇总审定。各地材料标题可围绕主题再作修改。所有材料均要求言简意赅，突出重点，体现亮点，切忌面面俱到、"穿靴戴帽"，字数均不超过 3 000 字，发言材料最好在 2 500 字以内。

办公室收稿邮箱：wd@hbmzt.gov.cn

联系人：×××　02×-50657157

×××　02×-50657022

××省民政厅办公室

二〇一五年十二月三十一日

附件：

1. 2016 年全省民政会议典型发言材料

2. 2016 年全省民政会议书面交流材料

邓林才知，会议材料准备也是一项很重要很费周折的事情，自己没有经验，把准备工作想得太简单了，这才对领导的批评心服口服。

实际上，秘书可以把要准备的会议文件材料分为几类：

一是在会前准备好的会议管理性文件，如会议通知、议程与日程安排、会议须知、签到表等。

二是会议期间使用的文件，如开幕词、领导讲话稿、发言材料等。

三是提交会议审批的文件，如工作计划、决议草案等。

四是会议的宣传交流材料，如新闻稿、会议简报等。

可以把不同文件的准备工作落实到不同的部门或个人，秘书除了自己动手写作以外，还要汇总和检查。这样就不会因为事情太多而使得文件准备不足。

【案例七】

不仅仅是告知

天地工程有限公司总经理秘书沈君请前台秘书初萌协助，向公司的各部门主管发送此次重要的临时会议通知。通知的内容如下：

会议通知

　　致：各部门经理

　　发：总经理秘书沈君

　　定于 2015 年 12 月 16 日（星期三）下午 1：30 在公司会议室召开会议，讨论公司人员编制和工作绩效评估问题。此次会议内容重要，请有关人员务必准时出席。您能否参加，请于 2015 年 12 月 14 日（星期一）之前告知秘书陈红。电话：51426398。

　　初萌没有向各主管发送通知，她想，反正是内部会议，只要在公司布告栏上贴一张通知就可以了。可是她忽视了一个问题：此次会议是临时召开的，并非公司例会，因此有三位主管因为一直在工程现场，未能及时看到通知。待发现时，已是星期三的中午，初萌只得匆忙用电话通知他们迅速赶回来开会。销售经理接到电话后不满地说："这么重要的会，为什么不早通知？我下午约了客户，会议只能让我的助手去开了。"初萌急忙说："那可不行，总经理特别指示，有关人员务必准时出席。"销售经理说："可是我已通知了客户，改期已来不及了，你说怎么办？"初萌张了张嘴，可什么也说不上来。

【问题思考】

　　1. 秘书初萌按要求发出了会议通知，可还是有不少与会者有意见，为什么？导致不少与会者不能参加会议是谁的责任？

　　2. 秘书初萌应该怎么办？

【案例分析及参考要点】

　　会议通知是向与会者传递召开会议信息的载体，是会议组织者同与会者进行会前沟通的重要渠道。传递会议通知是会议准备工作的重要环节。

　　秘书会务工作要求如下：在作出召开会议的决定以后，应将有关会议通知信息传递给与会者。通知的传递可以通过当面告知、打电话、发传真、书面形式或电子邮件的形式进行，还可以根据会议的性质、参加的范围、时间的缓急和保密要求选择适当的通知方式，必要时可以同时使用两种以上的方式，以确保通知信息的有效性。对于单位内部的重要会议通知一般要求秘书面送与会者，请对方确认签收。秘书发出通知后，还应事后跟踪，确保通知到人。

　　天地工程有限公司的这次会议，讨论公司人员编制和工作绩效评估问题，内容重要，总经理要求有关人员务必参加。秘书初萌没有按会议通知发送的要求，通过正式渠道向各主管发送通知，更没有按重要会议通知发送的要求，用两种以上形式发送通知，确保通知到人。而仅仅是在公司布告栏上贴了一张通知，导致公司三位主管因一直在外，未能及时看到通知而不能参加会议。

原因如下：秘书初萌一是缺乏作为秘书最起码的职业责任心，得过且过；二是缺少秘书专业知识，不懂得专业要求；三是工作机械，缺乏灵活性和主动性，忽视了此次会议是临时召开的，并非公司例会，应当另行处理。

【案例八】

草草准备 草草收场

某计算机工程有限公司定于 2015 年 9 月 28 日在某学院举办图书馆计算机管理系统软件产品展销会，通知很快就寄发到各有关学校图书馆。日程安排表上写着：9 点介绍产品，10 点参观该学院图书馆计算机管理系统，11 点洽谈业务。

在展销会当天，9 点了，大会本该开始介绍产品，可应该到的各校图书馆代表却只到了 1/3。原来，由于通知中没有写明展销会具体地点，所以与会人员找不到集会地点。会议开始时已是 9 点 30 分了。公司副总经理、高级工程师李朝南作产品介绍及演示，内容十分丰富，直到快 11 点才讲完。由于后面时间不多，参观成了走马观花，业务洽谈更是匆匆开始，草草收场。

【问题思考】

1. 影响此次展销会效果的原因是什么？
2. 会议通知的内容包括哪些？

【案例分析及参考要点】

会议通知是向与会者传递召开会议信息的载体，是保障会议顺利召开、保障会议有效的重要文书。会议通知的内容包括：会议召开的时间、会期、地点、会议名称、会议议题、与会者范围、召集单位、会议报到的时间和地点、联系方式等。

会议通知要求内容完整，事项明确具体。如时间，应包括会议召开的时间、会期及报到时间等。会议地点是会议通知中的重要内容，不但要写明在什么宾馆、会议中心或学校，还应写明会场所在的地名、路名、门牌号码、楼号、房间号码、会场名称。必要时还应画出交通图，标明地理方位及可抵达的公交线路，以方便与会者。

案例中展销会通知因具体地址没有注明或交代不清，使得与会者四处寻找，不仅让与会者心生埋怨，影响参会心情，还致使会议不能如期召开，打乱计划，草草了事，会议效果大打折扣。

秘书人员应当特别重视会议通知的写作，掌握会议及会务管理的知识，提高自身办会执行力，努力做个合格的职业秘书。

第八章　文档工作

第一节　基本知识与基本原理

一、文书

秘书的文档管理工作包括撰写、处理文书，以及文书归档以后作为档案的整理、鉴定、保管、检索和提供利用等一系列工作，文档管理是秘书日常最主要的工作内容之一。文书和档案是两个不同阶段的工作，然而关系又十分密切，具有内在的关联性。

（一）文书的概念

"文书"具体地说，是指机关团体、社会组织和个人在社会活动中，为了一定的目的而形成并使用的具有应用性和特定格式的文字材料。

其定义包含四个方面的意思：一是文书首先是一种文字材料。它是在公务活动中通过文字来处理政务、传递信息、解决问题、沟通联络的书面材料。从这一点上说，文书不同于一般的文学作品、图书情报等文字材料。二是文书有特定的作者。是党政机关、企事业单位、群众团体等社会组织和具体的个人或家庭为具体工作事务而形成和使用的文字材料。三是文书有特定的格式。为了更好地体现行为主体的权威性、严肃性、规范性，文书在格式方面有着特定的要求。四是文书具有应用性。

（二）文书、公文、文件的区别和联系

文书、公文、文件这三个概念在实际工作中经常互通使用，一般情况下，三者的含义是一致的，都是指公务文书。之所以出现不同的叫法主要是受历史发展的影响。不过在具体使用时，三个概念在指代对象、使用范围上存在一定的区别，具体来说：

文书：主要作为所有公文材料的总称，它是一个集合概念，如"文书材料""文书工作""文书处理"等，此外它还可以指私人文书。同时文书还可以作为一个职业或职务的名称。

公文：是公务文书的简称。所有在公务活动中形成的文字材料都可以称为公文，不仅包括一般泛指的文件，也包括不属于文件的"介绍信""便函""会议记录"等文书。

文件：有时可以泛指文件材料的总称，如"文件材料""学习文件"等；有时特指上级机关的重要来文，如"红头文件"；另外还可以用来指单份文书，我们通常说"一份文件"，而不会说"一份文书"或"一份公文"。

（三）文书的特点

文书的特点主要表现在以下三点：

1. 法定的作者

所谓法定的作者是指依据法律和有关的条例、章程、决定等成立的，能以自己的名义行使法定的职能权利和担负一定的任务、义务的机关和组织。这些法定作者可以在自己的职权范围内制发相应的公文。

2. 法定的权威和效力

公务公文是由法定作者制定和发布的，这就必然赋予公文以机关喉舌的地位，也就是说，公文可以代表机关发言，并代表机关的法定职权和权威，这样公文也就成为机关开展工作、解决问题的依据，具有了相应的权威和效力。

3. 特定的处理程式

公文的程式即公文的规程法式。公文特别是国家行政机关的公文，具有规范的程式，包括使用文书的种类和格式及文书的处理程序。公文的这种特定程式是公文在形成过程中的特点，为了维护公文的严肃性和便于公文的处理以及保证其通行，公文的形成必须按照规范的程式进行，必须经过一定的处理程序。

（四）文书的性质和作用

文书的性质主要有以下三点：

1. 现实执行性

文书的基本性质是现实执行性。文书的现实执行性可以从两个方面理解：第一，任何机关单位的发文都是有明确目的的，即在实际工作中发挥文书的现实效用，有的放矢。文书的现实执行性表现在文件一旦制发，就必须贯彻执行。第二，在一定时间内有执行性，没有哪份文件是永久有效的，随着工作的结束，文件的执行性也就结束了。

2. 政治性

文书从其内容上说，它记录了特定国家、政党、集团的活动，代表着一定的集团利益，担负着处理公共事务的重要职能。因此，它必然具有鲜明的政治性。文书政治性集中体现在它的机密上，维护文书的机密也就维护了国家、民族、集团的利益，也就体现出其政治性。

3. 信息性

文书是社会重要的信息载体，是人们记录信息、传递信息、保存信息、利用信息的工具。因此，文书具有信息性。

文书的作用表现在以下四个方面：

1. 领导指导作用

机关单位的领导和指导主要有两种形式：一种是现场进行领导和指导；另一种是书面进行领导和指导，即利用文件对下属的工作进行指导和规范。比较起来后者更加清楚明确，可以避免领导个人的局限和随意性，而且领导人不可能出现在每一个工作场所，对每一个组织和成员进行管理，因此机关单位制发文件传达党和国家的路线、方针、政策，传达各级领导机关的意见和决策，部署各项工作，对下级进行领导和指导一般都是通过文件来完成。

2. 行为规范作用

党和国家的各种法律法规、指示决定都是以文件的形式制定和发布的，这些文件对于维护正常的社会秩序，保障人民的合法权益有着重要作用，一经公布，便成为人们的工作准则和行为规范，必须坚决执行，不得违反。对于一些基层单位，虽无权制定法规、政策，但也可以通过章程、办法、规章制度等来约束员工的行为。

3. 公务联系作用

任何一个机关单位在日常工作中都需要与上下属机关单位进行公务联系，公文往来正是各机关单位联络工作、协商事宜、开展工作的重要手段。公文在社会生活中已经成为各社会组织上传下达、纵横协调、内外沟通的一种中介。

4. 凭证记载作用

文书的凭证记载作用表现在两个方面：一方面文书内容中记录工作活动的具体过程，反映了当事人的观念、意图、行为，可以说文书形成的目的就是为了作文字凭证；另一方面文书形式上的各种特征，如印章、签字、稿纸、指纹等，也能记载事情发生的真实情况，并成为日后查考的凭证。

二、档案

（一）档案的概念

档案是指机关团体、社会组织和个人在社会活动中产生的、作为原始记录保存起来以备查考的文字、图表、声像及其他各种载体的文件材料。档案在我国商代就已经出现，历代对它有不同的称呼，商代叫"册"，周代叫"中"，秦汉时称"典籍"，汉魏以后称"文书""文案""案牍"等。"档案"一词出现于明末清初，现存顺治年间的官府文书中已有"档案"一词。

（二）档案的性质和作用

档案的性质主要有以下两点：

1. 原始记录性

档案最基本的性质是原始记录性。档案是在社会活动中自然形成的，不是为了特定目的人为编撰、加工的，所以档案对历史的记载和反映更加原始、真实、直接。

明确档案原始记录性的意义在于能够帮助我们明确档案的历史真迹，不允许篡改，努力维护档案的完整真实。能使我们在形成文件的过程中，尽可能维护其真实可靠，不让虚假的信息混入其中。

原始记录性也是档案和图书、情报等文字记录的重要区别所在。尽管图书、情报也是社会重要的信息源，也能够记录和反映人类的社会活动和历史发展，但与档案比较起来，它们在原始记录性方面明显不足。

2. 信息性与知识性

档案和文书一样也有信息性，它也是一种重要的社会信息源，此外，档案的内容反映了一定历史时期的社会发展状况、人们对客观事物的认识程度以及当时生产力发展的水平，是人类知识的传承体，所以知识性也是档案的重要属性。

档案的作用主要表现在凭证和参考两个方面：

1. 凭证作用

档案有时需要直接作为我们工作活动的真实凭证，这一点是文书凭证作用的延续。从档案的形成来看，档案是原始记录材料，能够比较真实地记载事件发生的全过程，反映当事人的思想和行为，可以作为今后证实某一事实的依据；从档案的形式上看，档案上保留有当事人的笔迹、印章、声音、形象，也可以直接用来证实有关事实。

2. 参考作用

档案是我们总结经验，吸取教训，开展工作的有益参考。由于档案记录着人们的思想和行动、经验和教训，可以帮助我们了解过去、指导当下、探知未来。作为秘书应善于利用档案的记载，从档案中吸收前人的成果，发挥参谋辅佐的作用，提高业务水平。

三、文书与档案的联系及区别

（一）文书和档案的联系

文书和档案关系密切，一脉相承，主要表现在以下四个方面：

1. 两者记录和反映人们社会实践的功用相同

文书和档案从内容上说记录的都是知识和信息。文书客观地记录了现实的活动，不过它是局部的、零散的；而档案是将这种客观记录作为历史财富集中保存起来，两者都真实地反映了一定时期、一定组织的工作活动和社会实践。可以说文件是档案的因素，档案是文书的组合。

2. 两者在内容和形式上完全一致

大多数档案直接来源于文书，两者在内容和形式上完全一致。文书是档案的前身，档案是文书的归宿。

3. 两者具有时间上的承接性

文书产生在前，档案形成在后，文书办理完后经过立卷归档的程序就转化为档案，两者一脉相承。文书是档案的来源，档案是文书的积淀。

4. 两者具有管理上的延续性

文书的管理是档案管理的基础和条件，档案管理是文书管理的延续和发展。如果文书整理过程的质量不过关，制成材料不符合标准，格式规范不统一将会给档案管理工作带来直接的困难；而档案管理必须在文书管理的基础之上进行，必须充分尊重文书管理的原有基础。

（二）文书和档案的区别

1. 两者涵盖的对象不完全相同

文书是在社会活动中产生的，其中具有保存价值，能够成为今后工作查考凭证的那一部分，经过立卷归档以后，就会转化成档案。但不是所有的文件都会自然转化为档案，只有那些符合以下条件的文件才能最终作为档案保存：一是办理完毕的文件才能转化成档案；二是具有查考利用价值的文件才能转化为档案；三是只有按照一定规律集中保存起来的文件才能成为档案。

还有一部分档案，如一些实物档案、人事档案、会计档案、声像档案等，也不是由文书直接转化而来，所以两者在外延上既有交叉，也有区别。

2. 两者性质和作用不同

文书是具有现行效用的信息，在处理公务及社会活动中具有针对性、指导性和现实执行性，它的目的在于解决和处理现实的工作事务，发挥工具的作用；档案是保存起来的历史信息，它存在的目的在于在需要查考利用时具有凭证性、见证性、借鉴性。文书是为了现行应用而产生，档案是为了今后的利用而保存。文书是零散的、单份的，档案是组合的、集中的、系统的。

3. 两者存在和发挥效用的时间不同

文书由于其现实执行性，所以办理以后，它就失去了现实效用，文书的使命也就基本结束；档案由于是以备将来查考利用的，因此具有长久的利用价值，而且一些档案，保存的时间越久，也就越珍贵，价值也越大。

第二节　案例与分析

【案例一】

缺乏法律依据的决定

2015 年上半年，广东省某市××制衣厂发出了一份公文，内容如下：

××制衣厂关于中止××等118 人劳动合同的决定

各车间、科（室）：

最近，我厂对职工进行体检，发现××等118 位职工患有程度不等的乙型肝炎和携带肝炎病毒。为了防止病毒传染，保障其他职工及消费者的身心健康，经厂董事会研究决定，即日起中止××等118 位职工的劳动合同，限其一周内结清工资，办妥手续离厂。

××制衣厂总经理办公室

××××年×月××日

事情原来是这样的。这家制衣厂在对职工进行体检后，发现有118 位职工患上了乙型肝炎或是乙肝病毒携带者。面对这种情况，公司召开了董事会会议。参加会议的董事认为，为防止乙肝进一步传染，必须立刻中止这118 位职工的劳动合同，让他们尽快离厂。

于是，总经理办公室秘书小梁便按照会上的决定，起草了以上这份文件，并按照发文程序，经部门负责人审核，总经理签发，最后发送到各个车间。

文件发出后，引起了强烈反响。这些被辞退的职工，在制衣厂工作少说也都有五年以上，是看着这个制衣厂发展起来的。面对被辞退的遭遇，许多人伤心地流了泪。有些人无奈地收拾东西离开了制衣厂，还有一些人不甘心，闹着找主管部门说理。他们找到该市的人力资源保障部门，向他们咨询国家的有关政策，请求上级主管部门帮助他们解决问题。

了解了这间制衣厂违反《中华人民共和国劳动合同法》的有关规定，出现职工患病期间被辞退的情况，该市人力资源保障部门立即作出了决定，撤销《××制衣厂关于中止××等118 人劳动合同的决定》。勒令该制衣厂恢复这118 位职工的工作，严格遵守《中华人民共和国劳动合同法》的有关规定，补发职工工资，并医治好他们的身体。

【问题思考】

作为秘书小梁，在起草这份决定时，有没有考虑到依法办事，依法行文？她应当怎样为制衣厂把好文书关？

【案例分析及参考要点】

这是一起违反《中华人民共和国劳动合同法》擅自解除职工劳动合同的典型案例。根据《中华人民共和国劳动合同法》有关规定，劳动者在患病期间或者非因公负伤，在规定的医疗期内，用人单位不得解除其劳动合同。该制衣厂召开董事会会议作出如此决定，足见其法律意识缺乏这一问题的普遍性和严重性。

在这一事件中，秘书小梁的问题在哪里？

作为秘书，小梁应当具备秘书的职业素养，具有较强的法律意识，知法懂法。在决定召开董事会会议时，秘书小梁应当事先将有关法律文件准备好，需要时拿给与会者查阅，以便他们在知法前提下，提出符合法律法规的意见。另外，作为领导的助手，在必要时，要发挥参谋辅佐的作用。当发现领导决策失误时，应当及时提醒和规劝。董事会会议小梁参加了，面对董事会作出的决定，小梁没有任何反应，最终还亲笔起草了公文，发送下去。

在秘书的职能活动中，既要听命办事，不折不扣地完成领导交办的事务，又要在实际工作中，发现问题，提出参谋建议，对领导的失误与疏漏给予提醒和规劝，供领导参考，视需要采纳。在实际工作中，秘书既能听命办事，不折不扣地完成工作任务；又能为领导提供参谋和提醒，才能全面地辅助领导完成工作任务。

【案例二】

档案管理学问大

某保险公司秘书小陈刚刚接手档案工作，在档案整理过程中，他发现在公司大量的理赔档案中，照片、录像带、磁盘混放在一起。前任档案人员的理由是，虽然这些档案的载体不同，但在内容上紧密相关，有的是保险的相关资料、理赔的文字材料，还有的是现场勘测的照片、录像资料，如果分开存放，将给查找、利用带来困难。然而，这些不同载体的档案对保管条件和保管要求不同，眼下已经出现了一些问题，比如一些照片已经与纸张粘在一起，一些磁带也开始老化。小陈感到十分为难，如果继续下去，一些声像材料的损坏会更加严重，如果将其分开，工作量又很大，而且今后再利用也的确会受到影响。

【问题思考】

作为职业秘书的小陈，他能够运用档案管理中声像档案保管知识解决这一难题吗？

【案例分析及参考要点】

档案保管工作是关系到档案保存环境、保存方法与档案保存寿命的重要工作。在我们生活、工作的环境中存在着许多危害档案的完整与安全的因素，只有认真研究这些因素，并采取有针对性的防护措施，才能有效地延长档案寿命，使之更加长久地发挥作用。

照片档案的保管：

按国家有关规定，照片档案中底片保管温度为13℃～15℃，相对湿度为35%～45%，照片的保管温度为14℃～24℃，相对湿度为40%～60%。保管照片档案的库房内昼夜温度变化不应大于±3℃，湿度变化不能大于±5%。库房门窗应密封良好，采用机械通风时应加防尘罩。底片装具有底片袋、底片册和底片盒。照片的装具可分为簿册式、插袋式、粘贴式、压膜式等种类。

光盘档案的保管：

①严格控制库房的温湿度。光盘的保护层和信息记录层对温湿度的要求都比较高，不适合的温湿度会引起保护层变形，金属记录层氧化，使得信息无法准确读出。光盘保存的温度在20℃，相对湿度在45%左右。②正确存放。光盘的存放不当也会引起变形，一般应装在专门的盒子里垂直竖放，尽量避免光盘压叠堆放或长期水平放置。③保持清洁。光盘在使用中尽管不与激光头接触，不会造成磨损，但因灰尘、杂质引起的擦痕对光盘的质量也会产生严重影响，由于光盘上的信息是以极小的凹槽和凸点来记录的，一道肉眼不易察觉的划伤就有可能造成一段重要信息的损失，所以保持清洁是光盘档案保存的重要工作。

录音录像档案保管：

录音录像档案保存除严格控制温湿度、保持清洁外，还应当注意：①防止外磁场的破坏。磁场是磁记录材料的天敌，外部磁场轻则会使磁带产生杂音、失真，重则会使磁带受到磁化而退磁，造成信号永久消失。所以磁带的存放地要远离磁场。②定期卷绕和复制。磁带长期存放容易引起粘连，也会带来复制效应（即相邻的磁带相互复制），因此一般每隔6～12个月要重新卷绕一次。③正确存放。磁带由于是卷绕在盘芯上的，所以保存时最好是竖放，使其受力均匀，以免受重力的作用使磁带卷绕松弛，同时要避免日光直射。

【案例三】

新上任从调查入手

施林是一个拥有若干家分公司的大型企业办公室行政秘书，由于做事细心、责任心强，工作出色，公司决定让她负责档案管理工作。

施林上任后对公司的档案工作进行了调查，发现存在的问题很多。档案借阅登记簿上有很多公司员工借出档案后不及时归还的记录。这种现象，严重影响了他人的档案利用。而且，有的人虽然还了档案，但由于不注重保护，有的档案被折皱了，损伤了。施林还发现很多借阅档案的人其实只需查阅几分钟就可以解决问题，但由于档案室较小，不方便查阅，于是就把档案带了回去。

公司历年都有很多高科技成果，但由于管理人员不够重视，只做了些基本的整理工作。一天，经理和一客户谈判，经理向客户说本公司有好多项科技成果，客户听了，问道："贵公司有没有科技成果简介？能否给我看一下？"经理哑然。施林发现别说科技成果简介，档案部门就连系统的检索工具都没有。

正当施林思考从哪里入手解决公司档案管理中存在的问题时，一天，一位分公司工作人员来查阅一份档案时说："我跑了这么远的路，用了半天的时间就为了查这一份档案。"这件事引起施林的注意，她首先以这件事为切入点，把分公司利用频率高的档案在总公司网站上公布，这样就可以省去大家很多时间。目前，公司已经具有比较完备的纸质检索工具，成功地把档案内容传到了网上。从此，分公司查阅档案再也不用跑到总公司去了。

【问题思考】

1. 你认为施林所在公司档案管理中的问题主要出在哪里？下一步她该着重解决什么问题？

2. 公司档案利用还可以采取哪些有效的方法？

【案例分析及参考要点】

从案例中可以看出，施林所在公司虽然是一个拥有若干家分公司的大型企业，但档案缺乏管理，混乱无序，严重影响了档案的开发和利用。这主要表现在档案借阅制度不健全，缺乏对档案重要性的认识，档案保管和阅读空间狭小以及不能有效利用网络和现代办公自动化手段提高档案利用的效率等方面。

施林上任后就先从档案工作调查入手，并很快发现存在的问题，这说明施林作为职业秘书，不仅懂得工作方法，而且具有作为职业秘书的专业知识，能够发现问题，并提出解决问题的方案。相信施林下一步将会从档案管理制度的建立，环境的布置与利用，档案技术的开发等方面开展工作。

施林是一位职业秘书，她会依据档案利用的方法开展工作。

档案利用的方法可以分为直接利用和间接利用两种。

档案的直接利用是机关档案最常用的方法，是通过阅览、外借、复制、咨询、档案证明等服务方式，直接向利用者提供档案材料，满足利用需要的工作。这种方法充分体现档案原始记录的特点，提供信息最直接，而且查找利用迅速、准确、方便，深受使用者欢迎。

常见的利用方法主要有以下几种：

一是档案阅览服务。这是开展档案直接利用工作最主要的方式和途径，它是通过设立档案阅览室为使用者查阅档案提供专门的场所现场阅览。查阅者可以根据需要到档案室查阅档案原件，工作人员能够根据需要迅速提供档案原件，解答各种询问，进行相关指导，提供全方位的服务。

二是外借服务。档案外借服务是指机关工作人员根据利用的需要，将档案原件借出档案部门使用。外借服务一般分为内部借阅，指为本单位的工作服务；以及外部借阅，指为社会其他单位服务两种。

三是档案复制服务。档案复制服务是指根据档案原件制成各种复制本进行利用。随着办公室自动化程度的提高，各种现代办公工具、制图工具的普及，特别是复印、照相、传真、扫描及计算机技术的广泛运用，档案复制的效率越来越高。

四是提供档案证明。档案证明是档案部门根据使用者的要求，为证实某种事实在档案中有无记载和如何记载，而出具的证明材料。档案是具有历史凭证作用的原始记录体，能够证明实际工作中的一些事实，为使用者提供相应的凭证和依据。

五是档案咨询服务。档案咨询服务是指机关档案部门或档案人员以室藏档案为根据，通过口头（包括电话）或书面形式，向使用者提供档案信息，解决使用者的问题，解答提出的有关档案专业知识，包括档案利用手续、各种档案规章制度、档案检索途径等方面的问题。

六是开放档案文件。开放档案文件是将保密期限已满和其他可以公开的档案文件，解除其封锁限制，向社会开放，只需履行一定的手续即可通过一定方式进行利用。

档案信息的间接利用工作是通过整理、汇集、编写等方式，对现存档案室档案信息进行开发，编辑成各种专门参考资料，向使用者提供完整、系统、精练的二次信息或者三次信息的工作。档案的间接利用是机关档案积极、主动提供档案信息的一种方法，这种方法具有档案信息开发的前瞻性、全面性、科学性的特点，免去使用者查阅、摘录环节，特别有利于调查研究工作。

这里重点介绍以下几种档案信息间接利用的方法：

一是全宗指南。机关全宗指南，又称全宗介绍，它是以本机关全宗为对象范围，以叙述的形式对立档单位及其档案的内容和成分等情况进行报道的材料。编写全宗指南是机关档案室一项不可缺少的基本业务。通过编写机关全宗指南，可以做到对本单位的历史一清二楚，对本单位档案了如指掌，从而大大增强工作的主动性。由于大多数单位的档案室仅保存本单位一个全宗档案，所以编写全宗指南，实际上就是编写档案室介绍。

二是大事记。大事记是一种以时为经，以事为纬，简明地记载和反映一定范围内各种重要史实的资料书和工具书。

三是组织沿革。组织沿革也叫组织机构沿革，是以文字或者图表形式，系统地记述和反映某一独立机关自身发展演变情况的参考资料和工具。组织沿革着重记述和反映机关自身在组织系统方面的有关情况，如机关的成立、合并、撤销、复建的情况，机关人员编制和内部组织机构的设置情况等。组织沿革以系统地反映该机关自身发展、变化的历史过程为目的。

四是文件汇编。文件汇编，又称现行文件汇编。顾名思义，它汇编的都是正在发生效力的现行文件，可以说它是现行文件汇集的统称。现行文件汇编是按照一定特征（按作者、或按专题、或按重要程度、或按时间等）组成题目，将有关的现行文件编选成册，为内部印行或公开出版提供利用。开展现行文件汇编的编纂工作，是机关单位在档案编研工作中必不可少的一个重要内容，它具有便于工作查考、提高业务政策水平、进行宣传教育等作用。现行文件汇编常常分为这样几类：重要文件汇编、专题文件汇编、会议文件汇编、发文汇集、法规汇集等。

秘书人员应该掌握这两种利用方式，一方面能够使自己在工作中更加有效地利用档案信息，另一方面也可以有意识地通过特定的方式开发档案信息为机关工作服务。

【案例四】

糨糊粘贴的档案

穗秀公司规模不大，档案室只有2个人，年底档案室在整理档案时，人手不够，临时抽调办公室的小林、小陈来帮忙。为了降低成本，提高效率，小林和小陈在批发市场买了糨糊和胶水，在装订档案时采用了粘接法。二人很快就把大量的档案装订完毕，回家过年去了。开年上班后的一天，公司领导要查阅去年的一份文件，当档案工作人员找到了那份文件时，大吃一惊。因为那份文件用糨糊粘接后，经过一段时间，糨糊已经浸到了文字部位，不少文字内容已经模糊不清。领导看到这样重要的文件面目全非，非常生气。责令办公室秘书下去追查。

【问题思考】

小林和小陈为"讲究工作效率"，用糨糊粘贴文件，这种做法为什么不可行？

【案例分析及参考要点】

小林和小陈的这种做法，明显不专业。

档案装订属于档案保管工作范畴。根据《中华人民共和国档案法》第五条规定："维护档案完整与安全，便于社会各方面的利用。"这是对档案工作最基本的要求。保管工作是维护档案完整与安全的重要环节和直接手段。小林和小陈在从事装订档案工作时，只考虑怎样迅速地完成任务，让一大堆的零散文件在眼前消失。并未考虑日后档案的使用以及档案的寿命，甚至可以说，她们根本没有这方面的意识。根据档案保管的原则，管理档案要以防为主，防治不利因素对档案的破坏。小林和小陈使用糨糊装订档案，糨糊中有化学成分，这些化学成分附着在纸张档案载体上，会直接腐蚀档案载体，加速档案的老化，还会导致书写材料的变色和褪色，造成信息的消失。此外，糨糊中的水分也会引起纸张纤维素的水解，加剧空气中酸碱物质的危害。同时，过多的水分也是生霉、生虫的必要条件。因此，装订档案时，一定不能使用糨糊粘贴。

档案保管工作是关系到档案保存环境、保存方法与档案保存寿命的重要工作，只有认真研究这些因素，并采取有针对性的防护措施，才能有效地延长档案寿命，使之更长久地发挥社会作用。

【案例五】

再也找不回来了

钟苗是一家公司档案管理人员，在一次档案鉴定工作过程中，他发现一份关于一位已辞职员工的奖励文件，钟苗当时想，反正那个人已经不在本公司干了，这份文件自然也就没什么用。于是，他就把那份文件随便用碎纸机处理掉了。过了3个月，那位辞职员工来索要他的奖励文件，钟苗再也没有办法把它找回来了……

【问题思考】

1. 判定档案有无价值的标准有哪些？
2. 对于案例中所提到的那份文件应该如何处理？

【案例分析及参考要点】

文档鉴定工作是机关单位的一项经常性工作，具体包括两方面：一是对档案文件真伪的鉴定，判定档案的形式和内容是否属实；二是对档案文件价值进行区分，根据档案价值的大小，决定档案保存时间的长短。实际工作中所说的文档鉴定，更多的是指对档案价值的鉴定。鉴定工作可以分为三方面内容：一是判定文件有无保存价值；二是进一步鉴别已归档文件的保存期限；三是对保存期满、确定没有保存价值的档案予以销毁。

本案例中秘书钟苗所做的工作属于文档的鉴定工作。钟苗的错误一是擅自行事，销毁文件之前未请示领导，获得主管领导的批准。《中华人民共和国档案法》第十五条规定：鉴定档案保存价值的原则、保管期限的标准以及销毁档案的程序和办法，由国家档案行政管理部门制定。禁止擅自销毁档案。档案销毁是一项既严肃又细致的工作，必须抱着非常严谨的态度，按照严格的程序进行。具体程序是：首先编制档案销毁清册，将被销毁档案的名称、来源、保管期限以及销毁理由、销毁时间、审批人等逐一登记在册。用作呈送上级领导和留本单位日后备查。其次，附上立档单位和全宗的简要说明。立档单位能说明包括立档单位的成立、内部机构设置、工作职能等。全宗说明包括档案的形成、保管、完整程度和现存档案的主要成分。最后，经审批后销毁。销毁档案时不能随意、无序，一定要到指定的销毁地销毁，指派专人销毁和监销。确认销毁的档案与登记册登记的内容无误后，方可销毁。销毁后，销毁人和监销人应当在销毁清册上签字，并注明"已销毁"和销毁日期。钟苗随意销毁了不该销毁的文件，更妄谈按照程序办事。

二是缺乏文档鉴定的知识和能力，以致做出错误的判断。钟苗销毁的是个人的奖励文件，奖励文件属于职工个人人事档案的一部分，应该归入个人档案，还于本人。钟苗没有权力私自销毁，这给辞职员工带来了无法弥补的损失。

钟苗应当掌握以下分析和判断文档价值的知识：

分析和判断档案的价值，首先，应以分析档案的内容为中心。档案内容包括档案中记载的各种事件、问题、人物、数据及其他信息。结合考虑档案的来源、时间、形式等因素。档案内容是分析鉴定档案价值的一个最重要的方面，档案的价值往往是通过档案内容体现出来的。其次，要分析档案产生的时间、档案的名称、稿本、外形特征以及技术因素等。

【案例六】

选择材料这么重要

某公司为加强科学管理，制定了"关于在后勤部门实行承包的条例"，在公司部分工厂试行。经过半年多的实践，领导很想了解基层的反应，派了两位秘书到试点单位后勤部门了解情况。

不久，调查的典型材料送到厂部办公室，领导阅后，发现这些材料反映出来的意见不一致，秘书小金从总结经验的角度去选择材料，所写的三个典型例子，都是赞扬在后勤部门实行承包的好处，要求尽快推广实施。秘书小许的想法则不同，为了让领导在决策时多看到困难所在，选择调查的三个典型材料，都反映实行承包的不利因素，要求领导慎重考虑。

从典型材料来看，都写得生动具体，有理有据，但仅仅看这种材料，领导又感到很难拍板或否定。公司有几十个基层单位，而典型材料只是六个工厂的六个部门，对数量众多的面上情况，材料中并没有反映出来，收到的材料没有"量"，何以谈到有代表性、真实、可靠？

【问题思考】

从以上案例看，文书撰写应当注意哪些问题？

【案例分析及参考要点】

文书撰写时应当注意：

一是观点正确。观点是撰写者在传达政策、发布指示、通知事项、汇报工作和总结经验时，通过文书所表现出来的思想观点和基本意见，它是文书的灵魂。文书的观点是通过具体材料表述出来的，有什么样的材料就会形成什么样的观点。本案例中秘书小金和小许调研提供的材料不仅数量有限，而且一个只报喜不报忧，一个只报忧不报喜，具有严重的片面性和局限性。在写作时如果仅采用这些材料，势必会使文书缺乏全面、准确、客观和真实性，影响阅读者的判断。因此，在文书撰写过程中，首先要认真做好调查研究工作，为写作提供充分的、真实可靠的素材。同时，文书撰写时严格执行党和国家的法律法规和各项政策，正确反映领导意图，准确反映本地区本单位的客观实际。确保言之有理，立论有据，上下一致，高度统一。

二是讲究实效。随着社会节奏的加快，作为管理手段的文书工作也应当适应。明确文书撰写与办理的时限，简化办文的手续和难度，尽可能地运用现代化办公手段，确保文书工作整体效率的提高。对于秘书来说，还应当对撰写和办理的文书能够分出轻重缓急，重要的、紧急的文书先行撰写和办理。

三是准确表述。文书的内容靠语言来表达。文书中一字之差，一句之失，一文之偏，往往造成思想混乱，工作失误，甚至更大损失。因此，文书撰写时，应当做到用语准确、简洁、生动，字词规范，标点正确。

四是结构完整。要根据主题表达的需要，将材料有步骤、有主次地组织起来，使全文形成完整、严密的有机整体。

文书是企业生存和发展不可或缺的重要信息来源，也是企业管理者制定政策、实施管理的依据。所以，作为秘书人员收集和处理信息，撰写文书时，一定要注意科学和准确，要让文书真正能够反映企业的真实情况，为企业的管理提供帮助。

【案例七】

公文标题拟制问题多

以下是一些单位公文的标题：

例1：《×××公司关于新建办公大楼要求补助资金的申请》

例2：《××省机构编制委员会办公室关于机构改革中有关问题的解释》

例3：《贯彻全国交通公安局、处长会议精神，认真做好我省交通安全保卫

工作》

例4：《公司生产安全工作会议通知》

例5：《××省科技厅关于申请"十三五"国家重点科技攻关项目试验工程补助费的报告》

例6：《××省交通基建管理局关于申请审批高等级公路水泥混凝土路面接缝技术研究可行性报告的函》

例7：《××县人民政府关于转发〈××市人民政府关于转发《××省人民政府关于加快畜牧养殖业发展的通知》的通知〉的通知》

例8：《××县人民政府关于粮食问题的请示》

例9：《××集团公司通知》

例10：《××局关于转发县人民政府办公厅×政办〔2015〕108号文的通知》

【问题思考】

案例中的公文标题有些文种使用不当，有些标题事由部分表述不清，有些标题冗长烦琐，不精练，你能加以修正吗？

【案例分析及参考要点】

标题是文书的"眼睛"，拟制标题要求准确、简练、清楚、规范。按照公文标题的写作要求，将以上案例中的标题修正如下：

例1：正确的标题为《×××公司关于划拨新建办公大楼补助资金的请示》

公文标题规范化是公文处理规范化的内容之一。作为正式印发的公文，使用文种一定要合乎规范。这例标题是向上级请求投资补助的上行文，应该使用"请示"文种，以确保得到上级的批复。

例2：正确的标题为《××省机构编制委员会办公室关于印发机构改革中有关问题解释的通知》

这例标题是一份下行文，缺少文种，"解释"不能作为文种。应当按修改后的标题拟一份"通知"，而将原"有关问题的解释"作为附件。

例3：正确的标题为《××省交通厅关于贯彻全国交通公安局（处）长会议精神，切实做好我省交通安全保卫工作的通知》

这例标题结构不完整，缺少标题文种，根据内容看，属于一份下行文，应该使用"通知"文种。

例4：正确的标题为《××公司关于召开2016年生产安全工作会议的通知》

发文机关名称不能使用泛称"公司"，属于公司内部会议通知，可以不用发文机关，如果使用，要用全称或规范简称。另外，缺少介词"关于"，事由表达不清楚。

例5：正确的标题为《××省科技厅关于要求划拨"十三五"国家重点科技

攻关项目试验工程补助费的请示》

这例标题的文种使用错误，根据内容看，是下级单位向上级部门申请划拨补助费，应当用"请示"。"报告"也是上行文，但其作用是向上级机关汇报工作，是工作之后才产生的公文。"请示"和"报告"有共同之处，但又是有严格区别的，使用时一定注意。

例6：正确的标题为《××省交通基建管理局关于要求审批高等级公路水泥混凝土路面接缝技术可行性报告的请示》

这例标题根据内容应当是向上级机关请示有关事项，这里用"函"，不仅不符合行文关系要求，而且，也表现出对上级机关的不尊重，势必会直接影响到行文的正确性。"函"适用于平行机关之间行文，这里应当使用"请示"。

例7：正确的标题为《××县人民政府转发关于加快畜牧养殖业发展的通知》

这例标题长达50字，包括三层转发，冗长烦琐，语义不清，影响阅读。修改时不拘泥于原标题，可根据内容，省去不必要的成分，重新提炼新标题。

例8：正确的标题为《××县人民政府关于粮食收购和储备有关问题的请示》

一份文件的标题应直接、准确、简要地概括公文的主旨，体现公文的主题，避免表述不清，产生歧义。这例标题主要内容表述不清，"关于粮食问题"是什么问题呢？不看完文件恐怕难以得知。标题未能揭示该公文的主旨，主要是标题事由部分太笼统，词不达意。

例9：正确的标题为《××集团公司关于×××××的通知》

这例标题省略了事由，不完整。应当加上"关于"什么的内容。在公文写作中这种省略式仅用于命令、公告、会议纪要等少数文种，使用时需要一定条件。

例10：正确的标题为《××局转发县人民政府办公厅关于×××××的通知》

这例标题从题面上完全看不出该文件的任何内容，转发的文件内容以文号代替，不能体现标题揭示公文主旨的作用。

第九章 信访工作

第一节 基本知识与基本原理

一、信访工作的含义

信访，是来信、来访的简称，是指社会成员通过写信、走访、电话等形式，向党和国家机关、企事业单位、社会组织及其负责人反映情况，表达个人或集体意愿的一种政治交往活动。

信访工作，是指有关组织或部门对来信、来访进行分析研究、调查核实、恰当处理的一系列活动。信访工作是信息反馈的重要窗口，是掌握群众思想脉搏的重要渠道，也是决策者为群众办实事的具体体现。它是办公室工作中非常重要的一项内容，尤其是对于层次比较高的综合性办公室更是如此。

二、信访工作的构成要素

信访工作由信访人、信访受理者、信访形式、信访问题、处理结果五部分组成。

（一）信访人

信访人是信访活动的发起者，是享有信访权利，采用书信、电子邮件、传真、电话、走访等形式反映情况，提出建议、意见或者投诉请求的公民、法人或者其他组织。

（二）信访受理者

信访受理者是接受来信、来访，并对信访问题进行分析、研究、予以处理的组织或人员。

（三）信访形式

信访形式是指信访者进行信访活动所采取的形式与方法。信访形式有：书信、电子邮件、传真、电话和走访。

（四）信访问题

信访问题是信访人通过信访形式反映的具体事情和表达的意见要求，包括请求、申诉、揭发、控告、询问、建议、批评、表扬等，涉及社会生活的各个方面。

（五）处理结果

处理结果是信访活动的归宿，体现着信访活动的目的和意义。信访者对信访结果是否满意，是评价信访工作的重要指标。

三、信访工作的特点

（一）政策性

信访工作是一项政策性很强的工作，信访中反映的问题涉及方方面面，因此，信访受理者应当具有一定的政策水平，能够熟练地把握政策并依据政策办理信访案例。

（二）广泛性

信访活动的广泛性既体现在信访者身份的多样性方面，也体现在信访问题的多样性方面。信访问题无所不包，信访者可以是社会中任何享有信访权利的团体和个人。

（三）复杂性

信访问题往往是一些长期得不到解决的老大难问题，涉及面广，时间拖延长，牵一发动全身，解决起来往往阻力较大。特别是一些特殊行为的信访活动，处理起来更加棘手。

四、信访工作机构的设置

《信访条例》规定："县级以上人民政府应当设立信访工作机构；县级以上人民政府及乡、镇人民政府应当按照有利于工作、方便信访人的原则，确定负责信访工作的机构或者人员，具体负责信访工作。"

五、信访工作制度

（一）登记制度

信访事项按照以下程序和要求进行登记：

（1）来访人送来信件直接送党群工作部，属于受理范围的，直接登记按程序处理。不属于受理范围的，说明理由，完善否定报备制，予以退回。

（2）来访人员及来访电话反映情况的，由值班人员直接处理，重要事项需要登记转办处理的，按要求进行登记后按程序办理。

（3）上级部门转交、转办的来访、来信，由行政工作部统一收文登记。

（二）呈阅制度

对来信、来访反映的一般性问题，已明确了法律、法规、政策依据的，按职能、业务范围交予具体经办部门处理；对政策不明、有普遍性和代表性、多次上访的问题，上报分管领导批阅后处理。

（三）交办、专办、查办制度

各部门受理后难以解决或处理的信访事项，按照业务相关、归口负责的原则处理。

（1）个人或企业来访由党群工作部或行政工作部接访处理，必要时请有关领导出面解决。

（2）集体上访的，行政工作部要迅速通知相关负责人即时赶到现场处理，并及时上报领导。

（3）来信等信访材料，根据信访内容，需要由相关部门专责办理或协助办理的信访件，由办公室交分管领导审阅并批示后交相关部门办理，在办理时限内办结。

（四）回告制度

按照"有来访，有办理，有结果，有反馈"的原则要求和程序执行回告制度。信访事项的承办人按领导批示或要求办理，书面来访事项，反馈必须用书面形式；电话来访或来人口头来访的，重要事项或较复杂事项以书面形式反馈，简单事项可以口头和电话反馈。

（五）复信制度

（1）来信内容不详的，复信通知来信人，预约时间、地点面谈。

（2）转办了的来信，通知来信者，信已转到何处。

（3）已调查处理的信访问题，回复来信人，并反馈查处意见。

（4）对群众的建议性来信要复信鼓励和感谢。

（5）所反映的问题，政策明确规定不能处理的，也要给群众明确答复，解释清楚，以免重复来信、来访。

（六）结案归档制度

各部门派专人负责信访事项的审查结案和归档整理。已经办结的信访事项，要及时进行归档整理，将信访原件材料、拟办意见、领导批示、调查材料、处理结果等经过整理后统一交行政工作部立卷归档。

六、秘书与信访工作

接受来信和接待来访的工作，一般由秘书部门来承担；在专设信访机构的机关单位，其信访工作的实际操作，也往往与秘书部门息息相关。秘书部门承担或参与信访工作，这是由秘书作为领导的参谋和助手的职责决定的，也是由秘书部门的综合性质和枢纽地位决定的。

第二节　案例与分析

【案例一】

秘书如此接待上访

河阳市市委书记高长河刚刚上任时，有一位老太太上访，反映一些问题，被秘书挡住了，但高书记亲自在会议室接待了她，并亲自给她泡了茶。老太太非常有条理地说出她所要反映的问题，分十二项内容，每项内容又分几个方面，第一项没讲完就已经过去半个多小时。秘书看此情形，想出一个办法，叫高书记出来接一个重要电话，然后自己去接着听老太太反映情况。

【问题思考】

试分析本案例中该秘书的做法是否合理？

【案例分析及参考要点】

我们可以从下面两点进行分析：

（1）"老太太上访被秘书挡住了"反映出该秘书没有坚持信访工作的原则，也没有按照来访程序处理。根据信访工作原则，群众来访时，应该坚持公开、便民、文明接待、热情服务的原则。但在本案例中，秘书人员显然违背了这一工作原则。秘书人员应当从中获得一些启示：处理涉及政策性、原则性的复杂问题时，尤其需要慎重细致，切忌简单粗暴。所以，该秘书不应该简单粗暴地把来访者挡在外面，而应运用换位思考工作法，体现热心、耐心、细心和真心。秘书人员在接待下级来访者时，应该明白对方是发言者，要给对方更多的说话机会，自己要学会倾听。秘书应该放下自己正在做的工作，以示对来访者的尊重。

（2）"让高书记接重要电话，自己接着听"反映出秘书在领导活动中的参谋作用和助手作用。领导的精力和时间是有限的，必定需要秘书帮助他处理一些事务。所以，该秘书履行了自己的职责，当好参谋和助手，随机应变，为领导排忧解难。

【案例二】

"羊城一号特困归侨" 上访案

1996年10月的一天，广州市侨办信访科来了一位自称是归侨的上访者。信访科的同志热情地接待了他。

从此人反映的情况中，信访科的同志得知，此人名叫郑林才，1933年出生于柬埔寨，1956年从越南回到广州。回国后，由于被指控犯有盗窃罪等问题，曾被劳教过三年，后又被判刑十年。出狱后生活一直非常困难，一家人露宿在海珠桥下，靠拾破烂为生，长期过着流浪的生活，被称为"羊城一号特困归侨"。

后来，有位黄姓朋友同情他，让他们一家借宿在自己家中，生活这才暂时稳定下来。1996年，因广州市旧城改造，郑林才借宿的房子要拆除，眼看一家人又要露宿街头，在走投无路的情况下，郑林才找到了广州市侨办。

广州市侨办信访科的同志了解到这一情况之后，马上向市侨办领导作了汇报。市侨办领导非常重视，立即指定专人负责处理此事，并指示一定要深入地搞好调查。如情况属实，必须把问题解决好。

有关人员经过初步调查，证实了郑林才反映的情况基本属实。但由于郑林才的问题年代已久远，有关材料已遗失，郑林才本人拿不出能够证明自己是归侨的有关资料和有效证件。在这种情况下，广州市侨办的有关人员并没有推诿和放弃，他们与海珠区侨办、滨江街道办事处组成联合调查组，到郑林才当年服刑的滨江矿场进行深入的调查，翻阅了大量的历史资料，最后找到了郑林才从越南回国的文字凭据，从而确认了其归侨身份。

在此基础上，广州市侨办为郑林才一家脱贫解困做进一步工作就有了法律依据。《中华人民共和国归侨侨眷权益保护法》第三条规定："国家根据实际情况和归侨、侨眷的特点，给予适当照顾。"第四条规定："县级以上各级人民政府及其负责侨务工作的机构，组织协调有关部门做好保护归侨、侨眷的合法权益的工作。"有了对郑林才归侨身份的认定，侨办就可以依照有关规定，来维护其应该享有的合法权益。

市侨办有关人员四处奔走，积极与有关部门商量，协调解决郑林才的问题。为解决郑家的住房问题，经多方协商，区房管站同意从辖区公房中调出一间 7 平方米的房子租给郑林才一家。郑林才的两个女儿慢慢长大，市、区侨办领导又多次与市房管局协商，重新给郑家安置了一间 30 平方米的公房，每平方米只收一元租金。区政府和街道办事处还给郑家筹款 3 万多元，重新装修房子、申报水电、配备家具和日用品。为了解决郑家的生活问题，市、区侨办通过街道，为其向民政部门申请办理了 420 元的救济金，并为郑妻介绍了一份月薪 400 多元的工作。区公安部门为郑家解决了户口问题，并免收了入户增容费。区教育局为其子女解决了入学问题，滨江街道办事处发动本辖区的干部、职工和群众，为郑家的两个孩子捐款助学近 3 万元，市、区领导还多次送上慰问金。侨务部门和社会各界的关怀、支持，给郑林才一家送去了极大的温暖，也激励了他们脱贫解困的决心。目前，郑林才的两个女儿发奋学习，郑妻努力工作，郑林才自己也做点小生意。昔日的特困归侨，而今逐渐过上了温饱生活。

【问题思考】

市侨办对"羊城一号特困归侨"上访事务的处理有什么可取之处？本案例对于秘书人员处理信访事务有什么启示？

【案例分析及参考要点】

以上这个案例，是侨务信访日常工作中的一个典型案例。它的基本工作程序可以概括为以下十个步骤：热情接待—仔细倾听—及时汇报—深入调查—确认身份—依法处理—多方协商—逐项落实—经常回访—不断协调。广州市侨办对"羊城一号特困归侨"上访事务的处理正是遵循了侨务信访基本工作程序，这也是其可取之处。

从广州市侨办为归侨郑林才一家排忧解难的侨务信访工作案例中，秘书人员可以得到以下几点启示：

（1）信访工作要按政策、法律办事的原则。法律和政策是信访工作的生命线。衡量一个信访人反映的问题、提出的诉求是否合理，最基本的标准就是看其是否符合国家的法律法规和政策；对信访人提出的信访事项进行办理，也要依据国家的法律、法规和政策，坚持依法依政策办事的原则，否则就会出现随意性，就有可能引起连锁反应，引发新的不稳定因素。在本案例中，侨务部门是国家的行政部门，它的职责就是依据侨法和涉侨法的有关规定和政策，保护华侨华人和归侨侨眷的正当合法权益。因此，对于秘书人员来说，熟知有关法律和政策是搞好信访工作的前提。

（2）信访工作，只有积极地办、热情地办、顽强地办、周到地办，才能真正取得实效。如果广州市侨办没有遵循全心全意为人民服务的原则，没有积极为人民办实事的精神，郑林才上访的事情，在一开始就有理由推诿。不承认他的归侨身份，就可以把事情推掉。如果广州市侨办没有工作的主动性，没有坚持不懈为人民服务的精神，他们也不会花费那么多的时间和精力，去协调那么多的部门，来解决那么多的具体问题。因此，对于秘书人员来说，加强为人民办实事和为人民服务的精神将极大地提高信访工作的质量和水平。

（3）必须协调好政府各部门、有关单位和社会各界的力量，才能真正做好信访工作。信访工作具有复杂性，它也常被称为"机关第一难"的工作。从总体上看，信访活动是社会各种矛盾直接或间接的体现，是矛盾发展到一定程度的体现。在本案例中，侨务部门没有人、财、物的实权，靠自身的力量不可能解决郑林才一家的脱贫解困问题。只有协调好各方面力量，才有可能做好这项工作。因此，对于秘书人员来说，具备良好的协调能力将大大提升信访工作的质量和水平。

【案例三】

一个村民集体围堵党政机关的案例

2006年3月4日，山东省高密市某村40多名村民围堵了市委、市政府办公大楼。

这件事情的起因是：高密市某村村委会临时负责人孙某因与党支部书记长期存在矛盾，带人冲击党支部组织，打伤公职人员，还砸坏了部分设施。市治安大队于2006年3月3日依法对孙某进行拘留。孙某的亲属以"公安部门调查失实"为由，聚众到市政府上访。

3月4日上午8时，40多名群众冲击市委、市政府大院，围堵办公楼，要求公安部门立即放人，并要挟不放人将集体越级上访。

以孙某亲属为主的上访人员大喊大叫，情绪激动，几次冲击办公楼大门，吸引了大批市民围观。特别是十几名妇女又哭又闹，有的因体力不支几欲晕倒，孙某60多岁患有心脏病的父亲也在上访队伍中。如不及时妥善处置，极有可能出现意外情况，使事态复杂化。

【问题思考】

对于上述案例中出现的情况，应该怎样处理比较妥当？

【案例分析及参考要点】

这是一个典型的群体性信访事件。近年来，我国群体性信访事件频频发生，已经成为影响社会稳定的重要因素之一。群体性信访事件由于参加人数多且情绪激烈，现场局面不易控制，极易演变为剧烈的社会冲突，造成严重的社会影响和社会危害。因此，迅速并妥善处置紧急、重大的群体性信访事件，不仅是社会稳定的重要环节，也是信访工作的重中之重。

群体性信访事件一般分为诱因及酝酿、发生及扩展、处置及化解三个阶段。有的群体性信访事件之所以能够发生并迅速扩展，首先是信息掌握不及时、不准确，其次是现场处置不当、不果断。因此，根据群体性信访事件的特点，处理群体性信访事件必须把握好几个关键环节：一是要及时，立足于早发现、早报告、早赶赴现场，不可拖延；二是领导要亲临现场指挥和协调，与上访人员真诚地、面对面地做工作，不可回避；三是要耐心细致地做好思想教育工作，宣讲政策，宣讲法律、法规，态度鲜明，晓以利害，不可激化矛盾；四是调集足够的警力，在场外待命，防止事态的进一步恶化；五是要做好思想分化和瓦解工作，对个别带头滋事的分子或有犯罪行为的嫌疑分子坚决果断地依法处置。

总之，审时度势，刚柔并济，是妥善处置群体性信访事件的有效策略。此外，还应该强调指出的是，现场的妥善处置并非是问题的最终解决。从这起上访事件来看，问题的根源是两名村领导之间的矛盾，演化为家族式对抗。因此，在上访事件平息后，要把工作重点放在化解矛盾纠纷上，从源头上预防该类信访问题再次发生，促进农村的和谐稳定。

【案例四】

交通事故责任认定引发的上访案

2003 年 12 月 8 日晚，浙江省宁波市镇海区发生一起重大交通事故，沈桧令夫妇年仅 23 岁的女儿在事故中丧生。宁波市公安交警支队于 12 月 23 日作出责任认定：驾驶员桂敏海有醉酒驾车、车辆灯光不符合技术要求等 4 项违章行为，负事故主要责任；死者沈晏婵横过马路未注意看清来往车辆，负事故次要责任。

"我女儿的死是因为肇事司机醉酒驾车，怎么还要负次要责任？"在拿到事故责任认定书的第二天，周艾萍就向浙江省公安厅交巡警总队申请重新认定。可是，省厅交巡警总队经过复核，依然维持原责任认定。夫妇俩心有不甘，为此踏上了上访路……

2004 年 2 月 13 日，沈桧令夫妇找到浙江省公安厅副厅长张景华。中午休息时间，张景华耐心倾听了他们的诉说。

"我们有错必纠！"听完事情原委，张景华当即作出承诺。他们再次组织各方力量对事故责任认定进行复核。2004 年 4 月 1 日，浙江省公安厅在杭州召开"周艾萍不服交通事故责任认定信访听证会"。公安厅为一起交通事故责任认定专门召开听证会，这在浙江尚属首次。结果是"事故责任认定于法理上不冲突，受害者却难以接受"。

虽然肇事方也愿意承担"全责"的经济赔偿，但周艾萍仍坚持要为无辜丧生的女儿讨回"无责"的公道。2004年5月，她第三次上访。第三次接待周艾萍后，张景华亲率省厅交巡警总队有关人员赴事故现场进行实地踏勘。他们模拟事故过程，绘制了模拟现场图。根据现场重现的情况看，事故发生时，沈晏婵已经通过3/4以上车道。"司机假如没有醉酒，假如没有超速行驶，而在规定的车道内行驶，沈晏婵完全可能安全通过路面。"联系到《道路交通安全法》的立法精神，张景华认为，驾驶员桂敏海应该负事故的全部责任。

2004年5月30日，周艾萍夫妇拿到省厅的"复核结论"。他们满意了！

一提起这事，浙江省公安厅副厅长张景华就感叹不已，他说："每一个信访案件，都在表达群众的一种不满。从1999年起，我们一直坚持厅领导信访接待日制度，而从2003年开始，厅领导在直接接待的同时还主动下访，这样做的本意就是要保障群众的合法权益，还群众一个公道！"

【问题思考】

上述案例中，领导亲自接待和处理群众信访对搞好信访工作有什么启示？

【案例分析及参考要点】

做好信访工作，关键是要明确并落实信访工作的主体责任。不过，在信访工作实践中，落实主体责任是一件很复杂的事情，有的涉及条块分割的问题，有的涉及多个责任部门，有的由于人员流动，信访问题发生地与信访者户籍所在地不一致，人案分离，导致信访问题长期得不到解决。

在本案例中，这起上访案的成功解决，得益于浙江省公安厅领导的高度重视，也得益于浙江省公安厅交巡警总队的具体工作人员对人民群众崇高的情感与责任。在本案例中，领导不仅耐心倾听来访者的意见，还亲率省厅交巡警总队有关人员赴事故现场进行实地踏勘，这体现出对人民群众的高度负责。带着感情抓信访，带着责任抓信访，信访工作就有了灵魂，有了活力。再疑难、再复杂的信访案件也会出现"山重水复疑无路，柳暗花明又一村"的转机。

本案例体现出来的这种处理信访案件的方式是一种领导包案的有效信访工作方式。实行各级领导包案，是近年来各级政府在解决信访突出问题中探索形成的一种行之有效的制度和方法。实行领导包案，强化了各级领导解决重大、疑难、复杂信访问题的责任，加大了对问题的协调和处理力度，有利于问题的解决。特别是对影响较大的重要信访案件和久拖不决的疑难信访案件，实行领导包案不仅可行，而且十分必要。

【案例五】

陈秘书的选择

一天，一位姓张的承包户正在县供销社办公室向负责信访接待的陈秘书讲述他承包的乡供销门市点权益受到侵害的经过，说到伤心处，竟泪流满面。

原来，张某承包的供销门市点，地处穷乡僻壤，群众购买力很差，门市点只卖些油盐酱醋、针头线脑之类，一直只是保本经营。但是张某是个有经营头脑的人，他决定改变经营范围，他先是向农民供应各种优良种子，接着又到外地采购优良种苗供应给农户。他还购买了有关书籍，学会栽培技术，以帮助农民发展生产。两年后，本乡农民渐渐富裕起来，乡里公路也通了。张某的供销门市点正好在公路和两条乡村大道的交会点上，他的生意日益兴隆起来，营业额直线上升。正当他准备进一步扩大经营时，有人来找麻烦了。

同乡周某，与县供销社副经理关系密切，对门市的经营看红了眼，便动了心思。张某的承包期还有两年，副经理伙同周某就想提前结束他的承包合同。无奈，张某找有关领导告状，也无结果。于是，他求县供销社领导"为民做主"。

陈秘书记录了张某的案情后，安慰了他一番。送走张某之后，陈秘书觉得此事比较棘手，因为涉及自己的顶头上司。经过思考，他设计了如下应对方案：

（1）知难而退，将此事压下来，不向领导汇报，如果将来有人过问此事，就说忘记了。

（2）将此事告知与周某关系密切的副经理，让其"定夺"。

（3）在告诉办公室主任和供销社经理前，给副经理"透风"，让其先有所准备。

（4）直接向办公室主任与供销社经理汇报并提出处理意见，维护承包合同的法律权威性和承包人的合法权益。

【问题思考】

请对上述方案进行评析，并为陈秘书选择正确的方案。

【案例分析及参考要点】

第一种方案的错误是十分明显的。当事人通过信访的形式向党和政府反映问题、表达诉求，是每个公民基本的民主权利，是公民体现意志、表达自由的一种途径，也是对党和政府的信任和负责的表现。因此，保持信访渠道畅通，切实保障信访人的申诉权、知情权是保障公民基本民主权利的体现。第一种方案中，知难而退，将事情压下来，这属于知情不报、不说真话、自作主张、封锁消息，违背了秘书工作"上传下达"的职责和信访工作的基本制度，是秘书工作的大忌。这样做，不仅会失去领导的信任，而且与秘书角色的基本要求——忠诚不相符。

再者，记录在案，白纸黑字，又不是芝麻小事，怎能以"忘记"两字搪塞过去？

第二种方案也是错误的，这个方案的出发点是私心或私情，有违信访工作纪律。根据我国信访工作纪律，与来访者或来访事项有直接利害关系的接待工作人员应当回避，不得干预接待工作或擅自办理来访事项。由于副经理与本案有关，按规定应回避。他虽是秘书人员的领导，但让其知晓，往往会给案件的处理带来麻烦，甚至产生副作用。秘书人员丧失原则，明知不对，且只告知他，还让其"定夺"，这就从根本上违背了信访工作"执行政策，依法办事"的基本原则，是绝对不允许的。

第三种方案也是错误的。秘书四处讨好，圆滑处世，不得罪各方，在现实生活中，确有这样的人。因为秘书夹在上下左右和各领导之间，工作难做，于是，为人处世，八面玲珑，甚至不惜违背原则。殊不知这样做的结果，副经理如因此从中作梗，最后总会真相大白，必将导致秘书角色的崩溃。

第四种方案才是正确的选择。作为秘书，理应按工作原则办事，坚持领导亲自处理来信、来访的制度，向主要领导汇报信访中的重大问题或带倾向性的问题，根据有关规定，提出多种处理意见，供领导参考，然后按领导的指示办理。这才是秘书应坚持的办事原则。

【案例六】

李秘书的困惑

某县所辖区供销社被解职的四名职工，来到县供销社，找领导解决"饭碗问题"。因为县供销社支持区社放开经营，让他们下岗回家自谋出路，每月只发放生活费。接待上访者的是县供销社李秘书。在接待室里，无论李秘书怎样解释政策，他们也不理睬，非要找领导解决问题不可。最终，这几个人冲出接待室，拦住正要外出办事的县供销社领导，大吵大闹。有两个中年妇女还抱住领导的腿，一边躺在地上叫喊："打死人啦，打死人啦！"一边用头往领导身上和地上撞，以致额头皮破血流，谁也劝阻不了。面对这个场面，李秘书惊呆了。最终，还是办公室老高打电话给附近的派出所，将他们带离接待室，并遣送回家，借助强制手段，才平息了这几个人的无理取闹。

事后，李秘书非常困惑：昨天接待一位来访群众时，他面带不悦之色，受到领导的批评，嫌他待客不热情。今天，同样是接待群众来访，为什么又要采取强制手段呢？

【问题思考】

李秘书的做法有什么不当之处？李秘书为什么会困惑？

【案例分析及参考要点】

李秘书在前一天的信访接待中，因态度不好而受到领导批评，于是，今天对一些无理取闹、胡搅蛮缠、扰乱正常工作秩序的人，就不敢坚持原则，显然是不妥的。

《信访条例》第十四条规定："信访人应当遵守信访秩序，不得影响国家机关工作秩序，不得损害接待场所的公私财物，不得纠缠、侮辱、殴打、威胁接待人员，不得携带危险品、爆炸品及管制器械进入接待场所。"第二十二条规定："信访人不遵守本条例第十四条的规定，影响接待工作的，信访工作机构可以给予批评教育；批评教育无效的，信访工作机构可以请求所在地的公安机关将其带离接待场所，并按照国家有关规定予以收容、遣送或者通知其所在地区、单位或者监护人将其带回。"第二十三条规定："在接待场所携带危险品、爆炸品和管制器械的，公安机关或者信访工作机构应当予以收缴。"

本案例中信访人的行为，已经超出了信访人的权利，破坏了信访秩序，影响了机关工作秩序。因此办公室老高通知派出所将其带离接待室，并遣送回家，是完全符合《信访条例》规定的合法行为。如果不采取强硬措施，任其胡闹，不仅影响正常的机关工作秩序，而且会影响社会稳定，破坏安定团结的政治局面。

对于群众来访，必须坚持依法、及时、就地解决问题与疏导教育相结合的工作原则。李秘书的困惑，主要是没有弄清楚疏导教育与依法办事的辩证关系。对于一般的来访群众，秘书人员必须热情接待，做好深入细致的思想教育工作，不能态度冷漠；而对于批评教育无效、无理取闹、破坏信访秩序的信访人，必须按照《信访条例》的规定，采取强硬手段，不能任其胡闹。思想教育与依法办事相结合，才是解决一些特殊信访问题的有效措施。李秘书应当认真学习《信访条例》，在信访工作中区别对待，因人而异。

【案例七】

倾听的力量

某电信公司总经理曾碰到过这样一个上访的客户，这个客户不仅对接待他的总经理进行谩骂，还大骂电信公司的有关工作人员，威胁要拆毁电话。他拒绝支付某种电信费用，他说那是不公平的。他写信给报社，还向消费者协会提起申诉，到处告电信公司的状。

电信公司为了解决这一麻烦，派了一位最善于从事公关工作的公司秘书人员去会见这个惹是生非的人。公司派出的这位秘书静静地听着那个暴怒的客户大声的"申诉"，并对其表示同情，让他尽量把不满发泄出来。3个小时过去了，秘书还是非常耐心地听着他的牢骚。此后，还两次上门继续倾听他的不满和抱怨。

当秘书再次上门倾听他的牢骚时，那个已经息怒的客户把电信公司的这位秘书当成了最好的朋友。

【问题思考】

1. 试分析这个案例中解决问题的成功之处。

2. 分析这个案例，根据已有的知识总结：倾听在处理上访案件中有什么作用？

【案例分析及参考要点】

对于无理纠缠的上访者，一个有效的办法是"攻心为上"，解决思想问题。在本案例中，电信公司秘书耐心倾听，善解其意，最终感化了上访者，使得这一上访事件顺利解决。耐心倾听，"攻心为上"正是解决这则案例的成功之处。

从心理原因看，心理失衡是导致转型期信访问题突出的重要社会心理根源。心理失衡的其中一种就是埋怨心理。在现实生活中，有些人遇到困难、遭受挫折、体味差异的时候，不是找自身的原因，不是在逆境中奋起抗争，而是怨天尤人、牢骚满腹，埋怨自己生不逢时，埋怨政策不好，埋怨领导不关心，埋怨社会不公平，埋怨机会不光顾。本案例的上访客户就有这方面的心理失衡。

面对这名心理失衡者，电信公司秘书的策略是用心倾听。正是倾听化解了所有矛盾，这告诉我们，在开展信访工作时，用心倾听有多么重要。首先，用心倾听可以舒缓上访者的情绪。信访工作面对困难群众，他们遇到的多是不平事、揪心事、麻烦事，来上访的时候情绪难免激动。这时候，用心倾听上访者的申诉，即使有些观点不完全正确，也不要急于反驳，这样可以大大缓解上访者的对立情绪，降低矛盾进一步激化的可能。其次，用心倾听可以赢得上访者的信任。很多时候，上访者的要求虽然也有一定合理性，但由于一些客观原因，很难为上访者彻底地解决所有问题，但通过用心倾听，赢得上访者的信任，让他们明白政府能够理解他们的困难，能够设身处地地为他们着想，矛盾就会化解。

【案例八】

秘书信访答复引出的教训

例1：一天，乡政府秘书小刘值班时，来了一名上访者，此人姓朱，是大河村的农民。据朱某反映，其邻居横行霸道，最近在他屋门前砌起一堵围墙，影响了他家人的出入，经村干部调解仍无法解决，便要求乡政府出面处理。小刘听罢，义愤填膺，感到这家邻居也太霸道了，光天化日之下，竟敢挡住别人家的去路，一种见义勇为的冲动油然而生。于是，他随口答复说："他不讲道理，你把他的围墙推倒不就行了，怕什么？"朱某听秘书如此"答复"，以为得到了乡政府的支持，不禁神气百倍，回去后立即组织了一帮亲友将邻居的围墙推倒。对方不服，也拉了另外一帮人马，砸了朱家的门窗，最后双方大动干戈，两败俱伤。村干部在处理此事时，朱某振振有词地说："是乡政府刘秘书叫我推倒的！"此时，小刘方知因自己答复不慎而闯了祸。

例2：某县政府办公室牛秘书，生性耿直，说话常带火药味，素有"炮筒子"之称。一天，他负责接待一批年轻的上访者，来访群众反映的是两家企业间的房屋产权纠纷问题。恰好牛秘书是此事的知情人，对事情的历史渊源和来龙去脉一清二楚。按说，牛秘书本应向上访者耐心地说明自己所知道的情况，可性情急躁的牛秘书却产生了逆反心理，"牛劲"一来，感情的冲动完全代替了理智，没等上访者申诉完毕，他便拍案而起，高声训斥道："谁说那栋房屋是你们的？20世纪70年代我就住在那栋楼上，当时你们还没有出生，你们这些毛头小子懂什么？"带着满腔怒火的上访者立即反唇相讥："你不像是政府的干部，你没有资格和我们谈话！快请你们县长来！"双方立即呈对峙局面。办公室主任只好出来打圆场，费了好大劲才把来访群众的情绪稳定下来。过后这些上访群众又向县委书记和县长"告状"，说那个牛秘书太"牛气"了等，牛秘书成了新一轮的上访"被告"。

例3：某市信访局办公室的案头上，一摞信堆得足有半尺多高，都是信访人文某所写。谁能想到，文某几年来写了几百封内容重复的信并不时到有关部门上访，皆因信访局书面答复中两个不恰当的字。

事情还得从17年前说起。20世纪80年代初，在举国上下全面"落实政策"的高潮中，出身富农家庭的文某，活跃于信访群众的行列，要求"归还"解放初期"被当地政府强占的祖屋"（文某语）。信访局经调查，查实该屋在"土改"时已按政策"征收"，产权归国家所有，不能退回。但在给文某的书面答复中，却使用了"没收"两字。文某经人指点，认为按当时政策，该屋不属"没收"之列，于是利用信访局答复中用语不当的缺陷，多次写信给中央领导，大肆攻击某市信访局某人"歪曲政策"。无论信访局怎样解释，文某都听不进去。十几年来信访不断，而且多是直接写信给中央及省级主要领导，成为当地有名的信访老户，造成了不良影响。

【问题思考】

从上述案例中，秘书人员可以吸取哪些教训？

【案例分析及参考要点】

上述三个案例，例1是因为秘书信口开河而闯祸；例2是因为秘书大发雷霆成"被告"；例3因为用词不当导致被纠缠。三者的共同教训是：答复不慎，招来麻烦。具体说来，至少有以下三点教训值得秘书人员吸取：

（1）答复一定要慎重。给信访群众作答复，是信访工作中一个极为重要的环节。答复是否得当，不仅体现秘书人员自身的思想觉悟和政策水平、文化道德修养，以及业务熟练程度，而且关系到信访工作的实际效果，即社会矛盾的化解或激化。答复得当，群众情绪得以正确疏导，矛盾易于化解；反之，矛盾极有可能被激化，导致群众重复上访。在一般群众的眼中，秘书是领导的代言人。因此，秘书在接待群众来访时，必须注意自己的身份和形象，说话须"斟酌词句"，做到慎之又慎。

（2）答复一定要依据政策法规。在社会主义市场经济条件下，许多信访问题涉及党和国家的政策法规，政策法规是秘书处理信访问题的依据和准绳。因此，秘书人员在正式答复信访群众前，必须熟悉党和国家的有关政策和法律，做到答复得当而准确。为避免因个人知识的局限性而产生漏洞，秘书在书面答复时，最好先经集体讨论，再报主管领导审定，以做到万无一失，以防答复不慎而陷入被动局面。

（3）秘书在口头答复时一定要有涵养。秘书在接待群众时，要耐心听取群众的申诉，然后慎重给予答复，不要为群众的情绪所左右。那种"他伤感我流泪，他发火我拍桌"的行为，不是秘书应有的品格。假如把信访接待比作一场会议，那么，秘书应是会议的主持人。紧紧把握住这一点，才不愧为一名合格的秘书。

第十章 秘书礼仪

第一节 基本知识与基本原理

一、礼仪

礼仪，是人类社会为了维系社会的正常秩序，以建立和协调人际关系为目的而需要认同和遵循的一种行为规范，既表现为外在行为方式——礼貌、仪节，又表现为更深层的精神内涵——道德修养。

礼仪高于礼节和礼貌，其内涵更加深广：

首先，礼仪是一种行为准则或规范。是一种程序，有一定的章法，必须遵守这种习俗和规范，才能适应社会。

其次，礼仪是一定社会关系中人们约定俗成、共同认可的行为规范。起初表现为一些零散的规矩、习惯，逐渐被大家认可，进而成为人们有章可循的行为规范。

再次，礼仪是一种情感互动的过程。既有施礼者的自觉行动，又有受礼者的反馈行为，情感互动，彼此尊重，从而达到人与人之间关系的和谐。

在现代社会，礼仪体现着一个人对他人和社会的认知水平、尊重程度，是一个人的学识、修养和价值的外在表现。

二、秘书与礼仪

礼仪是为了实现社会交往各方的相互尊重，从而达到人与人之间的和谐。在现代社会，礼仪体现一个人对他人和社会的认知水平、尊重程度，是一个人的学识、修养和价值的外在表现。

对于秘书而言，礼仪是秘书社会行为基本规范的重要内容，是秘书的必备素质，是秘书内在修养的体现，也是秘书良好形象的体现。秘书的礼仪如何，不仅是个人的事，而且会直接影响组织的形象甚至利益。之所以如此，是因为秘书部门处于组织运转的中枢位置，秘书人员与上下、左右、内外各方面进行交往、联络、沟通、协调，发挥辐射性服务作用。因此，知礼、讲礼、重礼对秘书而言至关重要。

三、秘书礼仪的特点

（一）日常礼仪与专项礼仪的统一

秘书礼仪的日常性是由其工作内容的特殊性决定的。秘书办文、办会、办事，无论哪一项，都与礼仪有着密切关系。在文书拟写与处理中，秘书要注意使用文书礼仪；在办会中，秘书要注意会场布置、会议接待、会务安排等礼仪规范。专项性是指秘书在日常工作中要直接策划和组织各种专项礼仪活动，如拜访、公关、庆典活动等。因此，准确把握各种不同场合的礼仪规范，是秘书人员工作能力的重要体现。

（二）公务礼仪与个人礼仪的统一

秘书礼仪既具公务性，又具个人性，是公务性与个人性的统一。有时秘书代表组织或上司出现在一些社交场合，往往私人与职业两种身份并存，如果刻板机械地仅以某种身份选择礼仪行为，可能与此次活动的环境不协调，从而影响交际效果，损害组织形象。因此，秘书在礼仪活动中，应当将公务礼仪与个人礼仪完美结合。

（三）外在能力与内在修养的统一

礼仪固然包含技能因素，需要培养和训练。但礼仪是文化现象，支撑礼仪的是文化素养和道德素养。秘书人员只有具备良好的文化素养和高尚的道德素养，才能使礼仪行为发于内而形于外。

四、秘书礼仪的内容与表现形式

（一）秘书礼仪的内容

秘书礼仪包含个人礼仪、交往礼仪、接待礼仪、会议礼仪、宴请礼仪、仪式礼仪、文书礼仪、涉外礼仪等。个人礼仪是个人仪表和仪态方面的礼仪，如服饰、仪容、站姿、坐姿、手势等礼仪；交往礼仪是指见面礼仪、交谈礼仪、馈赠礼仪等；接待礼仪是指秘书日常及晚会、舞会、参访等活动中的礼仪；会议礼仪专指各种会议中秘书的礼仪；宴请礼仪指设宴、赴宴和餐饮中的礼仪；仪式礼仪指典礼、签字仪式、交接仪式等仪式活动中的礼仪；文书礼仪包括信函（含电子信函）、各类致辞等方面的礼仪；涉外礼仪指所有在涉外活动中应讲求的礼仪。秘书礼仪贯穿秘书工作的全过程，应该特别重视。

（二）秘书礼仪的表现形式

秘书礼仪的表现形式可以概括为四种：

一是语言类礼仪形式；

二是形体类礼仪形式，如握手、拥抱、微笑等面部动作和形体动作；

三是饰物类礼仪形式，即通过服饰、器物、环境等客观物品体现的礼仪；

四是仪典类礼仪形式，指在特定仪式或庆典中的礼仪。

第二节　案例与分析

【案例一】

修养是第一课

有一批应届毕业生22人，实习时被导师带到北京的国家某部委实验室参观。全部学生坐在会议室里等待部长的到来，这时有秘书给大家倒水，同学们表情木讷地看着她忙活，其中一个还问了句："有绿茶吗？天太热了。"秘书回答道："抱歉，刚刚用完了。"林然看着有点儿别扭，心里嘀咕："人家给你倒水还挑三拣四。"轮到他时，他轻声说："谢谢，大热天的，辛苦了。"秘书抬头看了他一眼，满含着惊奇，虽然这是很普通的客气话，却是她今天听到的唯一一句。

门开了，部长走进来和大家打招呼，不知怎么回事，大家静悄悄的，没有一个人回应。林然左右看了看，犹豫地鼓了几下掌，同学们这才稀稀落落地跟着拍手，由于不齐，越发显得零乱。部长挥了挥手："欢迎同学们到这里来参观。平时一般是由办公室负责接待，因为我和你们的导师是老同学，非常要好，所以这次我亲自来给大家讲讲有关情况。我看同学们好像都没有带笔记本，这样吧，王秘书，请你去拿一些我们部里印的纪念手册，送给同学们做纪念。"接下来，更尴尬的事情发生了，大家都坐在那里，很随意地用一只手接过部长双手递过来的手册。部长脸色越来越难看，来到林然面前时，已经快没有耐心了。就在这时，林然礼貌地站起来，身体微倾，双手接过手册，恭敬地说了一声："谢谢您！"部长听闻此言，不觉眼前一亮，伸手拍了拍林然的肩膀："你叫什么名字？"林然照实作答，部长微笑点头，回到自己的座位上。早已汗颜的导师看到此景，才微微松了一口气。

两个月后，同学们各奔东西，林然的去向栏里赫然写着国家某部委实验室。有几位同学颇感不满地找到导师："林然的学习成绩最多算是中等，凭什么推荐他而没有推荐我们？"导师看了看这几张尚属稚嫩的脸，笑道："是人家点名要的。其实你们的机会是完全一样的，你们的成绩甚至比林然还要好，但是除了学习之外，你们需要学的东西太多了，修养是第一课。"

【案例二】

迟来的尊敬

我们公司的办公场地构造有点特殊，进门的玄关旁边有一个座位，因为我是财务科，不用和项目组的同事坐在一起，所以玄关旁边的位子就是我的座位。公司几个月前新来了一个大学毕业生，每次进门都会首先看见我，招呼也不打一声，直瞪瞪地看我一眼就走进去了。我怀疑她可能以为我只是一个前台的阿姨，所以如此不屑一顾。后来过了几天，大概她终于搞清楚我并非什么接接电话、收收快递的阿姨，而是掌管她每个月工资的"财政大臣"，猛地开始殷勤了起来，一进门就"刘老师"叫得山响。可是，我心里的感受却不一样了，即使她现在对我再怎么尊敬，我对她也生不出什么好感来。我很纳闷，堂堂一个大学生，怎么刚进社会就学会了势利？如果我真的是前台阿姨，是不是她这辈子都不打算跟我打招呼？新人刚进职场，礼貌很关键，人际关系一定要妥善处理，不能以貌取人或者想当然，要记得地位低下的员工同样也是前辈或者长辈。哪怕是打扫卫生的阿姨正好清理到自己的纸篓，一声"谢谢"就给自己平添很多的亲和力和人缘。刚刚毕业的大学生真的是要好好树立自己在公司的第一印象，这可不是闹着玩的。

【问题思考】

1. 大学生的行为是礼貌问题、修养问题还是其他？
2. 即将走上工作岗位的年轻人可以从以上两个案例中得到什么启示？

【案例分析及参考要点】

礼仪是礼节、礼貌和仪式的统称。礼貌是指人们在相互交往过程中表示敬重和友好的行为规范。礼节是人们在日常生活中，特别是在交际场合中相互表示尊敬、祝颂、问候、致意、哀悼、慰问及给予必要协助和照料的惯用形式。握手、鞠躬、拥抱、接吻、致意、微笑等都属于礼节。不同民族、国家有不同礼节，礼节也随时代发展而发展。仪式是一种正式的礼节形式，是指为表示礼貌和尊重在一定场合举行的，具有专门程序、规范化的活动。

礼仪是一个人乃至一个民族、一个国家文化修养和道德修养的外在表现形式，是做人的基本要求。中华民族自古以来就非常崇尚礼仪，孔子曾说："不学礼，无以立。"就是说，一个人要有所成就，就必须从学礼开始。在现代社会，虽然一个国家、一个民族的综合国力所包含的内容十分广泛，但在评价一个国家、一个民族时，通常是从这个国家、这个民族人们的言行举止、文明习惯所体现的公民素质与精神面貌入手的。因为，从国家和民族的角度来看，礼仪是一个国家、一个民族的社会风貌、道德水准、文明程度、公民素质的重要标志。从个体的角度来看，礼仪是一个人思想觉悟、道德修养、精神面貌和文化教养的综合反映。通过一个人在社会生活中对礼仪运用的程度，可以察知其教养的高低、文明的程度和道德的水准。可见，礼仪学习对成为文明有礼、道德高尚的高素质人才有着十分重要的意义。

礼仪行为就是人们在一定的礼仪意识的支配下，在人与人之间的交往过程中表现出来的行为，是人类行为的一个独立层次。人与社会密不可分，社会是由个人组成的，文明的社会需要文明的成员一起共建，文明的成员则必须要用文明的思想来武装，要靠文明的观念来教化。礼仪修养的加强，可以使每位社会成员进一步强化文明意识，端正自身行为，从而促进整个国家和全民族总体文明程度的提高，加快社会的发展。提高个人礼仪修养，处处注重礼仪，能使你在社会交往中游刃有余，无往不利；使你在尊敬他人的同时也赢得他人对你的尊敬，从而使人与人之间的关系更融洽，使人们的生存环境更为宽松，交往气氛更加愉快。

上面两则案例都与大学生礼仪素养不高、行为失范有关。认真剖析其产生的根源，主要有如下几个方面的原因：

首先，当代大学生多为独生子女。其父辈大都有过一段蹉跎岁月，由此他们把全部的爱倾注在子女身上，望子成龙，望女成凤，在教育方式上，缺乏理性和正确的导向，将孩子视为掌上明珠，百般呵护，使孩子逐渐养成"以自我为中心"的意识，与礼仪的核心思想——"尊重、关爱他人，严于律己"格格不入，从而使其在思想品格上过早地出现某种缺陷，形成一种对礼仪的抵制性。在教育内容上，则存在一定的片面性与盲目性，急功近利。家长们考虑的主要是如何使孩子进重点小学、升重点中学、考入重点大学，轻视了家庭教育，尤其是礼仪教育这个重要内容。

其次，学校教育的欠缺。在我国片面追求升学率的现状尚未得到彻底改善的大背景下，中小学领导与教师们考虑的主要是如何提高学生的应试水平，不断提高升学率。由于学生课余时间基本都用在学习书本知识上，与他人、社会缺乏必要的、充分的交往和接触，所以礼仪修养的不足难以暴露于世，自然不易引起人们的注意。当他们步入开放的大学生活阶段，其缺乏礼仪教养而留下的隐患，在某些不良社会风气的诱导下，就可能转化为现实的失礼行为。

再次，社会的负面影响。由于市场经济大潮的冲击，一些传统的思想观念正受到形形色色"新思潮""新事物"的挑战，伦理、道德领域出现了某些紊乱，社会上存在的各种不道德、不文明、有失礼仪的现象无一不给正处于价值观念定型阶段的大学生带来消极影响。大学生们对传统的社会伦理价值标准的认同度普遍降低，表现出反社会规范的行为，如违纪行为的泛化、酗酒打架屡见不鲜、对顺手牵羊的偷盗行为不以为然等。此外，传统道德思想和现代生活方式交叉并存，使大学生群体感到无所适从。更重要的是青年人缺乏整合新旧观念的能力和经验，不能有效地运用自我防卫机制，这样必然会导致他们道德困惑、认知失调和心态失衡。

最后，不能否认大学生也存在自身修养不足的问题。当今社会高度重视形象，当代大学生对自身形象非常关注，他们强化各种能力的培养，追求时髦得体的着装，却没有意识到应用符合礼仪要求的方式表达自己的重要性，因而放松了对礼仪的学习。有的大学生虽然意识到了礼仪的重要性或对礼仪知识有一定的甚至较高的认识，但缺乏规范的实践训练和持之以恒的培养，因此时常出现失礼的言行，甚至存在一些错误认识。

案例二中的那个新来的大学毕业生对一位她以为是"看门的"人不屑一顾，当得知其是"财神"的时候又显得过分亲热。其实，这就是不懂得如何尊重他人。案例一中的林然在一群冷漠、"无礼"的同学中显示出了良好的礼仪修养，最根本的原因就在于他懂得尊重他人。尊重他人正是礼仪的核心价值。因此，作为当代大学生，急需补上这人生的第一课。

【案例三】

自尊心被自己重重地伤了一回

说起穿衣礼仪，有一段让我至今无法忘记的尴尬经历，从某种程度上来讲甚至是一种屈辱。记得我刚进杂志社不久，领导安排我去采访一位某民营企业的老总。听说这是一位既能干又极具魅力的女性，对工作一丝不苟，对生活也是极会享受，最关键的是，即使再忙，她也不会忽视身边美好的东西，尤其对时尚非常敏感，对自己的衣着及礼仪要求极高。这样的女性，会让很多人产生兴趣，还未见到她，仅仅是听人介绍，我就已经开始崇拜她了，所以我非常高兴能亲自做这个专访。事先我做了大量的准备工作，采访提纲修改了多次，内心一直被莫名的激动驱使着。那几天，我始终处于兴奋状态。到了采访当天，穿什么衣服却让我犯愁。要面对这样一位重量级的人物，尤其是位时尚女性，我当然不能太落伍了。

说实在的，我从来就不是个会打扮的女孩，因为工作和性格关系，平时穿衣都是怎么舒服、方便就怎么穿。时尚杂志倒也看，但只是凑热闹而已。现在，还真不知道应该穿什么衣服才能让我在这样一位女性面前显得更时尚些。后来，在杂志上看到女孩穿吊带装，那清纯可人的形象打动了我，于是我迫不及待地模仿起来。那天采访，我穿了一件紧身小可爱和热裤（虽然我的腿看起来有点儿粗壮），梳了个在家乡极其流行的发髻，兴冲冲地直奔采访目的地。当我站在那公司前台说明自己的身份和来意时，我清楚地看到了前台小姐那不屑的眼神。我再三说明身份，并拿出工作证来，她才勉强带我进了老总的办公室。

眼前的这位女性，高挑的身材，优雅的举止，得体的穿着，让我怎么看怎么舒服。虽然我不是很精通衣着，但在这样的场合，面对这样的对象，我突然感觉自己就像个小丑，来时的兴奋和自信全没了。幸好，采访提纲准备得还算充分，整个采访过程还比较顺利。采访结束前，我问她，日常生活中，她是如何理解和诠释时尚、品位和魅力的。她告诉我，女人的品位和魅力来自内心，没有内涵的女人是散发不出个人魅力的，也无法突显品位。时尚不等同于名牌、昂贵和时髦，而是一种适合与得体。说完这话，她微笑地看着我。此时我看到的只有自己那粗壮的双腿，心里纳闷：这腿为什么会长得如此结实，做热裤的老板一定很赚钱，因为太省布料了……我感觉自己无法正视她，采访一结束，我就逃似的奔离了她的办公室。

【案例四】

维护好个人形象

郑伟是一家大型国有企业的总经理。有一次，他获悉一家著名德国企业的董事长正在本市进行访问，并有寻求合作伙伴的意向。于是他想尽办法，请有关部门为其牵线搭桥。

让郑伟欣喜若狂的是，对方也有兴趣同他的企业进行合作，而且希望尽快与他见面。到了双方会面的那一天，郑伟对自己的形象刻意修饰了一番，他根据自己对时尚的理解，上穿夹克衫，下穿牛仔裤，头戴棒球帽，足蹬旅游鞋。无疑，他希望自己能给对方留下精明强干、时尚新潮的印象。

事与愿违，郑伟自我感觉良好的这一身时髦的行头，却偏偏坏了他的大事。郑伟的错误在哪里？他的德国同行对此有何评价？

【案例五】

浓妆淡抹总相宜

王芳，某高校文秘专业高材生，毕业后就职于一家公司做文员。为适应工作需要，上班时，她毅然放弃了"清纯少女妆"，化起了整洁、漂亮、端庄的"白领丽人妆"：不脱色粉底液，修饰自然、稍带棱角的眉毛，与服装色系搭配的灰度高、偏浅色的眼影，紧贴上睫毛根部描画的灰棕色眼线，黑色自然型睫毛，再加上自然的唇型和略显浓艳的唇色，虽化了妆，却好似没有化妆。整个妆容清爽自然，尽显自信、成熟、干练。

但在公休日，她又给自己来了一个大变脸，化起了久违的"青春少女妆"：粉蓝或粉绿、粉红、粉黄、粉白等颜色的眼影，彩色系列的睫毛膏和眼线，粉红或粉橘的腮红，自然系的唇彩或唇油，看上去娇嫩欲滴，鲜亮淡雅，整个身心都倍感轻松。

心情好，工作效率自然就高。一年来，王芳以自己得体的外在形象、勤奋的工作态度和骄人的业绩，赢得了公司同仁的好评。

【问题思考】

服饰就是通过服装穿着、饰物佩戴传达一种礼仪，在一定程度上反映了一个人的社会地位、身份、职业、爱好、文化素养和审美品位，是一种特殊的"身份证"。以上案例给我们哪些启示？

【案例分析及参考要点】

俗话说："穿衣打扮，各有所爱。"意为自己喜欢穿什么衣服那是个人的事情，与他人没有关系。但是对职场中的人来说，衣着却不仅仅是个人的事。因为衣着要与职业身份相符，衣着不仅代表了个人的品位，还代表着单位的形象，代表着对他人的尊重。在社交场合，从某种意义上说，衣着就是一封无言的介绍信，向交往对象传递着各种信息，他人可以从衣着上看出一个人的品位、个性，甚至可以看出职业状况。著名影星索菲亚·罗兰曾深有感触地说过："你的服装往往表明你是哪一类人物，它们代表着你的个性。一个和你会面的人往往会自觉不自觉地根据你的衣着来判断你的为人。"莎士比亚也说过："服装往往可以表现人格。"因此，从这个意义上来说，服装不仅具有蔽体、遮羞、挡风、防雨、抗暑、御寒的作用，还可以美化人体、扬长避短、展示个性、体现生活情趣，具有反映社会分工、体现地位和身份差异的社会功能。

爱美是人的天性，尤其是女性。但衣着是极其讲究个性的，并不是漂亮的衣服就适合所有人。女性的穿着打扮应该灵活有弹性，学会在适当的时候穿适合的衣服，搭配鞋子、发型、首饰、妆容，使之完美和谐，这才是美丽的关键。最终被他人称赞，应该是夸人漂亮而不是说衣服好看或鞋子漂亮，那只是东西好看，而不是你穿得好。

服装并非一定要高档华贵，但须保持清洁，并熨烫平整，穿起来才能大方得体，显得精神焕发。整洁并不完全为了自己，更是尊重他人的需要，这是良好仪态的第一要领。

不同色彩会给人不同的感受，如深色或冷色调的服装让人产生视觉上的收缩感，显得庄重严肃；而浅色或暖色调的服装会有扩张感，使人显得轻松活泼。因此，可以根据不同需要进行选择和搭配。

除了主体服装外，鞋袜、手套等的搭配也要多加考究。如袜子以透明近似肤色或与服装颜色协调为好，带有大花纹的袜子难登大雅之堂。正式、庄重的场合不宜穿凉鞋或靴子，黑色皮鞋是适用最广的，可以与任何服装相配。

巧妙地佩戴饰品能够起到画龙点睛的作用，为女士们增添色彩。但是佩戴的饰品不宜过多，否则会分散对方的注意力。佩戴饰品时，应尽量选择同一色系。佩戴首饰最关键的一点，就是要与整体服饰搭配统一起来。

　　不同的工作性质、不同的单位，要求不同风格的衣着打扮，因此要顺应主流，融入其文化背景中，最好根据个人的工作性质和特点选择适宜的装束。

　　总之，穿衣是"形象工程"的大事。西方的服装设计大师认为："服装不能造出完人，但是第一印象的80%来自着装。"因此，千万不要掉以轻心！

　　案例三中的"我"，由于刚步入社会，平时不太注意穿着，所以分不清什么是"时尚"，什么是"时髦"。"我"以为时髦的东西就是时尚，所以不仅不能引领时尚，反而使自己的衣着打扮与职业、身份完全不相符，缺乏应有的审美品位，以致招来前台小姐鄙视的眼光，让自己感到尴尬。

　　根据惯例，在对外的正式交往中，每个人都必须时时刻刻注意维护自己的形象，特别是给人的第一印象。在案例四中郑伟与德方同行的第一次见面属国际交往中的正式场合，应该穿正装，即穿西服或传统中山服，以示对德方的尊敬。但他没有这样做，故德方同行认为：此人着装随意，个人形象不合常规，给人的感觉是过于前卫，尚欠沉稳，与之合作之事当再作他议。

　　案例五中的女主人公王芳很会为自己搭配，让自己的工作和生活都丰富多彩，而不是一成不变的。作为白领丽人，干练、简单、大方、成熟、知性是工作中必不可少的。如果工作日化"青春少女妆"，就会显得轻浮、单纯，少了女性的端庄。但节假日是个放松的时刻，不需要把自己的工作带进休息中，这时"白领丽人妆"就略显古板，没有青春活力，而且"青春少女妆"给人一种朝气蓬勃的感觉，可以使人整个身心都放轻松，以便下周更好地投入工作。不可否认的是，案例中的女主人公很懂得生活！

【案例六】

职场中的聚与距

　　进公司的第一天，部门经理带着我和同事们认识。每个人都对我微笑、握手，空气暖融融的，让我着实激动不已。

　　可没想到经理一走，办公室里立刻露出"真容"。经理让小李当我师傅带我熟悉业务，可她只顾埋头写计划书，对手足无措的我根本不予理睬。

　　我天性内向，朋友不多，非常渴望能在集体中找到归属感，获得关注。于是，我下决心改变自己，可越变越崩溃。如我看了许多星座的书，然后专找星座一样的同事聊天，觉得彼此有缘。"徐姐，你好年轻啊，看起来就像三十多岁。"结果人家脸一黑，"我就是三十多岁啊"！我臊了个大红脸。

　　我非常沮丧，觉得职场人际的水太深！

　　我有个亲戚在单位是中层领导，在职场上经历过大风大浪。她说职场中每个人每天跟同事在一起的时间远远超过家人，如果不能和大家和睦相处，日子会过得很灰暗，对事业影响很大。

她说在职场上应保持自我个性，不要强行改变自己，不必学交往技巧，那会给人圆滑的感觉，"在职场中真诚最重要"。她建议我说话要讲究分寸，让对方感觉舒服；要学会补台，不要拆台；有成绩时说"我们"，犯错误时说"我"；同事聊天插不上话时就微笑倾听，"因为倾听也是一种参与"。

我从小住校，一直不会做饭，但心里非常渴望做大厨。后来我发现和女同事聊烹饪，是和她们亲近的一个重要途径。只要我咨询红烧肉和各式炒菜的做法，年长的女同事就两眼发光，大谈她的厨艺和营养观，给我出谋划策，好像是我妈。我暗爽，终于在办公室找到像家一样的温暖了。

年底联欢会，我为每一位上台唱歌的同事鼓掌。不是刻意拍马屁，而是我五音不全，我觉得每个能唱到调上的都是人才，好羡慕他们。没想到这个友善的举动让大家非常感动，有时我工作中出了错，同事都愿意替我兜着，不向上司汇报。

对不好相处的同事，我会在MSN、QQ和邮件上说事或发个短信，事儿就解决了。既没有争执，还不用看他的臭脸，办事效率颇高。

在职场上要善待每一位同事，但不必拿每一个人当朋友，合则聚，不合则距。

【问题思考】

怎样看待案例中"我"的处世态度？有哪些地方值得学习和借鉴？

【案例分析及参考要点】

大千世界，芸芸众生，有的人能够平步青云，扶摇直上，有的人却怀才不遇，郁郁而终。知识与智慧固然是重要的因素，但不是决定性的因素。在这个交往日益频繁、竞争日趋激烈的信息社会中，成功必须要有良好的公共关系作为前提和保证。良好的公共关系是前途和事业的润滑剂；糟糕的公共关系则会成为生活和事业的绊脚石。

生活中常有人抱怨"工作好做人难做"，处理人际关系是职场中最需要智慧的一项工作。尤其是秘书人员，在职场中处于人际关系的漩涡中心。对顶头上司你必须服从；对下属你必须关心；对同僚你得有真诚相待的平常心。这些说起来容易，但是真正做起来就没有那么容易了。

案例中的"我"是个性格内向、刚走上工作岗位的大学毕业生，职场对于她来说既充满了新鲜感，又充满了恐惧感。上班第一天她就已经领略了职场的"世态炎凉"。她下决心要改变自己，可是，越变越别扭。因为她采用笨拙的方式去刻意迎合他人，不仅没有好的效果，反而招来了白眼。

通过反思，她明白了一个道理，与人相处最重要的是真诚、真心相待，而不是矫揉造作的刻意逢迎。那样，会让人觉得你圆滑，会让人对你产生不踏实的感觉。明白了这个道理以后，她摆正了自己与他人的位置，与人相处也就自然了，终于在职场中找到了"家"的感觉。正如她的亲戚所说："职场中每个人每天跟同事在一起的时间远远超过家人，如果不能和大家和睦相处，日子会过得很灰暗，对事业影响很大。"

【案例七】

电话铃声终于激怒了老总

例1："开会了，开会了！"大家都来到了会议室。总经理召集各部门经理开会，布置下一个季度的营销任务。老总刚清了清嗓子准备说话，一阵刺耳的手机铃声响了起来，李经理忙不迭地站起来跑出去接电话，老总脸上显出了愠色。会议继续进行，可时不时不是这里在低头小声接电话，就是那里突然一声铃响。老总突然一拍桌子，把大家吓得一哆嗦。"把手机关了，我不相信关一会儿手机会死人！"

例2：刘先生到医院探访病人，公司的同事来电话，铃声让邻床正闭目养神的病人睁开了眼。刘先生接起电话就谈上了工作。尽管接电话的时间不长，但那位被吵着了的病人一直脸色不悦。

例3：邱女士在北京音乐厅听一场由著名大师指挥的交响乐。音乐演奏到高潮处，全场鸦雀无声，凝神谛听，突然手机铃声响起，在宁静的大厅中显得格外刺耳。演奏者、观众的情绪都被打断。大家纷纷用眼神责备这位不知礼者。

例4："喂，王姐，你的电话，是个男的。"小赵接了一个电话，大声招呼王姐过去接电话。整个办公室的人都听到了有个男的找王姐，大家都抬起头来看着王姐。王姐非常不好意思地过去接电话。

例5：小丽接到一个电话，"帮我叫一下小飞"。小丽听出是局长的声音，她赶紧把小飞叫来，自己则在不远处竖起耳朵偷听。她听到小飞说"好，我马上去您办公室"，说完小飞就匆匆地走了。小丽立即跑到张大姐那里："张大姐，局长叫小飞去一趟，一定是他那天喝醉酒打人的事被局长知道了，这还不得严厉处分，弄不好会被开除呢！"过了几天，单位里都在传小飞喝醉酒打人被局长狠狠批评了。

【问题思考】

秘书部门是窗口部门，接打电话是秘书的日常工作，秘书应该怎样正确接打电话？

【案例分析及参考要点】

以上五则案例讲的是使用手机或转接电话。

现在几乎人人都有一部手机，手机的普及给人们的生活带来了极大的便利，不管你人在何方，身处何地，随时随地都能找得到你。

新浪网的"新浪文化"曾进行过一项调查，"如果没有手机，我们的生活会怎样"？共调查了 4 825 人，其中 18 ~ 25 岁的年轻人占 85%。结果只有 37% 的人愿意回到没有手机的时代，更多的人则明确表示没有手机是不可想象的事。有将近一半的人习惯 24 小时开机，关机意味着与外界断了联系。如果出门忘了带手机，80% 的人肯定会回去取。当手机没有电或信号不好时，64% 的人会感到不安。当听到手机铃声响起的时候，大约有 32% 的人会下意识地看看自己的手机；有 36% 的人在没有电话时也会经常查看自己的手机，看看有没有遗漏的"未接来电"或短信、微信。如果手机不幸丢失，有一半以上的人会在第一时间再买一部。

从上述调查可以看出现代人和电话已经密不可分。手机给我们的生活带来方便的同时也给社会带来一些问题，我们常常看到有的人在办公场所或需要保持安静的公共场合旁若无人地使用手机大声讲话，招致他人的反感。所以，在特殊场合打电话时要顾忌他人感受。谁都知道开会不能交头接耳，不能说话，其实开会打电话比说话还招人烦。但是很多人认为说话不应该，接电话却特别理直气壮，这是一种错误的认识。在特殊场合，拨打、接听电话者要学会照顾其他人的感受，不断反思自己的行为得失，修正自己的行为，那么以后不管在什么场合，都会有自然得体的举动。

转接电话也要特别注意礼仪。转接电话不仅仅是帮忙叫人和记录来电者姓名和电话号码，它实际是一个如何处理自己与来电者、自己与被呼叫者之间关系的重要表现。因此转接电话需要进行职业性处理。一方面要有效地把电话转接出去，另一方面不能给来电者留下不良印象，也不能给被呼叫者带来麻烦。

如果对方要找的人不在，要尽量做好电话记录工作。记录内容包括什么人、什么时间打的电话，大概是要说什么事（如果对方不愿意就不必强问），对方有什么要求（是第一时间回电话，还是稍晚再打电话等）。通常很多人在转接电话时不予记录或者记录得非常简单，只有一个姓和一个电话号码，若对方要找的人工作繁忙，这种电话可能得不到及时回复。确认对方姓名、身份时尽量使用褒义词，不要脱口而出、用习惯用语去确认对方的姓名。如"您姓孙，是孙子的孙吗？""您姓冷，是冷淡的冷吗？"诸如此类，让对方听后感到不快。如可以改成"是《孙子兵法》的孙吗？""是冷热的冷吗？"在记录对方电话号码时，一定要复述一遍，以免记错。未经被呼叫者同意不要轻易将其手机号码告诉对方。转接电话时，如果来电者要找的人不在，对方询问手机号码时，转接者一定要经过被呼叫者同意才能把手机号码告诉对方，否则可能严重干扰被呼叫者的工作或生活。

讲究口德，不乱传闲话。不能捕风捉影，更不能偷听。不论是绯闻还是面对关系过于紧密的上下级，接听者都不能妄自猜测，随意传播。如例5，随意猜测传播会严重破坏正常的人际关系。

很多人在拿着话筒时，通常会比较注意自己的语言，会说"您找哪位？请您稍等"。放下电话找人时，往往忘了对方也能听见，变得随心所欲，如例4，变成了"是个男的"，或者说"一个有外地口音的人"，"一个声音挺嗲的小姑娘"。当对方在电话里听到这些形容或转述内容时，会感到不愉快。因此转接时，也同样要用客气的方式叫人，或者用手捂住话筒。

【案例八】

该说的没说

小陈是深圳利达公司总经理秘书。去年大学毕业，工作还不到一年。一天，经理外出，陈秘书正在公司打字，电话铃响了，陈秘书连忙拿起电话。

只听来电者问："是利达公司吗？"

陈秘书应声回答："是。"

对方问："你们经理在吗？"

陈秘书回答："不在。"

对方又问："你们是生产塑胶手套的吗？"

陈秘书回答："是。"

对方又问："你们的塑胶手套多少钱一打？"

陈秘书不加考虑地说："18美元。"

对方问："16美元一打行不行？"

陈秘书立即回答："对不起，不行的。"说完，"啪"的一声挂了电话。

上司回来后，陈秘书没有把来电的事告知上司。过了一星期，上司提起他刚谈成一笔大生意，以14美元一打卖出了100万打。陈秘书脱口而出："哎呀，上星期有人问16美元一打行不行，我知道你的定价是18美元，就说不行。"

上司当即脸色变了，只说了一句："你被解雇了。"便转身回自己的办公室了。

陈秘书还没明白怎么回事，哭丧着脸说："为什么？"

【问题思考】

秘书小陈犯了哪几个的错误？

【案例分析及参考要点】

秘书小陈犯了五个方面的错误：

一错在该问的没有问（指对方情况、手套的需要量等）。

二错在该记的没有记录（对方的姓名、公司、电话号码）。

三错在该说的没有说（没有及时向上司汇报）。

四错在不该说的却说了（价格上的自作主张，不向上司请示）。

五错在不懂得保护自己（即使自己自作主张拒绝了对方，犯了错误，也没必要告诉上司，使自己陷入被解雇的境地）。

电话礼仪方面的错误有：接听电话时没有自报家门；不等对方说完，就挂上电话。

【案例九】

无心之失

某公司新建的办公大楼需要添置一系列办公家具，价值数百万元。公司总经理已作出决定，向A公司购买这批办公家具。

这天，A公司的销售部负责人打电话来，要上门拜访这位总经理。总经理原本打算，等对方来了，就在订单上盖章，定下这笔生意。

不料对方比预定的时间提前了2个小时到达，原来A公司听说这家公司的员工宿舍也要在近期落成，希望员工宿舍需要的家具也能向他们购买。为了谈成这件事，销售部负责人就提前来了，还带来了一大堆资料，摆满了台面。总经理没料到对方会提前到访，刚好手头还有别的事，便请秘书让对方等一会。没想到这位负责人等了不到半小时，就不耐烦了，一边收拾资料一边说："我还是改天再来拜访吧！"

总经理发现对方在收拾资料准备离开时，将自己刚刚递上的名片不小心掉在了地上，对方却并没发觉，走时还无意中从名片上踩了过去。这个失误令总经理改变了初衷，A公司不仅没有机会与对方商谈员工宿舍的设备购买事宜，连几乎已经到手的数百万元办公家具的生意也告吹了。

A公司销售部负责人的一系列举动，看似很小，其实是不可原谅的失误。名片在商业交际中是一个人的化身，是名片主人"自我的延伸"。弄丢了对方的名片已经是对他人的不尊重，更何况还踩上一脚，此举顿时让总经理心生反感。再加上对方没有按预约的时间到访，又未提前通知，且没有等待的耐心和诚意，丢失这笔生意也就是必然的了。

【问题思考】

小小名片常常不被重视，有时被随手丢在一边。以上案例给我们什么启示？

【案例分析及参考要点】

名片是一个人向他人介绍自己时使用的介绍信，自己是什么身份，有什么头街，用嘴说似乎不太好意思，因此，名片就充当了介绍人。所以说，名片是一个人身份、地位的延伸。

名片通常在三种情况下使用：①交际时使用。在社交场合交换名片，用名片作自我介绍，以结交朋友或保持联系。这是名片最为通行、广泛采用的使用方法。②拜访时使用。前往他人家庭或工作单位拜访时，可以将名片递上代为通报；赠送礼品、鲜花时，可将名片附上，代表赠送者；还可以用名片代为引荐他人，或在拜访对方未遇时留下名片并附简短留言。③感谢祝贺时使用。收到朋友的礼品和书信，可用名片作为收条或谢帖，还可以用名片代替短信，向朋友表示祝贺、感谢和慰问。

递送名片时应起身站立，走到对方面前，面带微笑，眼睛友好地目视对方，用双手或者右手将名片正面面对对方，恭敬地递送过去。接受名片时应当双手捧接或者用右手接，眼睛友好地注视对方，口称"感谢"，使对方感受到你对他的尊重。接过名片后，应从头到尾认真地看一遍，最好能将对方姓名、职务等轻声地读出来，以示敬重。看不明白的地方可以向对方请教。看过后应慎重地将对方的名片收藏于自己的名片夹或口袋里，以表示对对方的重视和尊重，并且递上自己的名片。如果接受了对方的名片，不递上自己的名片，也不说明原因，是非常失礼的。

A公司销售部负责人接受了名片却没能妥善地保管，随意放在了桌上，临走时又掉在了地上，甚至无意中还踩了一脚。这看似不经意的行为，轻则是对他人的不尊重，重则是对他人人格的侮辱。名片如人，这等于是当面打了人一记耳光，难怪一笔即将到手的大买卖就被这小小的卡片断送了。

【案例十】

女士优先

在一个秋高气爽的日子里，某宾馆迎宾员小贺，穿着一身剪裁得体的新制服，第一次独立地走上了迎宾员的岗位。一辆白色高级轿车向饭店驶来，司机熟练而准确地将车停靠在饭店豪华大转门的雨棚下。小贺看到后排坐着两位男士、前排副驾驶座上坐着一位身材较高的外国女宾。小贺想通常后排座位为上座，一般有身份的人都在后排右座就座。前排副驾驶座通常是翻译或秘书的位置。于是，他以规范、标准的姿势一步上前，目视客人，礼貌亲切地问候，以优雅姿态和职业性动作先为后排右座的客人打开车门，做好护顶。关好车门后，小贺迅速地走向前门，准备以同样的礼仪迎接那位女宾下车。整套动作麻利而规范、一气呵成。没想到那位女宾满脸不悦，小贺茫然不知所措。优先为重要客人提供服务是饭店服务程序的常规，这位女宾为什么不悦？难道小贺做错了吗？

【问题思考】

"女士优先"是社交原则，但并不意味着不计时间、不计地点、不计环境地普遍适用，你是怎样认为的？

【案例分析及参考要点】

"女士优先"的礼仪形式起源于西方社会，特别是法国、英国等对古典礼仪比较推崇的国家。由于这些国家在国际舞台上处于有影响的位置，对外交场所的礼仪规范影响较大，所以"女士优先"逐渐演化为国际交往礼仪，成了国际社会公认的一条重要的礼仪规则。它主要用于成年异性进行社交活动之时。"女士优先"的含义是：在一切社交场合，每一名成年男子都有义务主动而自觉地以自己的实际行动去尊重女士、照顾女士、体谅女士、保护女士，并且想方设法、尽心尽力地为女士排忧解难。倘若因为男士的不慎而使女士陷于尴尬、困难的处境，则意味着男士的失职。男士们唯有奉行"女士优先"，才会被人们看作是有教养的绅士；反之，在人们眼里，则会成为莽夫粗汉。

可是，在发展中国家，"女士优先"似乎是一种极其表面文明化的行为，尤其是亚洲国家历来讲究的是"男尊女卑"，歧视女性。随着近代文明的发展，遵循国际礼仪的惯例，在社交场合尊重女性，"女士优先"才成为男士文明素质的体现。

所以，在国际礼仪中，涉及"女士优先"原则的时候，我们要注意两个方面的问题：首先，对待"女士优先"是什么态度。所谓态度就是弄清"女士优先"的内容是什么，应不应该这样做。观念决定思路，思路决定态度。如果不把它当回事儿，鄙夷、蔑视它，那就没有"女士优先"的下文了。西方国家的观念是：在社交场合或公共场所，男士应为女士着想，照顾、帮助女士。诸如：上下车时，总要让女士先行；下车时，要为女士先打开车门；进出车门时，主动帮助女士开门、关门等。西方人有一种形象的说法："除女士的手提包不要帮忙拎以外，男士可帮助女士做任何事情。"其次，要明白"女士优先"这个原则特定的适用范围。"女士优先"是个社交原则，并不是不计时间、不计地点、不计环境普遍适用的原则。关键是看谁用，什么时候用，在什么地方用。工作的时候，无论是中国，还是其他国家，讲求的是男女平等，讲究的是职务高低，不分老幼，不看男女。只有在公众社交场合才分男女，体现"女士优先"。如宴会、舞会、音乐会、朋友Party、熟人聚会这样的场合，"女士优先"才体现了男士的彬彬有礼。总而言之，工作场合就未必要"女士优先"。

所以，在案例中，迎宾员小贺应该先为女士打开车门，不管这位女士是女秘书还是女随从，都应遵循国际通行的"女士优先"礼仪。因为这不是工作的场所，没有身份地位的高低，在这里只有男士和女士，女士更需要他人的照顾。

【案例十一】

应聘先过"饭局"关

"大家都别走，等会儿我们一起吃个饭，增进一下了解。"几天前，小林和其他四名求职者参加某公司的招聘面试，正当他们五人面试完准备离开时，人事部经理发出了饭局邀请。

饭局开始，菜不错，公司领导也很热情。五位同学望着偌大的包间有些不知所措。小林挑了靠门的位置坐下："这里是上菜位，今天我给大家服务啊！"上菜了，其他同学的胃口似乎都很小，大都闷头吃菜，也不愿意喝酒，唯恐自己吃多了、喝多了，留下不好的印象，工作没有了希望。

小林的确有些"外向"，他先跟在座的每位打了个招呼，接着向大家介绍了自己。看见大家吃得很沉闷，他还提议给大家说个笑话。

在小林看来，这个饭局并不是那么简单，他听说有些单位招聘公关人员，会让他们参加饭局，趁机考察他们的交际能力。他想今天这场饭局大概也是一场考验。饭后，招聘单位负责人告诉大家，刚才设的饭局也是招聘面试的一部分。惊讶写在了每个人的脸上。人事经理表示，小林被录取了。据一位姓金的负责人透露："第一轮面试五位同学水平不相上下，难以取舍。刚好临近吃饭时间了，于是就有了通过饭局进一步考察的想法，找到我们需要的人。小林在饭桌上的表现虽然稚嫩，但他努力地调动气氛，希望打破沉闷。我们需要的正是这种意识。"

应聘者小蒋说："没想到吃个饭，还有这么大的礼数。"

现代社会需要复合型人才，包括与人沟通交际的能力。企业在招聘面试中加入交际能力的考察，或许能更加全面地了解自己未来的员工到底能适应怎样的工作。

（引自《今日早报》，2008 年 8 月）

【案例十二】

痛苦的客人

现代待人接物的礼节中，有一个重要的条件，那就是使对方感到轻松愉快。如果违背了这一前提，即便你的出发点是好的，也可能让对方觉得勉强、拘束，甚至受罪。

有一次，某公司的业务员小陈去北方的一个城市出差。事情谈完后，对方在城内一家有名的餐厅请小陈吃饭。小陈一进餐厅，主人便殷勤地将他带到上座。保守的主人认为将客人安排在上座是他义不容辞的最大礼貌与义务。然而时值炎热的夏季，上座是离冷气最远的座位，小陈为了满足主人招待周到的愿望，不得不坐在上座忍受炎热的煎熬，虽难受但也不好说。

很快酒菜上来了，这里的人招待客人有劝酒的习惯。像北方很多地方一样，只要主人敬酒，就不能不接受，不管客人的酒量如何，凡是有敬就必须喝，这才算是符合传统的礼节。小陈一再解释自己不会喝酒，却敌不过热情的主人，不得不一杯又一杯痛苦地喝下去。足足半斤"五粮液"下肚，刚一出餐厅门口，就趴在路边的栏杆上"喷涌而出"，回去后痔疮发作，休息了好几天才缓过劲来。之后再回想起这次作客，小陈只觉得活受罪，丝毫谈不上愉快的享受。

作为主人，光有热情好客的心还不够，要让客人在感受到你的情意的同时，觉得轻松舒服，不受拘束，才是真正尽到了主人的责任和义务。

【案例十三】

吃相也重要

我带的那个小伙子过了三个月试用期后，我们对他还是挺满意的。之后一个挺大的项目紧接而来，公司里人手有点紧，于是我想不如让他锻炼锻炼，见见大客户，也好上手快一点。虽然这一举动有点儿冒险，但通过几个月的观察、考核，我相信他是可以做好的。没想到，一顿饭下来，我就发现这次让这小伙子跟我真是冒失之举。平时看他挺注意形象的，每天来上班干干净净，做事情稳稳妥妥，在紧急关头也没有惊慌失措，可关键时刻却"掉了链子"。那天去见重要客户，在一家很高级的餐厅，其实是我们经常去的地方，但是他可能是第一次到这样高级的场所。大家点的都是牛排之类的西餐，我猜想他大概没接受过正规的西餐礼仪的培训，除在饭桌上使用刀叉很笨拙之外，吃相也越来越难看。和客户吃饭的主要目的是联络感情、拉拢生意，不是真的让你去大饱口福的。后来，不知道是不是因为他的吃相，客户给我们下的订单少了将近30%。尽管不能一棒子打死说是他的原因，但是这样的手下带出去真的是让人汗颜。无论如何，在进入社会之前，还是应该了解一些职场礼仪的。

【问题思考】

以上案例涉及哪些方面的礼仪？怎样培养这些礼仪？

【案例分析及参考要点】

古人云："民以食为天。"也就是说，吃饭的事是天大的事，是人类生存的根本大计。在"衣、食、住、行"这人类的四大需求里，"食"应该是摆在首位的，没有"食"何谈人类的生存和发展。

在今天，随着物质生活的极大丰富，"食"已经大大超出了"果腹"的概念，不仅讲究"吃饱喝足"，而且讲究"食不厌精，脍不厌细"，在精美的食物享受中获得美好的生活享受。

不仅如此，在人际交往中，"食"也占有重要的一席之地。在商业社会中，

"宴请"成为重要的交际手段。利用宴请不仅可以招待亲朋好友、客户同仁，解决实际问题，还可以加强联络，增进感情，表达自己对交往对象的友善和诚意。因此，在餐桌上要特别注重自己的表现。也就是说，要特别注意在餐桌上的礼仪规范，否则，难以取得社交活动的成功。人生一世，必须交际；社会进步，要求交际；进行交际，需要规则。随着国际交往的日益频繁，礼仪日益显现其普同性特质。这也是人类文明的时代性特征。

餐饮礼仪，一般来说就是餐饮活动中的行为规范。中华饮食源远流长，在这个自古为礼仪之邦、讲究"民以食为天"的国度里，餐饮礼仪自然成为饮食文化的一个重要部分。餐饮礼仪因宴席的性质、目的各异而不同，不同的地区也是千差万别的。古代的餐饮礼仪是按阶层划分的，有宫廷、官府、行帮、民间等，而现代餐饮礼仪则简化为主人（东道主）和客人。

作为客人，赴宴讲究仪容、仪表，根据关系亲疏决定是否携带小礼品。赴宴必须守时守约。抵达后，先根据认识与否自报家门，或由东道主进行引见，听从东道主安排。

"排座次"，是整个中国餐饮礼仪中最重要的一部分。从古到今，因为桌具的演进，所以座位的排法也相应变化。总的来说，座次是"尚左尊东"，"面朝大门为尊"，"背朝门者为卑"。家宴首席为辈分最高的长者，末席为最低者。敬酒时自首席开始按辈分高低一路敬下。如果是公务宴请，主人坐首位，主宾坐在主人左边，次主宾坐在主人右边。布菜时从主宾开始，按顺时针方向依次进行。

作为主人，宴请宾客要遵守的重要原则就是"六 M 原则"，即费用、会见、菜单、举止、音乐、环境。这几个方面都是宴请时要考虑的问题。费用上不可铺张浪费，一切以适量为度；见面时彬彬有礼，介绍、引见，交换名片，做到礼节周到；点菜时既要照顾客人口味，又要吃出特色；餐桌举止合乎规范，既不过分拘谨，又不吆三喝四、劝酒压菜，主随客便，以随意为原则；音乐是为了烘托气氛，可适当考虑客人的喜好，以轻松喜庆为原则；环境要幽雅清静，切记嘈杂混乱。总之，力求使宴会达到律己敬人的目的。

在诸多的礼仪规范中，餐饮礼仪因其不可回避性日益凸显出学习它、掌握它、运用它的重要性。由于中西方的文化、地域、宗教、习俗等的不同，餐饮礼仪有着巨大的差异。学好餐饮礼仪，有助于我们成长为学礼知礼的现代人，懂得关注细节，更有助于体现我们的教养，成为受欢迎的人！

案例十一中的小林，虽然对餐饮礼仪还不是十分了解，但他至少做对了以下几点：首先，在座位上他挑了一个靠门的位置，也就是下首的位置，便于为大家服务。其次，在他人都很拘谨的情况下，他很放得开，自我介绍了一番，力求使气氛轻松活泼。尽管小林表现得还比较稚嫩，但是，他的机灵和聪明为他赢得了一份工作。

案例十二中主人表现得过于热情，且粗心大意，逼着客人坐主位，远离空调，受尽炎热的煎熬；又逼着不会喝酒的客人喝酒，直到把人灌醉。这样的宴席碰到一次恐怕就使人终生难忘了，第二次是万万不敢再去了。作为主人来说，既达不到增进感情的目的，也达不到办事的目的。

案例十三中的那位职场新人，第一次陪客户吃饭，且吃的是西餐。西餐中最重要的就是刀叉的使用，如果是第一次吃西餐，不熟悉西餐的礼仪，那就先看看别人的举止。结果这位老兄把一次宴请当成了自己的一次高档享受，笨拙的刀叉使用、不雅的吃相，给公司形象丢了分。

【案例十四】

一个多变的通知

有一次，某地级市准备以市委、市政府的名义召开一次全地区性会议。为了给有关单位充足时间准备会议材料和安排工作，决定由市政府办公室先用电话通知各县和有关部门，然后再发书面通知。电话通知发出不久，某领导即指示：这次会议很重要，应该让参会单位负责某项工作的领导人也来参加，以便更好地完成这次会议要求贯彻落实的任务。于是，发出补充通知。过后不久，另一领导又指示：要增加另一项工作的负责人参加会议。如此再三，在三天内，一个会议的电话通知、通知了补充、补充了再补充，前后共发了三次，搞得下级单位无所适从，怨声载道。

【案例十五】

请柬发出之后

某机关定于某月某日在单位礼堂召开总结表彰大会，发了请柬邀请有关部门的领导光临，在请柬上把开会的时间、地点写得一清二楚。

接到请柬的几位部门领导很积极，提前来到礼堂。一看会场布置不像是开表彰会，经询问礼堂负责人才知道，今天上午礼堂开报告会，总结表彰会改地点了。几位领导感到莫名其妙，都很生气，改地点了为什么不重新通知？一气之下，都回家去了。

事后，会议主办机关的领导解释道：因秘书人员工作粗心，在发请柬之前没有与礼堂负责人取得联系，一厢情愿地认为不会有问题，便把会议地点写在请柬上，等开会的前一天下午去联系，才知道礼堂早已租给了别的单位，只好临时改换会议地点。

但由于邀请的单位和人员较多，来不及一一通知，结果造成了上述失误。尽管领导登门道歉，但造成的不良影响已难以消除。

【案例十六】

会前资料准备须充分

天地石化股份有限公司董事会召开会议，讨论从国外引进化工生产设备的问题。秘书小李负责为与会董事准备会议所需的文件资料，因有多家国外公司竞标，所以材料很多。由于时间仓促，小张就为每位董事准备了一个文件夹，将所有材料放入文件夹。有三位董事在会前回复说有事不能参加会议，于是，小张未准备他们的资料。没有想到的是，正式开会时，其中的两位赶了回来，结果有的董事因没有资料可看而无法发表意见，有的董事则面对一大摞资料不知如何找到想看的资料，从而影响了会议的进度。

【问题思考】

1. 会议礼仪有哪些？以上案例分别属于会议的哪个阶段？
2. 秘书在做会议准备时应注意什么问题？

【案例分析及参考要点】

所谓会议，是指将人们组织起来，在一起研究、讨论有关问题的一种社会活动方式。通过会议解决问题、做好工作、发扬民主、联系群众。举行会议可以做到上传下达、部署任务、协调咨询、宣传鼓动、调解矛盾。组织、召集会议是秘书人员的日常工作之一。

会前准备阶段，要进行的组织准备工作大体有如下三项：①拟定会议主题。会议的主题，即会议的指导思想。会议的形式、内容、任务、议程、期限、出席人员等，都要在会议的主题确定下来之后，才可以据此一一加以确定。②拟发会议通知。会议通知应包括以下六项：一是标题，重点交代会议名称；二是主题与内容，这是对会议宗旨的介绍；三是会期，应明确会议的起止时间；四是报到的时间与地点，特别要交代清楚交通路线；五是会议的出席对象，如对象可选派，应规定具体条件；六是会议要求，指的是与会者材料的准备与生活用品的准备，以及差旅费报销和其他费用问题。③起草会议文件。会议所用的各项文件材料，均应于会前准备完毕。主要材料应做到与会者人手一份。需要认真准备的会议文件材料，最主要的当属开幕词、闭幕词和主题报告。

要安排好与会者的招待工作。对于交通、膳宿、医疗、保卫等方面的具体工作，应精心、妥当地做好准备。要布置好会场，不应使其过大，显得空旷无人也不可使其过小，显得拥挤不堪。对必用的音响、照明、空调、投影、摄像等设备，事先要认真调试。需用的文具、饮料，亦应预备齐全。

要安排好座次。排列主席台上的座次，目前我国的惯例是：前排高于后排，中央高于两侧，左座高于右座。凡属重要会议，在主席台上每位就座者身前的桌子上应先摆放好写有本人姓名的桌签。排列听众席的座次，目前主要有两种方法：一是按指定区域统一就座；二是自由就座。

在会议进行阶段，会议的组织准备者要做的主要工作，大体有三项：第一，例行服务工作。第二，在会场之外，应安排专人迎送、引导、陪同与会人员。对与会的年老体弱者，还须进行重点照顾。第三，必要时还应为与会者安排一定的文体娱乐活动。

在会场之内，对与会者应有求必应，闻过即改，尽可能地满足其一切正当要求。

此外，还要精心编写会议简报，举行会期较长的大中型会议，依例应编写会议简报，认真做好会议记录。凡重要会议，无论是全体大会，还是分组讨论，都要做好必要的会议记录。会议记录是由专人负责记录会议内容的一种书面材料。会议名称、时间、地点、人员、主持者均要记录在内。在会议结束阶段，一般的组织准备工作主要有以下三项：①形成可供传达的会议文件；②处理有关会议的文件材料；③为与会者的返程提供方便。

一般而言，与会人员在出席会议时应当严格遵守的会议纪律，主要有以下四项内容：①规范着装。参加会议应当着正装，以示庄重和严肃。②严守时间。对于会议主办方来说，应严守会议时间，不要随意推后，也不要超时；对与会者来说，应准时参加会议。③维护秩序。会场要井然有序，与会者不要随意走来走去，干扰会场气氛。④专心听讲。手机一般应该关机或调到振动状态，更不应该在会场中大声打电话。

总之，会务礼仪最基本的要求就是"三周"：周全的考虑、周密的安排、周到的服务。参照这样的要求，我们会发现：

案例十四"一个多变的通知"，就是会前缺乏周全的考虑造成的。会议内容没有确定好，因此无法确定参加会议的人员，在已经电话通知的情况下，一再变更通知，朝令夕改严重影响了政府的严肃形象。

案例十五"请柬发出之后"，之所以造成失误，就在于秘书工作不细致，事先没有周密的安排。会议室没有确定下来就发了会议通知，等发了会议通知后才知道会议室另有安排，临时改变会议地点，这时另行通知已经来不及了，导致领导拂袖而去，影响甚大。

案例十六中的秘书缺乏的就是周到服务的精神。秘书小李有两点做得不周到：其一，以为会议资料只要准备齐全了，就万事大吉了。没想到应准备目录，便于大家查找，不至于在会议中手忙脚乱，找不到该找的东西。其二，以为有三位董事不出席会议，因此没有准备足够的资料，没有想到声称不出席的两位董事又来了，以至于资料不够，让自己被动。

第十一章　秘书素养

第一节　基本知识与基本原理

一、秘书素养的含义

素养是指一个人的素质和修养。广义的素质包括道德品质、外表形象、知识水平与能力等各个方面。在知识经济的今天，人的素养的含义大为扩展，它包括思想政治素养、文化素养、业务素养、身心素养等各个方面。

秘书素养是指秘书在职业活动中思想政治素质、职业道德、作风修养、心理品质、知识水平与能力等方面的表现。

二、秘书的精神素养

秘书作为领导的参谋助手，不仅为领导处理大量的具体工作事务，而且辅助领导参与管理活动。因此，现代秘书工作需要秘书具备以下优良的精神素养：一是思想政治素养。坚持马克思主义思想观，坚定不移地执行党和政府的方针政策。二是品德素养。全心全意为人民服务，敬业守信，情操高尚，为国家、为社会、为组织无私奉献。三是作风素养。耐心细致，一丝不苟，谦虚谨慎，敏捷干练，善于学习，并根据工作需要及时进行知识更新。四是心理品质。健康向上，能很好地适应秘书工作岗位的需要。

（一）秘书的职业道德

道德是指在一定社会关系中，个人应该对社会或他人所承担的责任，他表明一定社会阶层或阶级、集团对人们行为的规范性要求；也指个人在实践道德原则和规范时所产生的一种强烈的责任心。

职业道德指的是人们在从事职业活动时应该遵守的行为规范。秘书职业道德即秘书在从事公务活动时应该遵循的行为准则。秘书的职业道德表现在以下五个方面：

1. 甘当配角

在任何组织机构中，秘书部门或秘书都处于从属地位，秘书工作属于辅助性的服务工作。秘书工作的特殊性决定了秘书必须具备默默无闻、甘当人梯的职业道德。秘书必须正确认识自己的职责，处理好与上司的关系，不越权越位，当好配角。

2. 严守机密

秘书接触机密文件多，参加重要会议机会多，在领导身边的时间多，这决定了秘书工作的机密性远远高于其他职能部门。工作的机密性，要求秘书具有高度的责任感、严格的纪律性和牢固的保密观念，严守国家和组织的机密。

3. 实事求是

实事求是是秘书工作的基础，秘书出谋划策、执行决议，首先要把处理事项的来龙去脉了解清楚，不能想当然和任意发挥，更不能捕风捉影，生编硬造，掩盖矛盾，弄虚作假。在收集信息、督促检查、调查研究、起草文件的工作中，力求反映客观事物的本来面目，一是一、二是二，不添枝加叶，更不能歪曲事实，妄下结论。在上通下达、联系内外、协调左右等工作中，秘书要说老实话，办老实事。

4. 不卑不亢

不卑，指不刻意去讨好上司。不亢，指不高高在上、盛气凌人，而是平等对待各类不同身份、不同职业的人，给予他们同样的尊重。秘书处于组织的枢纽，接触各类人群，这就要求秘书在日常工作中，要坚持做到平等待人、不卑不亢。只有这样，才能维持良好的人际关系，树立自己的职业形象。

5. 诚实守信

诚实守信是公民的基本道德要求，更是秘书的职业道德要求。真诚待人、信守承诺、忠实于自己的职业。只有诚实守信，秘书才能得到上司和同事的信任，保持和谐的人际关系，才有利于各项工作的顺利开展。

（二）秘书的作风修养

作风是指人们在思想、工作和生活中所表现出的一贯的态度和行为。秘书的作风修养，既是对秘书群体的要求，也是对秘书个体的要求，包括思想、工作、生活作风等方面的行为风格。

秘书的作风修养可以概括为：踏实，细致，一丝不苟；联系群众，深入实际，求真务实；谦虚谨慎，不卑不亢，坚持原则；敏捷干练，讲究时效，善于合作；善于学习，富于创造，勇于开拓。

三、秘书的知识结构

秘书人员应该掌握哪些知识，又该怎样构建自己的知识结构呢？一个总的原则就是以秘书工作为中心，以适应实际工作需要为标准。具体地说，有以下两个原则：

（一）适应性原则

（1）秘书的知识结构应当与秘书的岗位职责相适应。
（2）秘书的知识结构应该与所在单位的业务特点相适应。
（3）秘书的知识结构应该与所处的社会环境相适应。

（二）层次性原则

秘书的知识结构有层次性特点，按照从低到高的排列顺序，可以分为基础知识、专业知识和相关知识三个层次。如果按照由内而外的排列顺序，可以分为核心知识、中间层知识和外围知识。其中，核心知识是指与秘书工作目标直接相关、在实际工作中经常用到的知识；中间层知识是指与秘书工作目标有关系，但在实际工作中使用频率较低的知识；外围知识是指与秘书工作目标无直接联系，但在实际工作中偶尔会涉及的知识。

四、秘书的能力结构

秘书的能力结构就是指能够顺利完成本职工作所应具备的各种能力的组合方式。秘书工作具有全面性和复杂性的特点，这就要求秘书人员具有多种能力。秘书的能力可分为基础能力和专业能力。

基础能力，是指从事秘书工作所应具备的最基本的能力，是从事秘书工作的基本条件。主要包括：观察能力、注意能力、记忆能力、思维能力、想象能力。

专业能力，是指秘书人员从事秘书工作所应具备的最基本的职业能力，是秘书能力结构的核心部分。专业能力是完成秘书工作的重要保证，也是秘书区别于其他职业的重要方面，具体包括表达能力、办事能力、协调能力、管理能力、应变能力和社交能力。

第二节　案例与分析

【案例一】

秘书与泡茶

某日上午十一点，总裁对办公室主任说，下午两点有一个重要客户要来，让其通知行政部做好准备，特别强调要沏龙井茶。办公室主任当时正忙，就让秘书小娜去办。小娜用电话联系，行政部一直无人接听，于是小娜亲自跑去行政部通知。

下午四点半，总裁将办公室主任叫去，责问为什么给客人喝的是普通的袋泡茶。办公室主任挨了训，就找小娜了解到底是怎么回事。小娜说，她先是打电话，接着亲自去，但行政部一直没人，于是在那里留了张字条。主任追问："既然行政部没人，你为什么不自己准备龙井茶呢？"小娜当即脱口而出："我是秘书，不是泡茶的！"

这话很快传到总裁耳朵里。几天后，小娜被炒了鱿鱼。

小娜是北京一所著名高校英语专业的毕业生，毕业后又去英国留学两年，半年前回国来到这家公司。小娜的英语讲得很棒，有人说她的英语比一些英国人讲得还流利，工作能力也强，就为了一句赌气的话而被解雇，大家都觉得很可惜。

【问题思考】

为什么名校出身且有英国留学经历的小娜，入职短短半年，竟因一件"小事"被认为不称职而被解雇？

【案例分析及参考要点】

按照秘书职业的标准，粗看起来，小娜很适合做秘书：名牌大学毕业，又是"海龟"。但往深一层看，流利的英语只表示你具备了一定的职业优势，并不能说明你就是合格的秘书。从小娜被解雇这件事可以看出企业领导选择秘书的标准已发生改变。一个重要的条件是：综合素质高，成熟。

本案例提出的问题是：哪些工作该由秘书去做？这又由谁来界定？是单凭小娜的主观判断吗？如果不是，那么在自己的认识与外部条件的界定有落差时，又该如何面对呢？其实，总裁并没有将小娜作为倒茶的第一人选，只是在行政部没有到位的情况下，期望小娜能够主动补缺，能够主动落实总裁对重要客人尊重的意愿。进一步说，小娜作为通知传达者，在没有将上级指示传达给执行者的情况下，只以字条代替，是不负责任的做法。当然，站在小娜的角度，她认为这是行政部的责任。行政部的问题是另一个问题，在此不论。这里的关键是，当行政部不能及时、正确地履行其职能时，难道可以听任公司工作的某一个环节出现空白吗？

原本简单的一件事，分析其背后的原因似乎变得并不简单：拥有留学背景的小娜不能"理解"，而归根到底，是小娜将事情简单化了。这些都表现出小娜实际上缺乏一个秘书的基本素质——成熟。

【案例二】

一次考察改变看法

小唐在教育局实习了一个月，在平时的职能工作中也了解了教育局下属学校的一些基本情况，却从来没接触过学校的实际情况。这次有机会跟科长去学校考察，十分兴奋。

那天，组监科准时从教育局出发，虽然有专车接送，但是白云区实在是太大，学校与学校之间的距离也远，考察内容又安排得很多，所以挺辛苦的。在小唐的印象中，考察好像只是跟着领导这里转转，那里看看，与被考察单位领导谈谈话，轻轻松松。可这次考察让小唐转变了观念，考察是需要花费很多精力的，特别是秘书。小唐观察到刘秘书手里总拿着本子和笔，跟着科长边考察边认真记录，记下领导的讲话、考察单位领导的谈话、考察单位的实际情况，还有领导跟基层人员的个别谈话等，甚至连一些不起眼的细节都一一记录下来。刘秘书说，这些都是第一手资料，不但有利于掌握基层的情况，撰写考察报告，还有利于帮助考察单位解决实际困难，指导今后的工作，作用重大。

【问题思考】

在教育局实习了一个月的小唐，在一次陪同领导到基层考察后，她有哪些认识上的变化？通过这次考察，小唐学到了什么？

【案例分析及参考要点】

通过这次出行，小唐对考察有了新的认识，虽然觉得很累，但学到了不少东西。实地考察可以将书本上所说的考察研究的理论具体化、实际化。这里面所包含的东西远比小唐想象中要复杂、困难。小唐意识到，考察并不是单纯地跟随领导去下边走走而已，秘书在这项活动中所要做的事情有很多。或者说，陪领导下基层考察，也是一个"外行看热闹，内行看门道"的过程。如考察单位不同，问题大小不等，轻重缓急有异，领导要对这些情况作出判断、提出意见。所有这些都需要秘书全程参与，详细记录，并开动脑筋，随着环境的转换，从一个主题转换到另一个主题，迅速跟上领导的思维节奏，及时作出反应。如果仅仅凭借在学校学到的秘书专业知识，肯定是不够的。因此，考察活动的效果也是一项对秘书综合素质评价的重要指标。秘书应该在考察研究中不断提升自己的能力，提高自己的价值。

这还仅仅是小唐实习一个月的心得，如果真正走上工作岗位，随着工作介入程度的加深，小唐一定能体会得到，一个秘书专业的大学毕业生，仅仅是获得了进入秘书职业的入场券，要从"看热闹"的外行转为"看门道"的内行，需要在实践中历练，不断提升基本素质，这还有一段相当长的路要走。

通过一场短暂的考察之旅，也能从同行者身上学到许多。如同行的刘秘书，她作为一名有经验的秘书，与初出茅庐的小唐有明显不同。刘秘书总是带着笔和纸，边走边记，细节也不放过，这是长期以来养成的习惯。记什么、怎么记，都很好地体现了秘书的综合素质。

【案例三】

紧急情况灵活处置

最近，教育局组监科举行了区内各校预备党员的党课学习活动。其中有一堂党课请了特别嘉宾——某高校的一位退休教授来讲课。因为老教授退休后住在郊区，离教育局较远，交通不太方便，上课时间又是早上九点，比较早，所以科长预订了教育局的一部车，当天七点半从教育局出发去接人。八点十五分，小美和科长到教室做上课的准备工作。八点五十五分，来学习的老师们基本到齐，唯独讲课的老教授还没到。科长急了，忙打电话给接教授的秘书询问情况，得知此时正是上班高峰，路上堵车严重，可能十五分钟后才能到。推迟上课时间，让老师们在里面空等显然不好。科长灵机一动，上台讲起了安排大家晚些时候去某学校参观的事。这件事本来是安排在课后讲的，提前到课前讲，避免了空场。在科长讲完参观的具体安排之后，老教授也到了。

这次突发事件就这样有惊无险地过去了，一切都显得严丝合缝，整个党课学习活动圆满完成。

【问题思考】

本案例中，老教授没有按时到场，科长上台"救场"，体现了其优秀的综合素质。试谈这些综合素质包括哪些方面？

【案例分析及参考要点】

在接待、会议安排等工作中，秘书必须事先做好充分的准备，并有应对突发事件的思想准备。在这一案例中，秘书在安排接人时间时，应该估计到上班时间堵车的可能性，因此要留足时间，提早出发。不过，这还不是这一案例所给予我们最深刻的启示。在本案例平铺直叙的讲述中，实际上还提及了危机。当然，说是危机也许严重了，但正因为这样，才显示出它的代表性。在职业生涯中，会碰到多少牵动众生的惊天动地的危机呢？危机其实并不常见，然而，计划好的工作不能正常进行，却是常常会碰到的事，如本案例所提到的主讲教授不能按时到场，以致出现了"空场"的危机。这应该引起我们足够的重视。

突发事件一旦来临，对于当事者，那种牵动神经的紧张程度是局外人难以想象的。类似的突发事件看起来虽小，其实并不都容易应付。"突发事件"难以应付恰恰在于其突然性，它是在毫无准备的情况下发生的。即使周密安排，也难免发生意外。在突发事件面前，因为紧张，有人一时找不到应对之策。面对突发事件，我们应该保持镇定，积极想办法补救，力争将损失程度降到最低。在这一案例中，科长随机应变，及时调整活动顺序，避免空场，表现出的机智和果断是非常值得秘书人员学习的。

【案例四】

被日常事务缠身的小阳

办公室新上任的秘书小阳日常事务繁忙，尤其是在值班时，常常是一件事尚未处理完毕，又遇到了另一件急需处理的事。有时甚至需要同时处理五六件事情，以致其忙得焦头烂额，丢三落四。

一天，办公室电话铃响，小阳赶紧去接，对方需要找主要领导接电话。她刚要转身去找领导，另一个电话响了，是通知分管领导参加会议的。此时小阳心里惦记着让主要领导接电话的事，没有对会议通知做记录，只在脑子里记下了这件事。刚通知完主要领导接电话，又碰到了一名来访者，她赶紧将他请到值班室。正在谈话中，单位领导推门进来，让她马上去与外单位商谈借用会议室事宜。她安排好来访者后，就去与外单位商量借用会议室之事。等从外单位回来，她已把通知分管领导参加会议的事忘得一干二净。分管领导会议开始时，会议组织单位打电话来催促，她才想起这件事。

【问题思考】

设想你正在办公室为自己手上的三四件事忙碌着，这时候办公桌上的电话铃声又急促地响起，你是为思路被打断、受到惊吓而急躁地扑过去，还是站起身来，从容、淡定地拿起话筒呢？

【案例分析及参考要点】

这个案例里小阳所碰到的情况是每一个秘书都会遇到的，但结果并不相同。有些秘书会安排得井井有条，有些秘书，如小阳，会频频出错。这看起来是事务安排的问题，实际上反映了秘书的综合素质。

首先，秘书要有稳定的心理素质。这与供职时间长短没有关系，而与一个人成长过程中所形成的心理定式有关。秘书事务烦琐，这是众所周知的，重要的是不被这种烦琐冲昏了头脑。须知事务绝不会因为你的紧张而减少。要把事情处理得更好，就要注意培养自己淡定、从容的心理素质。

其次，秘书要养成有条理地处理事务的工作作风。小阳的问题主要是重视处理急事，疏忽处理要紧事，处理事情忙乱而无章法。她在接听通知分管领导参加会议的电话时，因为脑子里总是想着通知主要领导接听电话的事，而未对会议通知做记录，结果等到处理完其他事，已将此事遗忘，造成工作上的失误。在实际工作中，秘书要能够借助记事本、电脑、iPad、手机等多种手段，将纷至沓来的各种事情记录下来，归类整理，将自己有限的精力和注意力有条理地分配到不同事务的处理过程中去。

此外，小阳还需要为自己设定几个时间点，如在每天上班时、中午和下午下班前的这些时间点，检查一下在两个时间点之间哪些事情是急事，哪些事情可以留待下一个时间点去办，分出轻重缓急。这样处理日常事务性工作时才会有主次观念。将事务分为特急、急、缓三大类，再按照其先后顺序处理，同时不能忽视对缓办事务的处理，应当做好记录，以免遗忘。要知道此时属于缓办的事务，到了彼时就可能成为急办、特急类事务。本案例中的会议通知就是如此，当接到会议通知时，因为距离开会还有一段时间，属于缓办事务，但随着会议时间的逼近，它就变成了特急类事务。可见，作为秘书，也不能疏忽对缓办事务的处理。

【案例五】

一样的事情不一样的态度

某公司因业务调整需要裁减部分人手，公司决定以裁减新人为主，大家对此议论纷纷。小青和小丽都是今年才进公司的，不由得担心起来。

小青是人事部吴经理的秘书，小丽是发展部任经理的秘书，两人平时很要好。这次裁员名单由人事部吴经理拟定。公布当日，大家都很紧张，而不幸的是，名单上就有小青和小丽的名字。两人将在一个月后离开公司。

小青和小丽都很难过，有些不知所措。小丽虽然觉得难过，但想到自己还要在公司待一个月，就应该珍惜在公司最后的工作机会，便决定更加认真地完成这一个月的工作。小青则不那么想，她觉得自己不应该被解雇，既然自己就要走了，那这一个月混混罢了。

第二天，小丽依然很早到公司，像往常一样，做好工作准备，把当天的文件整理好，放在任经理桌上，还为同事们倒好开水，然后开始做自己的事。而小青不但上班迟到，工作时无精打采，还在同事面前议论领导，更把公司重要文件随地乱丢，还不以为然地提早下班。

一个月很快过去，到了最后一天，吴经理把小青和小丽叫到大家面前，宣布了一个出人意料的决定："经过一个月的观察，我发现小丽同志是我们公司不可缺少的好员工，她的敬业精神让我佩服，经过讨论，决定继续留用小丽同志，并调升一级工资。"

小青呆呆地站在那里，茫然无措，或许她正懊恼自己这一个月来所做的事吧！

【问题思考】

以上案例说明了一个问题，秘书除了应该具备较强的工作能力，还要有良好的个人品德修养。德才兼备是对每个秘书的要求。《联想为什么》一书中有这样一句话："如果我们重用那些有才华但自私的人，客观上就会助长企业中的个人英雄主义和利己主义，企业的集体主义就会遭到很大的破坏。"秘书在领导的工作中发挥参谋、助手作用，责任重大，德才兼备尤其重要。试以本案例的两位主人公为例，说明秘书应该具备什么品德。

【案例分析及参考要点】

在人生的旅程中，大多数时间里平平淡淡，只有偶尔才涌起一两朵浪花，但很多时候这些小小的波澜才是对人生的真正考验。在平凡的日常工作中，每个人看起来差别都不大，而一旦考验来临，谁又能真正经受得住考验呢？在遇到本案提到的考验时，小青和小丽，两个同时进公司的女秘书却表现出截然不同的素质。

小丽和小青是两个新入职的秘书，她们两个人都需要以自己的工作表现向领导和同事证明自己。一样的勤奋，一样的努力。但在裁员名单公布后，小青认为，接下来的一个月已没有继续证明自己能力的必要，何必再像以前那样做事、做人，别人如何评价自己已经不重要了。小丽却采取了另外一种态度，她并不在时间的进程中为自己的工作划定界线，不为环境的变故所动，一路走来，始终如一。

如果说小青是机灵聪明的，那么，小丽这样的人是不是太傻了？

而这个问题的答案，其实也不用等待太长时间，一个月以后，答案揭晓：小丽留下，小青离开。

【案例六】

守信的值班秘书

上海某宾馆，一贯以优质服务而赢得国外旅客的赞扬和信赖。一天晚上，两位德国客人来投宿，声称经朋友介绍慕名而来。不巧，客人需要的高级套房已经客满，接待人员只得向他们表示歉意。但他们仍不愿离开，再三要求想想办法。接待人员只好向经理室请示。值班秘书闻讯赶来，她先对客人表示欢迎，感谢他们对宾馆的信任，又让接待人员再仔细查阅登记簿，结果仍然让人失望。值班秘书注意到，第二天上午有客人要退房，遂建议先送两位客人到附近宾馆暂住一夜，明天上午再去接他们。客人同意了。安顿好客人后，值班秘书回到宾馆，请第二天白天值班的秘书办妥此事。

不料，次日傍晚，值班秘书上班后，发现白天值班的秘书未将两位客人接来。她认为事情严重，立即打电话到两位客人昨晚的投宿地，得知两位客人已另找其他宾馆了。她没有放弃，又四处打电话查找。终于找到了两位客人，值班秘书表示歉意后请他们回到宾馆来住。客人说昨天在那一家宾馆住了一晚后，因不习惯，次日上午又没有人来接，只得自己另找住处。若要回去，他们表示为难：一则已与相关人士联系妥当，请他们来住处洽谈；二则已交付了定金，所以不打算再换住处。值班秘书听了，心中十分不安，她立即向经理汇报了此事，并说出自己的想法。获得同意后，值班秘书马上赶到两位客人的住处，诚恳地道歉，并表示愿意承担两位客人支付的定金，凡有人来找，其宾馆负责将他们接来与客人见面。客人被她的诚意所感动，连声说："我们的朋友没有说错，贵宾馆果真讲信用。"然后高兴地跟秘书回了宾馆。

【问题思考】

本案例中的秘书，在自己当班时，想方设法留住客人，下班时又将工作移交给下一班工作人员，这些做法，即使按照严格的标准，也算做得很不错了。可是为什么当她发现别人未按照承诺办事时依然坚持登门向客人致歉，主动承担责任，不请回客人不罢休呢？

【案例分析及参考要点】

从值班秘书的做法中，我们可以看到：守信是秘书职业的道德规范之一。秘书在与公众交往中被视为组织的代表，在工作中守信用，能有效地树立组织的良好形象，使公众对组织产生信任感、可靠感。作为一名秘书，在接待来客时，如果答应了对方，那么，即使事后有困难，也应当设法克服，信守诺言。

自古以来，讲信用的人都受到人们的欢迎和赞颂，不讲信用的人则受到人们的斥责和唾骂。"人无信不立"，答应了他人的事情，一定要尽力做到。一旦对方发现你开的是"空头支票"，必会产生信任危机。

此外，将这个案例稍稍引申一下，我们还可以得到以下看法：对别人委托的事情要尽心尽力地去做，不要应承自己根本做不到的事情。做事最忌信口雌黄，千万不要乱许诺，做任何事情都要仔细、冷静地考虑清楚，量力而行。失信于别人，对己、对人、对工作都毫无益处。

案例中的值班秘书是一个言而有信的人。秘书所代表的不仅是她个人，还代表着她所服务的单位。她以高度的责任心，努力地做到了"言必信，行必果"，挽回了不良影响，维护了宾馆的信誉。如果说秘书在处理这件事上有不足，那就是她对已经答应的事情，应该负责到底，在第二天提醒并督促白天值班的秘书完成此事，这样做就不至于怠慢客人了。

【案例七】

领导的得力助手

凡与季市长接触过的中外朋友，没有一个不敬佩他学识渊博的。和他接触过后，艺术家会把他当做知己，工程技术专家把他看成同行，井下工人说他是贴心人，种地的老农乐意与他扳着手指谈收成，就连那些在自己的研究领域里如痴如醉的"怪人"，也会与季市长有共同语言。不少人称季市长是全才、通才。只有他的妻子知道，老季不过是个比别人勤奋些的凡人。而这位出了名的勤奋的凡人后面，还有一个不出名的、更勤奋的人——市长的秘书老许。

季市长上任伊始，就发现办公厅秘书处的老许学识渊博，功底深厚。一次，一个俄罗斯宇航科技代表团来市里访问。季市长要出面接待，许秘书为此准备好了谈话提纲。会谈中，季市长不仅对世界宇航领域的发展状况作了透彻的分析，而且展望了未来，对人类共同开发宇宙资源提出了一些很有见解的看法。宇航专家们一个个伸出大拇指赞不绝口，说季市长的见解精辟，有独到之处，对宇宙尖端科学了解得如此深刻的政府官员是不多见的。后来，季市长又接见了一个考古代表团。季市长从许秘书准备的材料中，不仅掌握了本省本市的古文化遗产，而且对我国最新考古成果也了解得比较全面，特别是对该考古代表团成员的成果知晓得十分具体。有位专家私下询问，季市长是否是考古学者出身。当他得知季市长原来是学建筑学专业时，不禁目瞪口呆。

一次，一个日本建筑代表团要来市里访问。季市长认为自己是学建筑出身，又当城建系统领导多年，对建筑行业的情况还是比较了解的。因为工作忙，所以季市长没有看许秘书为他准备的资料。会谈时，客人问起中国园林建筑各流派的艺术风格时，季市长一时难以说清楚。好在许秘书在场，他礼貌而自然地接过话题，既回答了客人提出的问题，也顾及了领导的威信。从那以后，市长每天下班时总要看看办公桌上有没有许秘书留下的资料。如果有，他一定要带在身边，哪怕工作到深夜，也要把许秘书留下的资料读完、记住。

前不久，许秘书积劳成疾住院了，恰巧这时美国水生物代表团前来访问。市政府办公厅为了作出一份供市长参考的资料，请来了高校和科研单位水生物方面的专家，结果搞了两天，终因意见不统一而写不出一份材料来。第二天就要与美国朋友会谈了，市长下班时习惯性地看看自己的办公桌，只见一份水生物研究方面的综合资料放在那儿。在病中，许秘书仍没有忘记自己的职责。因为专家们没能写出综合材料，办公厅只得安排他们一起出席座谈，以便帮助领导回答专业性较强的问题。没想到市长谈吐自如，旁征博引，毫无外行窘态。不仅美国专家对市长的学识感到吃惊，就连本市的学者也大为赞叹。

许秘书与季市长配合了四年，季市长的书籍和资料增加了五倍。季市长升任省长后，每晚睡觉前翻看第二天需要的资料的习惯没变。许秘书已经退休了，但被他画着各种符号的各类资料，还经常出现在现在的季省长的手中、枕下和书桌上。

【问题思考】

案例中说："季市长升任省长后，每晚睡觉前翻看第二天需要的资料的习惯没变。"试谈谈季省长养成这一"习惯"的原因是什么？

【案例分析及参考要点】

这个案例中，许秘书的综合素质，透过市长向公众、社会展示出来，其意义不可谓不大。当然，大部分秘书服务的对象不是市长、省长，但服务的性质是相同的。秘书老许的形象近乎完美，我们无妨视之为秘书的一种"理想类型"，虽不能至，心向往之，作为每一个秘书努力的目标可也。

航天科技与园林建筑两个学科相去何其远，水生物又是一门多么前沿和高深的专业……领导分管的工作涉及面广，牵涉的知识面多，但是没关系，有了许秘书的帮助，社会各界人士与市长接触过后，"艺术家会把他当做知己，工程技术专家把他看成同行，井下工人说他是贴心人，种地的老农乐意与他扳着手指谈收成，就连那些在自己的研究领域里如痴如醉的'怪人'，也会与季市长有共同语言"。许秘书不是每一行都懂的全才，但他不会找理由、找借口——事实上也不能找理由和借口——不去了解众多的领域，而是通过自己的努力，形成轮廓性的认识，然后呈现给领导。天长日久，秘书的这种工作成果已经成为领导不可或缺的工作参考。许秘书退休后，他留下的资料还出现在领导的"手中、枕下和书桌上"。试问，在平凡岗位上取得如此成绩，有多少秘书可以做到呢？

在今天这样一个时代，专家治国、专家主政、专家理财、专家管理企业，这对秘书提出了更高、更严格的要求。会写文章的"笔杆子"最适合做秘书的观念，也越来越不适应时代和工作的需要了。写文章固然重要，但这方面的才能和其他专业知识结合起来，才能发挥更大的作用。一句话，小秘书也需要有大视野，小秘书也可以有大视野。

当然，在这些从"天文"到"地理"的专业素质背后，有一个最基本的素质，那就是对于自己从事的工作的热忱始终不渝！本案例中有一个细节也许是不为人所注意的：即使在生病期间，许秘书也没有忘记自己的职责，没有让自己多年来养成的工作习惯中断。有了这种执着和负责任的素养，其他的素养就都是这一基本素养的自然延伸。

【案例八】

气量狭小的张秘书

康乐化工公司的小林，是位刚从经济管理专业毕业的大学生。他毕业前在该公司实习，针对该公司管理工作撰写的毕业论文中的某些观点深得指导教师的赏识，他本人也认为这些观点对该公司的改革有一定作用。来到公司工作后，他觉得论文中的一些观点和看法更加成熟，因此，小林很想找总经理谈谈。但他去找总经理那天，恰好总经理外出开会，只有总经理办公室的张秘书在看准备当天上报的统计表。张秘书很客气地让小林坐下，并告诉小林："经理不在，有何意见，我可以代为转达。"于是，小林就滔滔不绝地讲了起来。张秘书一边看报表，一边听对方侃谈，但精神却集中在报表上。小林言谈中常带出"像我们这样的小公司"的词语，张秘书越听越不高兴。没等小林把话说完，他便满脸怒气地说道："公司小，是不是埋没了你的才能？你是大学生，大材小用，何不去大公司呢……"张秘书的冷嘲热讽，激怒了小林，致使两人发生了激烈争吵。最后，小林非常气愤地离开了办公室。

【问题思考】

秘书在领导身边工作，要时刻铭记自己的身份和职责，要善于控制自己的情绪，具备良好的心理承受能力和相应的职场心态，能够自省、自警、自律、自制。同时，秘书也要有沉着稳健的行为气质，固然不能躲在领导后面畏畏缩缩，但也不能强出头。对照秘书的这些要求，请结合本案例中张秘书的表现，谈谈你的看法。

【案例分析及参考要点】

刚毕业的大学生小林有思想、有见解，对公司的发展也抱着希望和热忱，所以才来找总经理谈自己的想法。当然，小林年轻气盛，讲话中难免有不恰当的词语出现，这就惹恼了张秘书，致使两人不欢而散。

这里只评论张秘书。在整个事件中，张秘书有两点不足：一是在他接待小林时，一边听小林讲话一边看报表，做法欠妥。即使报表急着要，也不能把两件事放在一起同时办理，这显然是对小林的敷衍。看起来导致两人争吵的原因是小林用词不谨慎，但实际上在张秘书接待小林时争吵的火种就已经埋下。

二是他听到小林讲话中用词不顺耳就反唇相讥，嘲笑挖苦，这更加不妥当。

也许有人说，张秘书是出于维护公司的尊严，才与小林理论和争吵的。这一理由细细分析起来其实并不成立，小林如果看轻公司，当初他就不会来公司工作，现在也不必来找总经理交流了。就算小林有看轻公司的意思，但对公司的尊严并没有什么实质性的损害。倒是张秘书，因为对方话不顺耳就失控，不但显得自己气量狭小，而且会给公司的形象带来实质性的损害。

以上两点，应该是本案例给予我们的启示。

第十二章 秘书职业资格鉴定情景案例

第一节 基本知识与基本原理

一、秘书职业资格认证

秘书作为一种社会职业已经是普遍认识，秘书人员的管理及秘书职业资格认证目前国内外都有专门的认证机构和认证系统。下面介绍国内外主要认证机构的基本情况：

（一）秘书国家职业资格证书

秘书国家职业资格证书是我国唯一一个政府主导全国统考的职业资格证书，是秘书行业入门的标准证书。1997 年，劳动和社会保障部颁布了《秘书职业技能标准》（试行）；1998 年，又向全国发布了《秘书职业资格鉴定试点工作方案》。方案提出将在我国逐步推行秘书职业资格证书制度，所有职业秘书人员都将经过秘书职业资格考试，取得职业资格证书后才能从事秘书工作。2000 年 7月，劳动和社会保障部正式颁布了《秘书国家职业标准》。从此，我国的秘书职业资格有了明确的规定，秘书作为一种社会职业正式进入我国的职业目录。

《秘书国家职业标准》将秘书职业分为秘书和涉外秘书两种，共四个等级：五级秘书（国家职业资格五级）、四级秘书（国家职业资格四级）、三级秘书（国家职业资格三级）、二级秘书（国家职业资格二级）。参加秘书职业资格认证的基本学历要求是高中毕业（或同等学力）；基本能力要求是具备文字与语言沟通、综合协调、协同合作、逻辑思维与分析能力等；秘书资格认证的培训要求是：全日制职业学校教育，晋升五级秘书不少于 220 标准学时，四级和三级秘书不少于 200 标准学时，二级秘书不少于 150 标准学时。

秘书国家职业资格考试的科目包括秘书知识和秘书技能两部分。其中秘书基本知识的内容包括：职业道德、汉语、办公自动化、速记、法律法规、经济管理、接待工作、档案工作、文书拟写与处理、会议组织、办公室日常事务、信息工作、协调工作等。秘书技能的内容包括：写作、翻译、打字、速记、电脑操作及办公设备的使用。涉外秘书还要参加外语测试，设英语、日语、俄语三个语种。

秘书职业资格考试的题型有四种：一是标准化试题，题型有单选题、多选题和判断题；二是情景案例题，观看两段情景录像，找出秘书工作中的10～15个正误点并进行评点；三是秘书工作实务题，一般有三道题，以任务形式考查实际工作能力；四是业绩评估，报考二级秘书须提供个人工作业绩记录和个人工作报告，专家根据提供的材料进行综合评估。

（二）特许秘书及行政人员公会（The Institute of Chartered Secretaries and Administrators，ICSA）

特许秘书及行政人员公会是英联邦国家的秘书认证机构。该机构主要在英联邦国家和地区（包括印度、巴基斯坦、南非、加拿大、澳大利亚、新加坡等）进行秘书职业资格认证。该机构体制健全，认证标准规范，在英联邦国家和地区有广泛的影响力。认证条例规定：高中毕业生经过一年左右时间的专业培训，通过打字、速记、办公室事务、人际关系等5门基础课程考试，即可担任文员。再经过 ICSA 等权威机构的系统培训，通过经济、商法、会计学入门、定量研究、法学入门、组织行为学入门、人事行政、办公室行政和管理、信息系统9门基础课和会议、公司法、系统管理、税务、商务金融、养恤金与保险行政7门专业课考试，取得合格证书，并有5年以上文员工作经历的人员，才能担任正式秘书。

（三）国际职业秘书协会（Professional Secretaries International，PSI）

国际职业秘书协会创办于20世纪50年代，由美国和加拿大一些秘书职业者联合发起，成立之初名为"国家秘书协会（国际）"（The National Secretaries Association［International］）。其宗旨是作为职业秘书的代言机构，维护秘书的合法权益，提高秘书的业务技能和职业地位。截至1981年，该组织已拥有分布于南北美洲、欧洲、亚洲30个国家的4.4万多名会员，因此改名为"国际职业秘书协会"。为与不断变化的工作和职责保持一致，更大范围地吸引更多的秘书从业人员加入协会，"国际职业秘书协会"又于1999年更名为"国际行政管理者协会"（International Association of Administrative Professionals，IAAP）。

国际职业秘书协会每年举办特许职业秘书考试，全球250个考场同时进行。我国的北京和上海设有其培训点和考点。它的报考条件很严格，有6年秘书工龄的高中生、有大学学龄和秘书工龄共6年的大学生才能报考，有学士学位者须具有一年经过证明的工作经验才能报考。考试科目有：企业法、企业行为科学、企业管理、人际学、秘书会计学、秘书技能、办公室秘书工作程序等，考试连续进行12小时，合格者将获得"特许职业秘书"资格证书（CPS）。这一证书全世界通用，在北美地区是秘书职业的准入证书。在美国，所有秘书都希望获得这一证书，以谋求事业上的发展。

（四）剑桥办公管理国际证书

英国剑桥大学考试委员会（UCLES）是世界上著名的考试机构之一。它设计的职业证书考试已在世界上 160 多个国家开展，每年有 600 多万考生参加考试，具有很高的权威性。

剑桥办公管理国际证书是中国教育部考试中心和英国剑桥大学考试委员会联合推出的社会化职业证书考试项目，为各行业办公管理人员提供规范的、符合国际标准的现代办公管理培训和考试系统。其具有先进的教育理念、新颖的教学方式和科学的教育测评模式，是具有国际领先水平的办公室管理及秘书培训考试系统。

中国教育部考试中心中英教育测量学术中心（SBC）具体负责该项目在中国内地的全面管理和推广工作。它采取的管理模式有两种：一种是授权管理模式，直接对全国部分省（自治区、直辖市）的各个考点、培训点进行管理；另一种是两级管理模式，由部分省（自治区、直辖市）和行业系统的承办机构根据有关规定负责本地区、本系统"剑桥办公管理国际证书考试"项目的管理和实施。

考试分为初级（一级）、中级（二级）和高级（三级）三个级别。

一级有三门核心课程：文字处理、沟通和项目管理、办公室管理；一门选修课：速记、客户服务、信息与沟通技术。

二级有三门核心课程：文字处理、沟通和项目管理、办公室管理；两门选修课：速记、客户服务、信息与沟通技术，人际商务技巧、组织会议和活动。

三级有三门核心课程：文字处理、沟通和项目管理、办公室管理；两门选修课：速记、客户服务、信息与沟通技术，人际商务技巧、组织会议和活动。

二、情景案例

情景案例是秘书国家职业资格考试的形式之一，自 2003 年 11 月起采用。情景案例是以播放录像形式，直观地展示秘书工作的情景，使考生运用所学知识发现问题、辨识正误，从而检验理论联系实际的能力和解决问题能力的一种有效的鉴定方式。情景案例在每期每级考试中共两题，第一题 20 分，第二题 30 分。考试开始，先播放第一段录像，30 分钟后再播放第二段录像，每段录像均连续播放两遍。三级、二级情景案例不仅要求指出正误点，还要求找出原因并加以评点。

本章选用了近几年国家秘书职业资格鉴定情景案例录像题七道，以文字形式描述录像中的情景，同时指出情景中的问题，并对其中的问题进行分析和评述。这对参加秘书职业鉴定考试的考生无疑具有引导、借鉴作用。

第二节 案例与分析

【四级鉴定情景案例】

细致行事

这一天，宏远公司秘书钟苗同往常一样，早早来到办公室。她身着职业装，坐在办公桌前整理从收发室带回来的文件。这时电话铃响了。钟苗在电话铃响两声后，从容地拿起话筒，右手习惯性地翻开手边的电话记录簿准备随时记录。

"喂，请问您找谁？"钟苗开口问道。

"钟苗吗？我是张经理。我想问一下，下午开什么会，在什么地方？"

"哦，是张经理啊！下午会议主要讨论下个月的工作计划，两点在一楼会议室开。"

挂断电话，钟苗正嘀咕张经理为什么专门打电话问开会内容，电话铃又响了。

"刘经理啊！哦，会议内容嘛，主要讨论下个月的工作安排……"

不知什么原因，这样的电话钟苗一连接了好几个，好像约定好似的，问的都是下午开会的内容。一个接一个的电话让钟苗应接不暇，急得满头大汗，说得口干舌燥。她开始有些不耐烦了，心想，这些领导也太不把我当回事了，工作再忙，看几行通知的时间应该还是有的，干吗动不动就打电话。过后一想，会不会是我发的会议通知有问题？

钟苗一边想，一边打开电脑，翻看昨天发出的通知。只见通知是这样写的：

会议通知

各部门经理：

兹定于明日（10月21日）下午2：00在一楼会议室召开各部门经理会议。会议重要，请大家务必准时出席。

经理办公室

2015年10月20日

这一看，钟苗就只有后悔的份了，同时又感到非常惭愧，身为秘书竟然忘了在会议通知上写明会议内容，真是丢脸丢到家了，难怪大家叫自己为"苗苗马大哈"。

钟苗顿时觉得脸上火辣辣的，非常惭愧。心想，做了这么多年秘书，还经常考虑问题不周全，工作粗心大意，实在太不应该了！

【问题思考】

1. 钟苗的电话用语是否规范，秘书应该怎样正确接打电话？

2. 作为秘书，你能够按常规做好每一件小事吗？怎样理解"秘书工作无小事"的深刻含义？

【案例分析与评述】

分析以上的情景案例，我们可以发现秘书钟苗有两方面的问题：

首先，对于秘书来说，接听电话是必不可少的工作，也是一项讲究工作艺术的工作。接听电话不仅要求语言规范、声音甜美、口气温和、音量适中、措辞得当，还要注意讲话的技巧和接打电话的规范。电话铃响两声后，应拿起话筒。接听电话时，首先应自报家门；接转电话时要巧妙询问对方单位名称及所属部门；当对方要找的人不在时，在不了解对方的动机、目的时，不要随便传话，未经授权不要说出指定受话人的行踪。在电话中转述事情时，应重复要点，对于数字、日期、时间等，应再次确认以免出错。如果对方没有说出自己的姓名，而直接询问上司的去向，此时应客气而礼貌地询问："对不起，请问您是哪位？"在此案例中，钟苗的电话应答语显然不得体。她接听电话后没有自报名称及所属部门，"喂，请问您找谁"的接听语言亦不符合秘书职业规范。

钟苗接听电话时规范的做法：一是能在电话铃响过两遍之后拿起话筒；二是接听电话的姿势正确，面带微笑，左手执筒，右手握笔，随时做好记录电话内容的准备。

案例中涉及的第二个问题是拟写通知和发送通知。通知是机关单位最常用的文体之一，符合写作规范的通知标题是：完全式的通知标题由发文机关＋事由＋文种组成，省略式的通知标题由事由＋文种组成，不能以单独的文种作为标题。通知正文中必不可少的要素有主送机关、工作事项、时间、地点、参加人员等。特别是会议通知，不应只写明时间和地点，与会者须了解开会的内容、主题、与会者需不需要做准备、会上要不要发言等。钟苗恰恰犯了以上错误，没在会议通知上写明会议内容，难怪与会者打电话询问。不管是因为工作忙乱中的疏忽，还是秘书素养的缺失，秘书钟苗都应从自身寻找原因，努力学习，提高业务素质和服务质量，努力做个领导放心的合格的秘书。

【鉴定评分点举例】

（1）秘书着装正确，符合职业标准。

这是正确的。在办公室里，秘书应该着职业装，符合职业规范。

（2）电话铃响两声，能及时接听。

这是正确的。在电话铃响两到三声时，就应该接听电话，做到及时、迅速。

（3）电话应答语不规范。

这是错误的。钟苗接听电话时应首先自报单位名称及所属部门，而不是直接问"喂，请问您找谁？"同时，应注意正确使用电话用语，讲究接打电话的礼仪。

（4）接听电话姿势正确，随时记录电话内容。

这是正确的。左手执筒，右手握笔，方便随时记录电话内容，传达有效信息。

（5）选择发送会议通知的形式。

这是正确的。钟苗先以电子邮件的形式发送通知，再打电话确认通知，可以确保通知及时到位。

（6）会议通知上没有写明会议内容。

这是错误的。一般性会议通知有四要素——会议时间、会议地点、会议内容和与会人员，这四要素缺一不可。

（7）会议通知落款日期使用阿拉伯数字。

这是正确的。2012年新修订的党政机关公文处理条例规定，公文落款日期使用阿拉伯数字。

（8）按时完成交代的任务。

这是正确的。作为秘书，作为下属，钟苗能服从命令，按时完成领导交办的任务，并且保质保量地完成。

【四级鉴定情景案例】

热坏的投影仪成就办公设备"小灵通"

别看钟苗只是一个小小的秘书，她现在可是宏远公司上下都离不开的办公设备"小灵通"。这源于她对打印机、传真机、投影仪、电脑等办公设备的高度了解及对故障设备的"妙手回春"。办公设备出现问题，她一看就能立马修好。根本不用请专业的修理工，对公司来说真正是既省时又省钱。一个女生为什么会这些？她神秘地一笑，说，这一切源于一年前她刚进公司时犯的一个错误，从那以后，她就特别留意办公设备常见问题的解决方法。

一年前，钟苗正在会议室连接笔记本和投影仪，为会议做准备。她先打开投影仪电源开关，再打开电脑开关。启动后，投影仪上未显示计算机上的信号。于是钟苗按下笔记本电脑上的Fn键和F8键，此时墙壁上显示出画像，但不清晰，而且画面倾斜。于是钟苗调整机器的支架，并将镜头扭转，进行对焦，直至画面正常、清晰。接着她把桌上的文件收起摆好，并随手堆放在投影仪的通风口处。因会议还没开始，钟苗便盖上了投影仪的镜头盖，心想等会儿开会再打开。总经理李蒙等人相继到来，会议正式开始。钟苗把资料发到每个经理手上，然后打开投影仪的镜头盖，为大家放映幻灯，之后坐回自己的位置开始记录会议内容。不料会议进行到一半时，投影仪坏了，幻灯片没有图像。钟苗赶紧上前查看，只觉得投影仪发烫，让人不敢碰触，她伸出的手缩了回来，不知如何下手。办公室主任高叶见状赶紧过来，粗略查看了一下，说："这是由于通风散热不畅导致内部线路烧掉了，需要拿去维修部修理才行。"说着他看了看投影仪通风口处堆着的文件，说："文件挡住了通风口，使投影仪不能正常散热，导致温度过高引起线路烧掉。下次注意让通风口畅通。"钟苗赶紧把文件拿开，靠近通风口的那一叠文件感觉好热！"还有，也不要让镜头盖挡住镜头，这样很容易损坏元件。前两天有台投影仪已送修，你去看看修好没有，修好了让他们拿过来。"钟苗一边听一边记在心里，暗暗下决心，以后要学着点。

从那以后，钟苗每次看到办公室里哪台设备出了问题，就放下手头工作，去听高人的指点。另外，钟苗到写字楼里维修部的次数明显增多了，每次都开开心心地回来，办公室的同事还以为她在和维修部的某个帅哥谈恋爱呢！其实不然，钟苗每次去维修部都是去学艺的。她每次去的时候都带点水果、饮料、啤酒，一回生二回熟，很快就和维修部的同事打成一片。钟苗本身是个要强好学的人，她还买了一些关于这方面的书，看不懂就请教维修部的师傅。这么一来，钟苗在这方面的知识越来越丰富，成了宏远公司办公室里公认的办公设备"小灵通"。

【问题思考】

1. 实践活动中，你碰到过与钟苗类似的问题吗？钟苗的故事对你有什么启发？如果你是她，你准备怎么做？

2. 如何理解和规划终生学习，使自己成为一个与时俱进的有用人才？

【案例分析与评述】

现代社会正向科技化、智能化发展，为我们的生活带来极大的方便。同时，对我们的知识和技能要求也更高。作为一个职业人，少不了与办公设备打交道，这就要求秘书必须懂得如何正确使用它们，这是最基本的工作要求。更高的要求是能解决常见问题。这样，这些先进的工具在工作中才真正成为得力助手。

作为秘书，掌握相关科学知识是非常必要的，如办公自动化的基础理论，投影仪、打印机、复印机等的正确使用。如果还未参加工作，那请从现在开始学习；如果已经在岗，那请从现在开始留意并向更高标准努力。我们应该不断突破自己、挑战自己。案例中的钟苗就是一个勤奋好学的典型。

她的好学好问，不甘落后；她的坚持，她的韧劲，让大家刮目相看。尽管她是个女孩，却以自己的"有心"和"用心"证明了她对工作的积极热忱和不服输的韧劲，也赢得了同事对她的尊重。

【鉴定评分点举例】

（1）提前到会议室做好设备调试准备工作。

这是正确的。会议中要用到的设备必须先行调试，需要连接使用的必须先进行连接，为会议顺利召开提供保障。

（2）文件遮挡住了通风口，影响散热。

这是错误的。任何机器使用时都会产生热量，若热量不能正常散发就会影响机器的正常运行，严重的会导致线路被烧毁，以致不能正常工作。

（3）将投影仪与笔记本电脑连接。

这是正确的。将笔记本电脑与投影仪正确连接。

（4）开机程序。

这是正确的。先打开投影仪电源，再启动电脑。

（5）切换电脑的输出方式。

这是正确的，这在办公室里较为常见。将两者端口连接好后，按下电脑的Fn键和F8键，一般可操作成功，但需调试画面。

（6）解决画面倾斜现象。

这是正确的。投影画面倾斜一般是因为投影仪的支架问题，仔细调节即可。画面的清晰度则需调节镜头和焦距。

（7）进行对焦。

这是正确的。和照相一样，只有对准焦距，画面才能清晰自然，达到理想效果。

（8）用镜头盖盖住镜头。

这是错误的。投影仪开启后又用镜头盖挡住镜头，容易损坏机器的部件。

（9）做好会议记录准备。

这是正确的。开会时要做好会议记录，会后还需整理成册。

【三级鉴定情景案例】

办公室的应急药品

高叶是宏远公司经理办公室主任。这天在会议室开会，高叶正给总经理李蒙和几个部门经理汇报产品展示会上的情况，秘书钟苗在一旁给李蒙和其他几位经理的杯子续水。这时，高叶的手机忽然响了，他慌忙停下介绍，说了句"不好意思"便急忙起身去接电话，不料胳膊一抬，碰翻了旁边刚刚倒满水的茶杯。满满一杯开水一下子全泼在旁边王经理的手上，痛得王经理不停地甩手。高叶看见后，连忙撂下手机，从桌子上拿起一瓶矿泉水淋在王经理手上，一边不停地道歉，一边拉着王经理往外面的水池走。高叶打开水龙头，用凉水不停地冲洗王经理已经有点红肿的手。

高叶突然想起办公室的药箱可能有烫伤药，赶紧对王经理说："经理，我记得办公室的药箱里有烫伤软膏，您先在这边用凉水冲冲，我到办公室拿。"王经理点了点头。接着，高叶让钟苗准备一条干净毛巾，自己则回办公室找药膏。

一会儿，高叶从办公室拿来了烫伤软膏。他先用毛巾帮王经理擦干手，然后轻轻敷上软膏。由于处理及时，王经理的伤势得到了及时控制。

会议结束后，高叶对王经理说："刚才只是简单地给您处理了一下，我还是安排辆车，送您去医院检查一下吧！"

王经理甩了甩手，不在意地说："没关系，没关系，过两天就会好的。"

高叶耐心地劝说王经理："您还是上医院检查一下吧！天气太热，我怕刚才处理得不好，若感染留下疤痕就不好了。"

王经理觉得高叶说得有道理，便在高叶的安排下乘车去了医院。

【问题思考】

1. 高叶临危不乱，把事情处理得井井有条，这体现了秘书的什么素质？
2. 你怎样认识秘书工作要未雨绸缪？

【案例分析与评述】

案例中的高叶在紧急情况下沉着冷静，工作安排得纹丝不乱，体现了他过硬的心理素质和较强的应急能力。当王经理被开水烫伤，高叶能运用正确的医学常识及时处理，第一时间用矿泉水冲洗王经理被烫伤的手，然后用冷水冲，再涂上烫伤药膏；会后又赶忙安排车送王经理去医院检查伤势。短短一段时间，一连串的反应，我们没有看到高叶有任何迟疑或紧张慌乱，看到的只有他的镇定和从容。这不得不让人佩服高叶的处事能力和思维能力。

高叶的表现，一方面源自他所具有的应急处理常识和能力；另一方面，也是他良好心理素质和专业素养的体现。

【鉴定评分点举例】

（1）会议用品准备到位。

这是正确的。对会议中要用到的东西都应事先准备到位，如茶杯、开水或矿泉水、记录用的纸和笔、投影仪、电脑等。

（2）会制作和使用幻灯片。

这是正确的。应熟练使用办公软件Power Point和投影仪等。

（3）会议中没有关闭手机或把手机调至振动状态。

这是不规范的。为确保会议环境和秩序，手机等都应关闭或调至振动状态，不能干扰会议。

（4）会议中接听手机能够道歉。

这是正确的。在会议中如果有很重要的电话需要接听，应向与会者道歉。

（5）备有应急药品。

这是正确的。为应对突发情况，应该具备应急常识，并镇静面对、妥善处理。面对突发的烫伤事故能使用备用药品进行处理，降低王经理的受伤程度。

（6）考虑到了后续事务的安排。

这是正确的。在为王经理涂抹烫伤药膏后，高叶不忘安排车辆送王经理去医院，高叶考虑问题仔细周到，体现了他较高的服务水平和管理能力。

【三级鉴定情景案例】

不以事小而马虎

这天上午八点十分，一身正装的高叶刚进办公室就听到电话铃声在响，他赶紧拿起电话："抱歉，您好！宏远公司高叶。"

"高叶啊，我是李蒙。电话都打了几遍了，才到啊！"

"啊，李经理，您好！很抱歉，我迟到了。昨天您要的那本企业形象策划书现在不在我这里，我找到给您送去，好吗？"

"那就等会儿开会的时候带到会议室来吧！"李蒙说道。

挂断电话后，高叶赶紧回身在书架和资料中翻找企业形象策划书。"我明明是放在这里的，怎么就找不到了呢？"高叶越想越着急。其实高叶在其他方面工作做得都很好，唯独不善于整理内务。他总是不能整理和摆放好自己办公室的资料，他的书柜乱糟糟的，找资料时很不方便。有一次因为急用而找不到客户资料使得李蒙很恼火，差点让公司失去一笔业务。

正在这时，秘书钟苗敲门进来。高叶连忙问钟苗："你有没有见过上周刚做好的那本企业形象策划书？我记得是放在这里的，可现在找不到了。李经理又急着用，你帮我找一下吧。"此时高叶急得额头上都冒出汗来了。

"不是在我这里吗？"钟苗一边递过手中的资料和优盘一边说："你让我去加一张图片，当时我还问你要不要填跟踪卡。""啊？对对对，我都忘了，原来在你这里，我都糊涂了。"高叶高兴地接过资料翻看着。"图片加上了，太好了。幻灯片的模板用的是公司的标志吗？"钟苗回答："是的，用的是公司的标志。""那好，我再检查一遍。会上要给经理们看的，你先忙吧，辛苦了。"

高叶连忙打开电脑，查看优盘里的幻灯片，觉得没什么问题，才长嘘了一口气。上次因为资料没找着以致没能及时送达，他被李蒙说得无地自容。望着地上散落的资料，高叶在心里叹了口气，看来以后还是得按规矩行事，不能因为事情小而马虎处理，随便对待。跟踪卡无论什么情况都得填写，而且，书架上的资料是该好好整理了，不能再因为这个挨骂了。

【问题思考】

1. 你办公室的资料整齐有序吗？

2. 你能够分清一天中工作任务的大小轻重，并按 ABCD 时间管理法有条不紊地完成吗？

3. 作为秘书，你应该怎样处理工作中的一些细小繁杂的事？

【案例分析与评述】

工作能力是评定一个人职场素质的标准之一，也是一个人成功的关键。作为秘书，对资料的管理和整理是最基本的工作能力。它看似简单，实则需要高度的细心和耐心。无论是物品领用还是资料借出，都应该按规定行事，不能嫌麻烦就不填写物品领用申请表或借出资料跟踪卡。这既是为了保管好公司的财物，也是为了方便资料管理和统计。借出资料而没有填写跟踪卡是秘书工作的一个大忌，案例中高叶因为怕麻烦而省略这一步骤，实在不是明智之举。加上本来办公室的资料就摆放无序，所以很容易出现要找的资料找不到或借出的东西不清楚去向等问题。平时也许无所谓，但在关键的时候这些"无所谓"的小事就会把你搞得狼狈不堪，给工作造成不便，也给自己的职业生涯带来不好的影响。秘书工作无大小之分，要按规矩把每件小事都做好。能处理好小事，在大事上自然不会马虎，领导也就会放心地把事情交给你，你才有机会成功。如果总是"小错"不断，这次是客户的资料找不到了，下次企业形象策划书不记得交给谁了，上班时间还得让经理几个电话才能找到你，领导还会把事情交给你做吗？没有人会认为你只是因粗心才做不好小事，大家会认为你的工作责任心和工作能力有问题。小事都做不好的人，没有人敢把大事交给他做。在职场中你会因"小"失"大"。

【鉴定评分点举例】

（1）上班迟到。

这是错误的。应该严格遵守上下班时间，不迟到，不早退。

（2）着装符合要求。

这是正确的。作为职场人员应该着职业装，符合职业标准。

（3）电话应答语符合要求。

这是正确的。接听电话时首先应自报单位名称及所属部门。这符合电话礼仪，是恰当的电话用语。

（4）没有做好会议开始之前的准备工作。

这是错误的。会议开始前，应该事先准备好会议要用的资料，不能有遗漏。

（5）书柜中的资料摆放无序。

这是错误的。办公室资料应该整齐有序，分门别类，方便查找。

（6）查找资料时乱翻乱找。

这是错误的。秘书在办公室乱翻乱找，显得没有条理性，这不符合秘书应有的行为规范。

（7）借出的资料没有填写跟踪卡进行登记。

这是错误的。秘书负责资料管理，应该做好资料借出、归还、领用等跟踪登记，方便资料管理和统计。

（8）检查交代他人做的工作。

这是正确的。上司交代的工作、下属完成的任务都应该在交接时检查清楚，避免出现错漏，影响工作质量。

（9）使用有公司标志的幻灯片模板。

这是正确的。公司企业形象策划书应该有公司的标志，才能凸显公司形象，扩大公司宣传，提高公司影响力。

（10）对会议要用的文件进行事前检查。

这是正确的。在会议开始前检查要用的文件资料，可避免出现错漏，做到万无一失。

【三级鉴定情景案例】

大会小会都是会

人物：宏远公司总经理助理高叶

地点：公司小会议室

时间：早上8点45分

身着职业装的高叶手拿文件夹与秘书小田一起走进公司小会议室，开始会议前的准备工作。会议室里，窗明几净；椭圆形的会议桌，摆设整齐；绿色植物的点缀，让会议室充满生机。

高叶：小田，把窗户打开，调好空调温度。

小田打开窗户，调节空调。高叶在座位上翻看文件。这时来开会的三个部门经理一起走了进来。高叶招呼道："你们来了？"众经理："高秘书，你好。"然后在高叶的对面坐下。高叶："昨天通知带的资料带来了吗？"众经理："带来了。"高叶一边翻阅资料，一边示意小田给大家倒水。这时杨总经理来了，高叶起身迎接并说道："杨总来了。"大家齐声说："杨总，您好。"高叶亲自给杨总倒水，小田随手关上门，会议开始。

杨总：今天请几位来，是想了解一下各方代表对前天结束的会展的看法。高秘书已经通知了你们会议内容，相信都做了准备。高叶，要不你先说说你们会务组的情况。

高叶：好，那我先说。这次会展，我在结束时做了现场调查。这是调查表，你们传着看看。我汇总了一下，应该说对这次会展的组织，会务组成员都比较尽心，取得了预期效果。参加展销的厂家也比较满意，感觉收获不小。会议内容比较紧凑，也比较精彩，对于食宿的安排也没提什么意见。

杨总：会议结束后，对没有马上离开的参展商，你们是怎么安排的？

高叶：根据他们的要求，我跟饭店已说好，住宿费用照常优惠。

高叶：但是有些环节我想以后要引起注意：一是报名参加的人数与实际到会人数有很大出入，会议资料准备不够，我们已经让没有领到资料的单位留下详细地址，这周内就给他们快递过去。二是我们的服务人员对会场环境不太熟悉，给参展代表造成不便，代表中有所反映。基本情况就是这样。

部门经理一：我在会场听到有的代表抱怨会议室温度太高了，空气也不好。

部门经理二：第二天有的分会场的引导标识挪走了，害得参会的人问来问去。

部门经理三：我了解的情况也差不多，基本上他们都说了。

听完大家的发言，杨总说："高叶，你把刚才大家说的情况再调查一下，然后写进会议总结。会议总结写好先给我看一下。今天的会议就到这了。"

高叶：好的。

三个部门经理起身离开。

这时，秘书小田走过来："高秘书，这是会议记录。"高叶接过会议记录，稍做整理后递给杨总。高叶："杨总，您在这儿签个字。有关会议经费的情况我统计完了，基本符合会前预算，没有超支。详细的数字我会连同会议总结一起给您。杨总，您先忙吧，我们收拾一下。"杨总起身离开。高叶、小田开始收拾会议室。高叶："小田，把窗户和空调关了。"小田应道："好的。"高叶把凳子一张张摆放好，同时吩咐小田："出门前别忘了关灯。"小田："好的。"待一切收拾妥了，两人关灯离去。

【问题思考】

1. 秘书会议管理的内容包括哪些方面？

2. 作为宏远公司总经理助理的高叶，在两次会议中是否能够按照职业要求，做好会务工作？

3. 作为宏远公司总经理助理的高叶是怎样督促指导下属工作的，这是秘书哪方面职能的体现？

【案例分析与评述】

这道情景题的考点是会议的组织与安排。从情景录像内容看，考点涉及两次会议：一是现实召开的工作总结会；二是前天刚结束的新产品展示会。前者是单位内部的小型座谈会，后者属百人左右的中型商务展销与洽谈会。会议包含三方面的知识：一是会前筹备，二是会中服务，三是会后总结。

（一）会前筹备

会议前，秘书应做好以下工作：

（1）制订会议方案。包括确定会议主题与议题，确定会议时间与地点，确定会议参加人、主持人与发言人，确定会议所需设备，确定会议文件内容与发放范围，拟定会议经费预算，确定会议人员的食宿，确定会议筹备机构等。

（2）发送会议通知。

（3）制定会议证件与指示标识，包括代表证和各种区域的指示牌、名签、台签等。

（4）布置会场。检查会务筹备情况。即检查会场布置是否符合需要、会场能否排除干扰、会场温度是否适宜、会议设备是否良好、会议资料是否备齐、会议保卫工作是否到位等。

（5）拟定会议议程与日程。

（6）审核会议文件，如有关领导人的讲话稿及会议的议程与日程安排等。

（7）与领导沟通会议筹备情况。

（8）拟订会议应急方案，包括人员、场地、设备、资料等方面可能出现问题的应急措施。

（9）安排与会人员的食宿。

对两次会议应该从以下方面着手分析：

1. 新产品展示会。

分析时应当考虑以下几个方面：一是高秘书能在会议前印好新产品宣传资料是对的。但参会人数统计不实，以致有些代表没领到，造成工作失误。二是高秘书能事先制作好会议的指示标识，是正确的，但会议进行的第二天，有的会场标识被挪走了，没有及时处理。这说明准备工作还是做得不够细致。三是高秘书能为与会代表预定好酒店住房，后来又与饭店协商，为推迟离会的与会者继续享受房价优惠做工作。四是能提前发出会议邀请函，但没有及时做好参会者的参会信息统计，以致实际到会人数与会前报名人数有很大出入，这是不对的。五是会前未很好地检查会议筹备情况，以致出现会议服务人员对会场环境不熟悉的问题，给与会代表造成不便。六是会前没调控好会场室内温度，以致参会代表抱怨会场太热难耐。七是能在会前拟定好会议经费预算，有计划地使用经费。

2. 工作总结会。

分析时应当考虑以下几个方面：一是高秘书能将会议时间、地点及要求提前通知相关人员，正确。二是高秘书将这次仅有几人参加的小型座谈会安排在本公司的小会议室进行，不仅大小适中、方便工作，而且环境优雅、设备齐全，有绿色植物，考虑得周到。三是高秘书能及时与领导沟通，确定会议的参加人、主持人与发言人，正确。四是能提前与下属小田一起到会议室做会前准备工作，打开窗户让空气流通，再调节好室内温度等。五是能在会议召开前将会议通知、会议主题与会议要求提前告诉参会者，正确。六是能提前到会场做好开会前的准备工作，正确。

（二）会中服务

会议期间，秘书应做好下列工作：接站。会议签到和引导。接待新闻媒体等相关人员。做好会议记录，编发会议简报。会议值班。收集会议信息，包括与会者信息、会议信息等。反馈会议信息。提示会议按计划进行。监督会议经费使用。处理突发事件。做好与会代表的返程工作。

作为总经理办公室秘书的高叶在这两次会议中做得怎么样？

1. 新产品展示会。

分析时应当考虑以下几个方面：一是收集会议信息工作。高秘书能在会议期间做好现场调查，了解代表们对会议组织工作的意见。二是反馈会议信息。高秘书能将会议进行情况和经费使用情况及时反映给领导，及时与领导沟通。三是秘书高叶能履行自己的职责，监督会议经费的使用，确保不超支。四是处理突发事件。高秘书能在文件资料不够的情况下，让没有领到资料的单位留下地址，本周内印制好后给他们快递过去，使问题得到及时处理，弥补了准备工作的失误。五是对会场上引导标识被挪走这一突发情况没能及时采取补救措施。

2. 工作总结座谈会。

分析时应当考虑以下几个方面：这是一次公司内部的小型专题会议，涉及的内容：一是签到。作为会议的组织者，应该安排开会的人员签到，高叶没这样做。二是高叶没有在会议开始时作简要的开场白，也没有在杨总讲话后（会议结束前）作简要的归纳和总结，不正确。三是在会议开始时能安排秘书小田作会议记录，并且在会议结束时，能检查会议记录并叫领导（杨总）签字，正确。四是在发言时能将展示会上收集到的信息逐条反馈给与会者。

（三）会后总结

会议结束后，秘书应做好以下工作：整理会场桌椅，关闭设备和门窗。收集整理会议文件。编写会议纪要，结算会议经费。落实会议精神。做好会议总结。做好会议评估。

作为总经理办公室秘书的高叶在这两次会议中做得怎么样？

1. 新产品展示会。

分析时应当考虑以下两个方面：一是高秘书能在会后及时结算会议经费，并将收支平衡情况向领导报告，做法正确。二是能及时召开工作总结会议，对举办的这次展示会的组织工作及时进行评估。

2. 工作总结座谈会。

分析时应当考虑以下两个方面：一是高叶吩咐秘书小田关好窗户，关闭空调，关掉电灯，做好善后工作。二是开完会后，高秘书亲自整理会场桌椅，以备下次再用，具有良好的工作习惯。

【二级鉴定情景案例】

无意泄密

这天早上，行政总监施林刚进办公室，秘书高叶就敲门进来。"施总监，刚得到消息，我们的竞争对手吾皇公司明天将在泰欲酒店的海滨别墅布展，刚好跟我们同一天布展，这可怎么办？"施林刚要坐下去的身子顿住了，什么？怎么会呢？怎么刚好和我们同一天？施林心一惊，赶紧说："你马上联系那些客户，确认一下他们明天是否会来，尤其是那些重要人物，确认后把名单给我，并且把吾皇公司布展的详细信息搜集整理后给我。"看完高叶整理好的资料，施林吓了一跳，他们的条件怎么都比我们更吸引人、更优惠呢？而且刚好就在我们开出来的条件上加一点点，而这超出的一点点刚好既能恰到好处地吸引客户又能不动声色地保证赢利。这事得立马报告才行！

施林赶紧打电话向总经理李蒙汇报这一情况，李蒙听后说："这应该是谁泄露了我们公司的底标。不过现在最要紧的是尽可能地争取更多的客户以挽回损失，其他事就先放在一边吧！一直与我们公司合作的老客户应该不会有什么问题，等会你和我一起去见见那些重要的客户，希望能争取继续合作。"

挂断电话，施林一直在想是谁泄密。谁会泄露公司的底标，这事没几个人知道啊！施林在脑中搜索。突然想起他和高叶到临江酒店布置会场的那一天……

那天下午两点，施林和高叶来到临江酒店，服务员小王来迎接他们。施林说："你好，我是天地公司的。我们事先联系过，我叫施林。"握完手后，施林从皮包里拿出一张名片，用右手递给小王。小王收好名片，问明情况后，把他们带到会议大厅，"这就是你们预定好的会议大厅"。这时会务公司的小张也到了。施林上前，伸出右手："小张，你好！上次我们合作挺愉快的，你整个会场布置得很不错，参展商也很满意。"小张说："你看这次展台布置在这边怎么样？"施林看了看周围："这个大厅还不错，有两个紧急疏散口。哎，对了，这次设备可别再出现故障了。"小张说："对我们的布展，上次会后你们都听到了些什么反映？"施林回答道："哎，别提了，这一阵忙，会议一个接一个，还没顾上这个事。""铃铃……""对不起，我接个电话。""啊？王林，老同学，我正在临江酒店，我们在这儿准备产品展示及研讨会呢！不会吧？你们也在布展？不会跟我们抢客户吧？"

施林想起来了。后来他们还约定晚上去喝酒，而那晚自己喝酒多了，最后还是王林送他回家的。天啊！自己在电话里和醉酒后都干了啥……施林后悔莫及。

【问题思考】

1. 职场中，你的保密意识和警惕意识够不够？施林为什么会丧失警惕？
2. 以上案例给了你什么启示？

【案例分析与评述】

"知己知彼，百战不殆。"这不仅适用于军事战争，也同样适用于职场，只要有竞争，它就是永恒的真理。了解对手，才能有针对性地为自己做准备，从而争取有利于自己的优势。所以保密工作从来都是一项十分重要的工作，大到国家与国家、政府与政府，小到一个单位、一个企业，保密工作的观念、意识、原则都不能放松。

在当今社会，各行各业的高度竞争常常让人处在紧张状态，稍有不慎，便步入对方圈套。一般而言，正面防止外人窃取公司的机密并不难，难的是树立保密意识，防止在日常生活中无意泄密。本案例中就因为施林放松了警惕，不管面对的是什么身份的老同学，随口就说出了公司的内情；加上晚上酒后"吐真言"，公司机密被人轻而易举地掌握了，从而使公司遭受损失。王林正是利用老同学这层关系，利用施林没有职业警惕性这一点，轻易地窃取了商业情报。施林作为行政总监，竟然犯了如此"低级"的错误，实在让人无法理解，但也从侧面说明树立保密意识并且时时保有这种意识何等重要。

另外，该案例中还有值得注意的问题，即递名片和握手的礼仪应该规范。握手时，两人相距约一步，上身稍向前倾，伸出右手，四指并拢，拇指张开，相握3秒钟左右。男士之间握手，可适当用力，以示热情；男女之间握手，力度则不宜过大。握手时应注视对方，微笑致意或进行简单的问候、寒暄。递名片给他人时，应起身站立并走上前，用双手或者右手将名片正面面对对方，交予对方。不能以手指夹着名片递给他人。切勿以左手递交名片，不要将名片背面面对对方或颠倒着面对对方，不要将名片举得高于胸部或低于腰部。如果对方是少数民族或外宾，最好将名片上印有对方认得的文字的那一面面对对方。将名片递给他人时，应该说"请多指教""多多关照""今后保持联系""我们认识一下吧"，或先作自我介绍。

【鉴定评分点举例】

（1）对上级负责，及时向上司汇报工作进展情况。

这是正确的。及时反馈工作的进展情况给上司，可形成明确的责任制，提高工作效率。案例中高叶对施林的反馈、施林对李蒙的反馈都是正确的。

（2）紧急部署，分清轻重缓急，沉着应对。

这是正确的。在遇到可能泄密的情况时，首要的不是追究泄密人及其泄密情形，而是想办法挽回损失，这是明智的做法，分清了事情的轻重缓急。

（3）有礼貌地介绍自己。

这是正确的。介绍自己时，应该真诚、有礼。听他人介绍时，也应该认真、有礼貌，树立良好的自我形象。

（4）递名片姿势不符合礼仪要求。

这是错误的。递名片时，身体应该稍向前倾，双手或右手执名片的正面递给他人，以示尊重。

（5）握手符合礼仪要求。

这是正确的。地位高的人先伸出右手，握住对方的手后稍稍用力，停留几秒即可。

（6）注意检查安全通道的标志。

这是正确的。准备会展工作，在会展场地的考虑和选取上，很重要的一点就是该场所的安全通道问题。安全通道应该宽敞畅通，其安全标志也应该显眼。

（7）会后没有及时总结评估。

这是错误的。一般在某项工作结束后，应该及时总结该工作取得的成效和反响，以留作下次类似工作的经验和教训；应该做好评估工作，全面审查和检视此次工作的完成情况。

（8）谈话中接听电话前向对方致以歉意。

这是正确的。不管是在谈话中还是在会议中，接听电话都需要向对方致以歉意，以示尊重对方。

（9）打电话时无意间泄露了信息。

这是错误的。良好的职业道德和保密意识是一个合格职场秘书所必须具备的，应该随时注意信息的保密工作，不能因自己的一时大意而泄露信息。

【二级鉴定情景案例】

"福星"

高叶心里其实很佩服施林。一是他为人没什么架子，但又不失一个领导者应有的风范，二是他对工作考虑得很细致，让人望尘莫及。高叶想起刚刚自己打电话给他时的情景。

电话铃响了两声之后，传来一个非常干练且富有磁性的声音："你好，天地公司。我是施林。"

"施总监，我是高叶。我昨天给您的会议筹划方案，您看了吗？我还需要修改哪些内容？"

"我正在看。有关会议的主报告人那边没问题吧！会场那边的设备和用品准备得怎样？嘉宾名签都做好了吗？另外，是否考虑了会议一些应急情况的发生？"施林说道。

"该准备的会议材料和物品基本准备好了。会议设备也已经检查，就是请会务服务公司录像还没最后定，我再落实一下。"

"高秘书，下午我们要一起去临江酒店布场，没忘吧？"

"没忘，是下午两点吧！"

"对，下午两点。这样吧，你一会儿到我办公室来一趟，我们商量一下应急方案的事情。"

……

高叶走进施林的办公室时，只见办公室里一尘不染，物品摆放极其有序。计算机前端坐着一位身着职业装的人，办公桌前还坐着另一个人。"高叶，你来了，请坐。给你介绍一下，这是来我们公司应聘的秘书王芳。"施林又指着高叶对王芳说："这是高秘书，经理办公室主任。你到公司工作，就由高秘书来带你。""好的，没问题。""行，那你明天早上九点到公司306找高秘书。明天见！"王芳出去后，施林对高叶说："这几天挺忙的，正缺人手，就留下她了，你帮忙带一带她。"高叶回答道："这可是实时培训啊！施总监，您的招聘方式、考察方式还真不一样。"

"差不多了。对了，关于应急方案，其实大小会议都有可能遇到一些意想不到的情况，要预先筹划，省得到时手忙脚乱。会议应急方案主要是会议中可能出现的问题，包括人员问题、场地问题、设备问题、资料问题、健康和安全问题以及一些行为问题，一定要有人负责。这是我上次写的一份会议应急方案，你先拿去看看，作为参考。下次这活可是你的了。"

高叶一直以一种学习和尊敬的态度跟在施林身边，在施林的指导下，高叶一天天成长起来。

【问题思考】

1. 从施林身上可以学到什么？
2. 你怎样理解拿破仑"不想当将军的士兵不是好士兵"这句话？

【案例分析与评述】

该案例从高叶的角度刻画和描绘了施林的形象。他既能审时度势地分析公司内外的形势，又能在制订会议筹划方案等项工作上应对自如；既能向领导及时汇报，与领导及时沟通，又能督促会议准备工作的进行和落实；既注意以不同方式考察招聘对象，又不厌其烦地按规定行事，还注重对其他秘书的培训，不失时机地指导他们。他既对下级负责，又对上级负责。他的谦逊，他的周密，他为人处世的态度，为高叶等人树立了一个良好的形象和榜样，也为自己赢得了良好的口碑。有施林这样的行政总监，既是上级管理者之福，也是下属秘书团队之福。可以说，施林是整个公司的"福星"。

拿破仑说过："不想当将军的士兵不是好士兵。"这说的是一个人要有目标、有干劲，敢为人先。领导不一定是最优秀的、十全十美的，但他一定有比你优秀的地方。因此，不要轻视你的上司，他既然是你的上司，就一定有值得你学习和尊敬的地方。施林是行政总监，是比高叶高一级的秘书部门管理人员，无论是施林还是高叶，其为人处世的态度都值得肯定。

【鉴定评分点举例】

（1）服装符合要求。

这是正确的。作为职场人，就应该着职业装，才符合职业标准。

（2）办公室环境整洁，物品摆放有序。

这是正确的。整齐的环境既能让人身心愉悦地工作，又能彰显一个人的素养。

（3）接听电话及时迅速。

这是正确的。在听到电话铃响两到三声时，就应该接听电话，做到及时、迅速。

（4）接电话的姿势符合要求，随时记录电话内容。

这是正确的。左手执筒，右手握笔，方便随时记录电话内容，有效传达信息。

（5）审定会议筹划方案。

这是正确的。作为秘书部门负责人，应该有能力审定方案，审时度势，作出决定。

（6）督促会议准备事项的落实。

这是正确的。行政助理既要在大事上作出决定，也要在小事上督促落实，才能做到运筹帷幄。

（7）注意以不同方式考察招聘对象。

这是正确的。对招聘对象的考察，不能千篇一律，更不能死板地按教条行事，而应注重在实践中考察。

（8）经常性地对秘书进行岗位培训。

这是正确的。不失时机地、有针对性地培训秘书，有助于提高秘书团队的业务水平。

（9）拟订会议应急方案。

这是正确的。多方面地考虑应急措施，制订应急方案，同时指导年轻秘书使其掌握制订应急方案的有关知识。

参考文献

［1］陈德智．管理案例编写与教学．上海：上海交通大学出版社，2005．

［2］张同钦，杨锋．秘书学概论．广州：暨南大学出版社，2006．

［3］杨锋．秘书学概论．北京：高等教育出版社，2011．

［4］蔡超，杨锋．现代秘书实务．广州：暨南大学出版社，2006．

［5］杨锋．现代秘书实务．北京：中国人民大学出版社，2010．

［6］方国雄．秘书工作案例分析．兰州：兰州大学出版社，1997．

［7］孙荣，杨蓓蕾等．秘书工作案例．上海：复旦大学出版社，2005．

［8］国家保密局．保密工作．北京：金城出版社，2007．

［9］王守福．文秘工作案例与分析．北京：高等教育出版社，2001．

［10］谭一平．我是职业秘书．北京：机械工业出版社，2008．

［11］孟庆荣．秘书工作案例及分析．北京：清华大学出版社，2007．

［12］马伟胜．公文写作、处理与病例评改．南宁：广西人民出版社，2004．

后　记

案例教学对秘书学专业教学的适应性，早在专业开办之初就已被业界认同。三十多年来，随着秘书学理论体系的进一步完善和学科建设的长足发展，案例教学逐渐深入。其主要表现：一是案例教学进一步普及，特别是进入 21 世纪，随着学科建设、课程体系建设等问题被正式提出，案例教学的重要意义被重新认识。普通高等院校、高职高专等不同类型的专业院校都把案例教学作为专业教学首选的教学方法。二是经过三十多年的教学实践，总结出了一套适应专业案例教学的方法，如反向思维法、问题法、对比法等。三是随着案例教学的成熟，对案例的典型性和分析的针对性、理论性要求有很大提高。

本书在总结同类教材编写经验基础上，以学科的系统性和全面性构筑框架，综合国内政府机关、企事业单位秘书工作精彩实战案例 102 个。内容涉及日常办公事务与管理、沟通与协调、信息与调查研究、参谋职能、保密工作、会务工作、文档工作、信访工作、秘书礼仪、秘书综合素养等秘书工作领域。除第一章外，其他章均设基本知识与基本原理、案例、问题思考、案例分析及参考要点等模块。问题思考具有启发性，案例分析深入浅出，多层面、宽角度，对提升学生的学习能力、理论水平和实践能力具有一定指导作用。

本书由杨锋负责统稿。编写分工如下：

杨锋负责编写第一章"秘书工作案例与案例教学"、第八章"文档工作"、第十二章"秘书职业资格鉴定情景案例"；韩会敏负责编写第二章"日常办公事务与管理"；程华负责编写第三章"沟通与协调"、第七章"会务工作"；肖生福负责编写第四章"信息与调查研究"、第九章"信访工作"；沙红兵负责编写第五章"参谋职能"、第十一章"秘书素养"；邓海涛负责编写第六章"保密工作"；徐国苓负责编写第十章"秘书礼仪"。

本书在编写中参考或引用的相关个案，有些在文中直接注明，尚有未注明者均以参考文献形式列于书后，在此表示真诚谢意！还要特别感谢杨献农先生在百忙之中审阅书稿、筛选案例并对本书的体例提出意见。由于作者水平所限，书中难免存在漏误和欠妥之处，恳请同行专家以及广大读者批评指正。

杨锋

2016 年 3 月于白云山麓